中央实施马克思主义理论研究和建设工程课题
国家社会科学基金重大课题
国家出版基金资助项目
国家重点图书出版规划项目
教育部哲学社会科学研究重大课题攻关项目
教育部人文社会科学研究项目

马克思主义哲学教学体系：
历史与现状 （上册）

MAKESI ZHUYI ZHEXUE JIAOXUE TIXI LISHI YU XIANZHUANG

※主　编　袁贵仁　杨　耕　吴向东

北京师范大学出版集团
BEIJING NORMAL UNIVERSITY PUBLISHING GROUP
北京师范大学出版社

图书在版编目(CIP) 数据

马克思主义哲学教学体系：历史与现状／袁贵仁，杨耕，吴向东主编.—北京：北京师范大学出版社，2011.9
ISBN 978-7-303-10849-7

Ⅰ.①马… Ⅱ.①袁…②杨…③吴… Ⅲ.①马克思主义哲学－哲学史－教学研究－高等学校 Ⅳ.①B0-0

中国版本图书馆 CIP 数据核字(2010)第 037552 号

营销中心电话　010-58802181 58808006
北师大出版社高等教育分社网　http://gaojiao.bnup.com.cn
电 子 信 箱　beishida168@126.com

出版发行	北京师范大学出版社　www.bnup.com.cn
	北京新街口外大街 19 号
	邮政编码：100875
印　　刷	北京盛通印刷股份有限公司
经　　销	全国新华书店
开　　本	155 mm × 235 mm
印　　张	49.5
字　　数	760 千字
版　　次	2011 年 9 月第 1 版
印　　次	2011 年 9 月第 1 次印刷
定　　价	88.00 元（全二册）

策划编辑：饶　涛　　责任编辑：祁传华
美术编辑：高　霞　　装帧设计：高　霞
责任校对：李　菌　　责任印制：李　啸　孙文凯

版权所有　侵权必究
反盗版、侵权举报电话：010-58800697
北京读者服务部电话：010-58808104
外埠邮购电话：010-58808083
本书如有印装质量问题，请与印制管理部联系调换。
印制管理部电话：010-58800825

全书要目

导 论

上 册

上 篇

历史唯物主义理论 / [苏]布哈林
 总 论：历史唯物主义是马克思主义社会学
 总体框架

辩证法唯物主义教程 / [苏]西洛可夫 爱森堡
 总 论：马列主义哲学的任务与辩证唯物主义论的特征
 总体框架

辩证唯物论与历史唯物论/[苏]米 丁
　　总　论：当作宇宙观看的马克思主义
　　总体框架

辩证唯物主义/[苏]亚历山大诺夫
　　总　论：马克思主义哲学是辩证唯物主义
　　总体框架

历史唯物主义/[苏]康斯坦丁诺夫
　　总　论：历史唯物主义是关于社会发展一般规律的科学
　　总体框架

马克思列宁主义的历史过程
理论(历史唯物主义)/[苏]康斯坦丁诺夫
　　总　论：建立历史唯物主义的范畴体系
　　总体框架

马克思主义哲学原理/[苏]康斯坦丁诺夫
　　总　论：辩证唯物主义是唯一科学的哲学
　　总体框架

马克思列宁主义哲学原理/[苏]康斯坦丁诺夫
　　总　论：辩证唯物主义和历史唯物主义是科学的哲学世界观
　　总体框架

辩证唯物主义概论/[苏]斯坦尼斯
　　总　论：马克思主义哲学是关于世界和对世界认识的
　　　　　　辩证唯物主义理论
　　总体框架

历史唯物主义概论/苏联科学院哲学教研室
　　总　论：历史唯物主义是马克思列宁主义哲学不可分割的一部分
　　总体框架

哲学原理 / [苏]斯比尔金
 总 论：作为完整的马克思主义哲学的辩证唯物主义和
     历史唯物主义
 总体框架

哲学导论 / [苏]弗罗洛夫
 总 论：马克思主义哲学的宗旨和基本思想
 总体框架

中　篇

历史唯物主义 / [南]伊·科桑诺维奇
 总 论：辩证唯物主义与历史唯物主义是马克思主义的世界观
 总体框架

辩证唯物主义与历史唯物主义 / [南]普·弗兰尼茨基
 总 论：辩证唯物主义与历史唯物主义的产生和特征
 总体框架

马克思主义哲学·教科书 / [德]柯　辛
 总 论：东德马克思主义哲学体系的论争与
     马克思主义哲学·教科书的特征
 总体框架

辩证唯物主义与历史唯物主义 / [德]弗朗克·菲德勒
 总 论：马克思主义哲学的实质和对象
 总体框架

下 册

下 篇

社会哲学概论 / 瞿秋白
总　论：哲学中之唯心唯物论及唯物哲学与社会现象的关系
总体框架

现代社会学 / 瞿秋白
总　论：社会学之对象及其与其他科学的关系
总体框架

社会学大纲 / 李　达
总　论：唯物辩证法的生成及其与历史唯物论的关系
总体框架

唯物辩证法大纲 / 李　达
总　论：唯物辩证法的对象及其一般特征
总体框架

科学的哲学 / 葛名中
总　论：唯物辩证法的任务及其与科学的关系
总体框架

新哲学研究纲要 / 哲学研究社
总　论：辩证法唯物论是无产阶级革命的世界观
总体框架

辩证唯物主义　历史唯物主义 / 艾思奇
总　论：马克思主义哲学是辩证唯物主义和历史唯物主义
总体框架

辩证唯物主义和历史唯物主义／孙叔平　冯　契　郑奇芳
　　总　论：马克思主义哲学是无产阶级世界观
　　总体框架

辩证唯物主义原理(第1版)／肖　前　李秀林　汪永祥
　　总　论：马克思主义哲学是科学的世界观和方法论
　　总体框架

历史唯物主义原理(第1版)／肖　前　李秀林　汪永祥
　　总　论：历史唯物主义是科学的历史观
　　总体框架

辩证唯物主义原理(修订版)／肖　前　李秀林　汪永祥
　　总　论：马克思主义哲学是关于外部世界和
　　　　　　人类思维运动一般规律的科学
　　总体框架

历史唯物主义原理(修订版)／肖　前　李秀林　汪永祥
　　总　论：历史唯物主义是关于社会发展一般规律的科学
　　总体框架

辩证唯物主义和历史唯物主义原理
(第1版)／李秀林　王　于　李淮春
　　总　论：马克思主义哲学是科学的世界观和方法论
　　总体框架

辩证唯物主义和历史唯物主义原理
(第4版)／李秀林　王　于　李淮春
　　总　论：马克思主义哲学是实践、辩证、历史的唯物主义
　　总体框架

辩证唯物主义和历史唯物主义原理
(第5版)／李秀林　王　于　李淮春
　　总　论：马克思主义哲学是以科学实践观为基础的辩证唯物主义
　　　　　　和历史唯物主义的统一
　　总体框架

马克思主义哲学纲要 / 韩树英
总　论：辩证唯物主义和历史唯物主义构成了马克思主义哲学的完整世界观

总体框架

马克思主义哲学基础 / 高清海
总　论：马克思主义哲学是辩证唯物主义

总体框架

马克思主义哲学导论 / 辛敬良
总　论：马克思主义哲学是实践的唯物主义

总体框架

马克思主义哲学原理 / 肖　前　黄楠森　陈晏清
总　论：马克思主义哲学是以实践范畴为核心的完整的理论体系

总体框架

马克思主义哲学高级教程 / 陈晏清　王南湜　李淑梅
总　论：传统哲学教科书的根本缺陷与马克思哲学的基本特征

总体框架

附　录

哲学导论 / 张世英
序　言：什么是哲学

总体框架

哲学导论 / 孙正聿
序　言：哲学是什么

总体框架

哲学概论 / 唐君毅
序　言：哲学之意义

总体框架

哲　学 / ［俄］布奇罗　丘马科夫
　　序　言：哲学的对象与社会功能
　　总体框架

哲学导论 / ［美］索西奥
　　序　言：哲学和追寻智慧
　　总体框架

哲学主题导引 / ［英］格雷林
　　序　言：西方哲学的主题及其领域
　　总体框架

后　记

目 录

导　论：马克思主义哲学教学体系的
　　　　形成与演变 / *袁贵仁　杨　耕* ……………………（1）

上 篇

历史唯物主义理论 / ［苏］布哈林 ………………………（43）
　总　论：历史唯物主义是马克思主义社会学 ……………（43）
　　一、历史唯物主义是关于社会及其发展规律的一般学说
　　　 ………………………………………………………（43）
　　二、社会学和社会科学 ………………………………（45）
　总体框架 …………………………………………………（46）

辩证法唯物主义教程 / [苏]西洛可夫　爱森堡 ……………………… (49)
总　论：马列主义哲学的任务与辩证唯物主义论的特征 …… (49)
　　一、马克思主义哲学的任务 ……………………………… (49)
　　二、辩证唯物论的特征 …………………………………… (50)
总体框架 ……………………………………………………… (52)

辩证唯物论与历史唯物论 / [苏]米　丁 ……………………… (54)
总　论：当作宇宙观看的马克思主义 ………………………… (54)
　　一、马克思主义的三个来源和三个组成部分 …………… (54)
　　二、当作理论与实践之一致体看的马克思主义 ………… (57)
　　三、历史唯物论是科学的理论和方法 …………………… (61)
　　四、历史唯物论是科学理论是方法是行动的指导 ……… (62)
总体框架 ……………………………………………………… (68)

辩证唯物主义 / [苏]亚历山大诺夫 …………………………… (72)
总　论：马克思主义哲学是辩证唯物主义 …………………… (72)
　　一、辩证唯物主义是唯一科学的革命的世界观 ………… (72)
　　二、辩证唯物主义是实践的唯物主义 …………………… (78)
总体框架 ……………………………………………………… (84)

历史唯物主义 / [苏]康斯坦丁诺夫 …………………………… (87)
总　论：历史唯物主义是关于社会发展一般规律的科学 …… (87)
　　一、历史唯物主义研究历史过程的一般规律 …………… (87)
　　二、历史唯物主义是辩证唯物主义在社会领域中的
　　　　推广与应用 …………………………………………… (91)
总体框架 ……………………………………………………… (93)

马克思列宁主义的历史过程
理论(历史唯物主义) / [苏]康斯坦丁诺夫 ………………… (96)
总　论：建立历史唯物主义的范畴体系 ……………………… (96)
　　一、历史过程在理论上的再现：从抽象上升到具体 …… (96)

二、从理论上再现历史过程的出发点：人的活动 ………… (99)
　总体框架 …………………………………………………… (104)

马克思主义哲学原理 / [苏]康斯坦丁诺夫 …………… **(107)**
　总　论：辩证唯物主义是唯一科学的哲学 ……………… (107)
　　一、辩证唯物主义是关于发展的一般规律的科学 ……… (107)
　　二、历史唯物主义是关于社会发展规律的科学 ………… (116)
　总体框架 …………………………………………………… (124)

马克思列宁主义哲学原理 / [苏]康斯坦丁诺夫 ……… **(128)**
　总　论：辩证唯物主义和历史唯物主义是
　　　　　科学的哲学世界观 ……………………………… (128)
　　一、马克思主义哲学的对象：自然、社会和思维发展的
　　　　最一般规律 ………………………………………… (128)
　　二、历史唯物主义的二重性：一般社会学理论和
　　　　哲学理论 …………………………………………… (133)
　　三、哲学中的革命：创立辩证唯物主义的世界观 ……… (138)
　总体框架 …………………………………………………… (143)

辩证唯物主义概论 / [苏]斯坦尼斯 …………………… **(148)**
　总　论：马克思主义哲学是关于世界和对世界认识的
　　　　　辩证唯物主义理论 ……………………………… (148)
　　一、辩证唯物主义的"研究客体"与"研究对象" ……… (148)
　　二、辩证唯物主义世界观：科学认识活动和价值哲学活动
　　　　的统一 ……………………………………………… (151)
　总体框架 …………………………………………………… (154)

历史唯物主义概论 / 苏联科学院哲学教研室 ………… **(156)**
　总　论：历史唯物主义是马克思列宁主义哲学
　　　　　不可分割的一部分 ……………………………… (156)
　　一、历史唯物主义与辩证唯物主义的关系 ……………… (156)
　　二、历史唯物主义的对象：社会发展和发挥功能的规律
　　　　……………………………………………………… (160)

三、历史唯物主义的党性：现实人道主义和民主主义的
　　科学的表现 ………………………………………… (163)
总体框架 ……………………………………………………… (167)

哲学原理 / ［苏］斯比尔金 ……………………………… **(171)**
总　论：作为完整的马克思主义哲学的辩证唯物主义和
　　　　历史唯物主义 ……………………………………… (171)
一、辩证和历史的唯物主义哲学：关于自然、社会和
　　思维发展规律的完整学说 …………………………… (171)
二、历史唯物主义的对象：社会机体的发展规律 ……… (174)
三、辩证唯物主义与历史唯物主义的相互联系 ………… (176)
总体框架 ……………………………………………………… (178)

哲学导论 / ［苏］弗罗洛夫 ……………………………… **(185)**
总　论：马克思主义哲学的宗旨和基本思想 …………… (185)
一、马克思主义哲学的最高目的：实现人类解放 ……… (185)
二、马克思主义哲学主要的和基本的思想：实践是
　　初始的和第一性的 …………………………………… (191)
三、马克思哲学中的辩证法学说 ………………………… (197)
四、《哲学导论》所要完成的任务 ……………………… (202)
总体框架 ……………………………………………………… (207)

中　篇

历史唯物主义 / ［南］伊·科桑诺维奇 ………………… **(219)**
总　论：辩证唯物主义与历史唯物主义是
　　　　马克思主义的世界观 ……………………………… (219)
一、辩证唯物主义和历史唯物主义的关系 ……………… (219)
二、历史唯物主义的科学哲学来源 ……………………… (223)
三、历史唯物主义是马克思主义社会学 ………………… (228)
四、历史唯物主义和资产阶级社会学 …………………… (231)
总体框架 ……………………………………………………… (235)

辩证唯物主义与历史唯物主义／[南]普·弗兰尼茨基 (238)

总　论：辩证唯物主义与历史唯物主义的产生和特征 (238)
- 一、人的解放是马克思主义哲学的中心问题 (238)
- 二、历史唯物主义的创立及其与辩证唯物主义的关系 (242)

总体框架 (245)

马克思主义哲学·教科书／[德]柯　辛 (247)

总　论：东德马克思主义哲学体系的论争与马克思主义哲学·教科书的特征 (247)
- 一、柯辛和赛迪尔的"体系论争" (247)
- 二、辩证唯物主义和历史唯物主义的"一体性" (254)
- 三、"两种体系"的对比 (258)

总体框架 (265)

辩证唯物主义与历史唯物主义／[德]弗朗克·菲德勒 (271)

总　论：马克思主义哲学的实质和对象 (271)
- 一、马克思主义哲学的对象：自然界、社会和思维运动和发展的一般规律 (271)
- 二、辩证唯物主义与历史唯物主义的关系：一般与特殊的关系 (273)
- 三、历史唯物主义：一门相对独立的哲学社会学学科 (277)

总体框架 (281)

导　论：
马克思主义哲学教学体系的形成与演变

袁贵仁　杨　耕

马克思并不是一个把哲学课题化、体系化的职业哲学家，而"首先是一个革命家"，是一个以实现无产阶级和人类解放为毕生使命的革命家，但是，以无产阶级和人类解放为理论主题，以形而上学批判、意识形态批判和资本批判为理论形式的马克思主义哲学，又的确存在着理论体系；马克思并没有写过系统阐述马克思主义哲学基本原理的"纯粹"的哲学著作和"经典"的哲学文本，但是，马克思又的确具有丰富而深邃的哲学思想，其基本观点之间又的确存在着内在的逻辑联系。这种丰富而深邃的哲学思想、存在着逻辑联系的基本观点及其理论体系，就存在于马克思的各种论战性著作中，存在于形而上学批判、意识形态批判和资本批判以及政治批判、历史研究的著作中，需要我们把它解读出来并加以解释。马克思主义哲学教学体系就是一种特殊的解释系统。问题在于，任何一种解读、解释都要受到各自的历史条件、文化传统、实际需要、知识结构和价值观念的制约,因此,马克思主义哲学教学体系在不同的国家及其不同的时期必然具有不同的形式。

一、苏联马克思主义哲学教学体系——辩证唯物主义与历史唯物主义教学体系的形成和确立

用教科书的形式来解释、宣传马克思主义哲学是苏联①首创,而始作俑者是德波林和布哈林,标志是德波林的《辩证唯物主义纲要》和布哈林的《历史唯物主义理论》。

1916年,德波林出版了《辩证唯物主义纲要》。十月革命后,德波林在斯维尔德洛夫大学讲授马克思主义哲学时,就是以这本著作为主线和内容的,在这个意义上,《辩证唯物主义纲要》也是一本马克思主义哲学教科书。按照德波林的观点,"辩证唯物主义,是一个完整的世界观",这一完整的世界观由三个主要部分构成:"1. 作为关于合乎规律的联系的科学的唯物辩证法……是关于运动的普遍规律的抽象的科学。2. 自然辩证法(数学、力学、物理学、化学、生物学,研究的是不同等级的自然界)。3. 唯物主义辩证法在社会中的运用——历史唯物主义。"②依照这一原则,《辩证唯物主义纲要》建构了以"物质"为理论起点,以物质运动的辩证性为理论线索,包括一般辩证法——自然辩证法——历史辩证法三个层次在内的马克思主义哲学教学体系。这一教学体系在内容上包括唯物辩证法和历史唯物主义,但突出的是辩证唯物主义。

与德波林以辩证唯物主义为主要内容阐释马克思主义哲学不同,布哈林以历史唯物主义为主要内容阐释马克思主义哲学。1921年,布哈林出版了《历史唯物主义理论——马克思主义社会学通俗教材》。在这部教科书中,布哈林提出了两个事关历史唯物主义全局的重要观点:一是历史唯物主义是"关于社会及其发展规律的一般学说",而"社会学是社会科学中最一般的(抽象的)科学",因此,历史唯物主义是"马克思主义的社会学"③;二是历史唯物主义是马

---

① 1922年,以俄国为主体的苏维埃社会主义共和国联盟正式成立。为行文方便,本书把1917年俄国十月革命后到1922年苏联成立时的这一段历史也称为苏联时期。
② 引自安启念:《新编马克思主义哲学发展史》,2版,168页,北京,中国人民大学出版社,2010。
③ [苏]布哈林:《历史唯物主义理论》,6、7页,北京,人民出版社,1983。

克思主义理论"基础的基础","包括为数不少的所谓'一般世界观'的问题"①。

在这两个重要观点的引导下,《历史唯物主义理论》建构了这样一个马克思主义哲学教学体系:导论 社会科学的实际意义;第一章 社会科学中的原因和目的(因果论和目的论);第二章 决定论和非决定论(必然和意志自由);第三章 辩证唯物主义;第四章 社会;第五章 社会与自然界之间的平衡;第六章 社会要素之间的平衡;第七章 社会平衡的破坏和恢复;第八章 阶级和阶级斗争。在这里,社会与自然、社会与个人、人与物、人与观念、社会的技术装备和社会的经济结构、生产力与社会经济结构、上层建筑及其结构、社会心理与社会意识形态、阶级和阶级斗争、社会发展中的决定论和非决定论等历史唯物主义的基本观点都得到了阐述。如果说德波林的《辩证唯物主义纲要》是俄国人第一次试图以教科书的形式系统阐述辩证唯物主义,那么,布哈林的《历史唯物主义理论》则是俄国人第一次试图以教科书的形式系统阐述历史唯物主义。

按照布哈林的观点,20世纪20年代初,俄国"要求对历史唯物主义理论作系统阐述的呼声是很急切的",而他"之所以选择历史唯物主义的题材,是因为马克思主义理论的这个'基础的基础'还缺乏系统的阐述"②。由于是苏联第一本以教科书的形式"系统阐述"历史唯物主义的著作,同时,由于布哈林被列宁称为"党的最宝贵的和最大的理论家"③,所以,《历史唯物主义理论》出版后客观上起到了重大的思想启蒙作用,一度被誉为历史唯物主义的权威著作。卢卡奇当时评论道:"布哈林的新著(指《历史唯物主义理论》——引者注)是符合长期以来对一部关于历史唯物主义的系统的马克思主义解说需要的","布哈林在把马克思主义的一切有意义的问题归纳到一种完整的、系统的解说中去,这方面是成功的,这部解说多少是马克思主义的;其次,阐述一般清晰易懂,所以,作为一部教材,这本书可喜地达到了它的目的"④。

但是,《历史唯物主义理论》又有其致命缺陷,那就是过多地强

---

① [苏]布哈林:《历史唯物主义理论》,序言,1页,北京,人民出版社,1983。
② 同上书,序言,1页。
③ 《列宁全集》,中文2版,第43卷,339页,北京,人民出版社,1987。
④ 中国社科院马列所编:《论布哈林和布哈林思想》,216页,贵阳,贵州人民出版社,1982。

调了历史唯物主义的"社会学"特征，而淡化了历史唯物主义的哲学性质；过多地强调了平衡论，而淡化了辩证法，甚至提出用"现代力学的语言"代替"辩证法的语言"。正是在这个意义上，列宁指出，布哈林"从来没有完全理解辩证法"①。卢卡奇则认为，"布哈林的理论宗旨不同于从马克思和恩格斯经过梅林和普列汉诺夫到列宁和罗莎·卢森堡的历史唯物主义伟大传统"②。

德波林的《辩证唯物主义纲要》和布哈林的《历史唯物主义理论》开启了以教科书的形式阐释、宣传马克思主义哲学的先河，标志着苏联马克思主义哲学教学体系开始形成。在此之后，苏联出版了一批马克思主义哲学教科书。例如，沃里夫松的《辩证唯物主义》（1922年）、萨拉比扬诺夫的《辩证唯物主义导论》（1925年）、德—米扬斯基的《辩证唯物主义导论》（1930年）、蒂缅斯基的《辩证唯物主义导论》（1930年）、贝霍夫斯基的《辩证唯物主义哲学概论》（1930年）、西洛可夫和爱森堡的《辩证法唯物主义教程》（1931年）；丘缅涅夫的《历史唯物主义理论》（1922年）、谢姆科夫斯基的《历史唯物主义讲稿》、戈列夫的《历史唯物主义概论》（1925年）、拉祖莫夫斯基的《历史唯物主义理论教程》（1924年）、芬格尔特和萨尔文特的《历史唯物主义简明教程》（1928年）、麦德杰夫和希尔文特的《历史唯物主义概要》（1931年）、沃尔松和加克的《历史唯物主义概论》（1931年）；芬格尔特和萨尔文特的《辩证唯物主义和历史唯物主义》（1929年），等等。

1929年出版的芬格尔特和萨尔文特的《辩证唯物主义和历史唯物主义》把辩证唯物主义与历史唯物主义相提并论，并开始在马克思主义哲学教学体系中区分了辩证唯物主义与历史唯物主义这种"二分结构"。《辩证唯物主义和历史唯物主义》的出版标志着苏联马克思主义哲学教学体系初步形成。

1932、1934年出版、米丁和拉祖莫夫斯基主编的《辩证唯物论与历史唯物论》则标志着苏联马克思主义哲学教学体系基本形成。《辩证唯物论与历史唯物论》从一开始就是作为苏联党校和高校的哲学教科书而编写的，全书分上、下两册共十五章。上册 辩证唯物论：第一章 当作宇宙观看的马克思主义；第二章 唯物论和唯心论；第三章 辩证法唯物论；第四章 唯物辩证法之诸法则；第五章 哲学

---

① 《列宁全集》，中文2版，第43卷，339页，北京，人民出版社，1987.
② 中国社科院马列所编：《论布哈林和布哈林思想》，227页，贵阳，贵州人民出版社，1982.

中两条阵线上的斗争；第六章 辩证法唯物论发展中的新阶段。下册历史唯物论：第一章 辩证法唯物论与唯物史观；第二章 论社会经济形态生产力与生产关系；第三章 资本主义的和社会主义的经济关系；第四章 关于社会群和国家的学说；第五章 过渡时期之政权与社会斗争；第六章 意识形态论；第七章 战斗的无神论；第八章 社会变革论；第九章 马克思主义和修正主义等。

其中，辩证唯物主义部分的第五、六章，历史唯物主义部分的第五、七、九章的内容是当时苏联政治形势的产物。去掉这些章节，《辩证唯物论与历史唯物论》的内容和结构同当今占主导地位的马克思主义哲学教科书的内容和结构是一致的。在这种内容和结构的背后是这样一种思想：马克思主义哲学是彻底的唯物论，"这种彻底的唯物论……就是辩证法的唯物论"，而"辩证法唯物论——这是一种完整的、彻底革命的、包括自然界、有机体、思维和人类社会的宇宙观"①，历史唯物论则是辩证唯物论在社会生活领域的运用；马克思、恩格斯"借政治的批判，把自己的哲学思想，施之于对人类社会的研究……揭露了政治理想之物质的内容，开创了历史唯物论"，历史唯物论的创立"加深和发展哲学的唯物论"，"达到唯物论之彻底的发展"②；辩证唯物论与历史唯物论具有一致性，二者之间存在着"直接的和不可分裂的联系"，这就是，一般唯物论根据存在说明意识，历史唯物论根据社会存在说明社会意识。

可见，《辩证唯物论与历史唯物论》并没有明确提出马克思主义哲学就是辩证唯物主义与历史唯物主义，但它却明确地把马克思主义哲学分为辩证唯物主义与历史唯物主义两个部分。问题在于，无论是"辩证唯物主义"、"历史唯物主义"，还是"辩证唯物主义和历史唯物主义"都不是马克思本人提出来的。从历史上看，"辩证唯物主义"是狄慈根首先提出的，"历史唯物主义"是恩格斯首先提出的，"辩证唯物主义和历史唯物主义"则是卢卡奇首先提出的。

1886年，狄慈根在《一个社会主义者在认识论领域中的漫游》中首次提出"辩证唯物主义"这一概念③，用于描述其本人的哲学思想，而狄慈根本人的哲学思想实际上是在恩格斯哲学思想框架内

---

① [苏]米丁等：《辩证唯物论与历史唯物论》上册，25页，上海，商务印书馆，1936。
② [苏]米丁等：《辩证唯物论与历史唯物论》下册，1页，上海，商务印书馆，1936。
③ 《狄慈根哲学著作选集》，252页，北京，生活·读书·新知三联书店，1978。

的一种发挥。真正用"辩证唯物主义"来规定马克思主义哲学本质特征的是普列汉诺夫。普列汉诺夫明确指出:"马克思和恩格斯的哲学不仅是唯物主义哲学,而且是辩证的唯物主义哲学。"① "'辩证唯物主义'这一术语,它是唯一能够正确说明马克思的哲学的术语"②;同时,由于辩证唯物主义涉及历史领域,所以,在这个意义上,可以把辩证唯物主义称之为"历史唯物主义"。"历史的""这个形容语不是说明唯物主义的特征,而只表明应用它在解释的那些领域之一"③。这就是说,把马克思主义哲学称为"辩证唯物主义",是为了凸显马克思主义哲学的本质特征;把马克思主义哲学称为"历史唯物主义",是为了说明马克思主义哲学的研究领域。

同普列汉诺夫一样,列宁也认为,马克思主义哲学就是辩证唯物主义。"马克思一再把自己的世界观叫作辩证唯物主义,恩格斯的《反杜林论》(马克思读过全部手稿)阐述的也正是这个世界观。"④ 但是,在解释辩证唯物主义与历史唯物主义的关系时,列宁提出了与普列汉诺夫不同、且影响深远的观点,即历史唯物主义是辩证唯物主义在社会历史中的"推广运用"⑤。在列宁看来,"既然唯物主义总是用存在解释意识而不是相反,那么应用于人类社会生活时,唯物主义就要求用社会存在解释社会意识。""一般唯物主义认为客观真实的存在(物质)不依赖于人类的意识、感觉、经验等等。历史唯物主义认为社会存在不依赖于人类的社会意识……在这个由一整块钢铸成的马克思主义哲学中,决不可去掉任何一个基本前提、任何一个重要部分。"⑥ 这就是说,马克思主义哲学有两个基本前提,即存在决定意识和社会存在决定社会意识;两个重要部分,即辩证唯物主义与历史唯物主义,把这两个基本前提、两个重要部分熔铸在一起,就构成了"一整块钢"的马克思主义哲学。

几乎与狄慈根同时,恩格斯提出了一个与"辩证唯物主义"相

---

① 《普列汉诺夫哲学著作选集》第3卷,79页,北京,生活·读书·新知三联书店,1959。
② 《普列汉诺夫哲学著作选集》第1卷,768页,北京,生活·读书·新知三联书店,1962。
③ 《普列汉诺夫哲学著作选集》第2卷,311页,北京,生活·读书·新知三联书店,1961。
④ 《列宁全集》,中文2版,第18卷,258页,北京,人民出版社,1988。
⑤ 《列宁选集》,3版,第2卷,311、423~424、425页,北京,人民出版社,1995。
⑥ 同上书,221页。

似的概念，即"唯物主义辩证法"①，这一概念与恩格斯提出的另一概念，即"现代唯物主义"在本质上是相同的。按照恩格斯的观点，无论是在历史观上，还是在自然观上，"现代唯物主义本质上都是辩证的"②，换言之，马克思主义哲学是辩证唯物主义。1890年，恩格斯在致康·施米特的信中首次使用了"历史唯物主义"这一概念③；1892年，恩格斯在《社会主义从空想到科学》的英文版导言中，对"历史唯物主义"作出解释："用'历史唯物主义'这个名词来表达一种关于历史过程的观点……这种观点认为一切重要历史事件的终极原因和伟大动力是社会的经济发展，是生产方式和交换方式的改变，是由此产生的社会之划分为不同的阶级，是这些阶级彼此之间的斗争。"④ 显然，在恩格斯那里，"历史唯物主义"和"唯物主义历史观"是同一个概念，二者是马克思主义历史观的不同表述。

从马克思主义哲学史上看，首先把辩证唯物主义和历史唯物主义相提并论的是卢卡奇。1923年，卢卡奇在为布哈林的《历史唯物主义理论》写的书评中提出一个新的概念，即"历史唯物主义和辩证唯物主义"⑤，但他并未对这一新的概念作出解释。1929年，芬格尔特、萨尔文特出版了《辩证唯物主义和历史唯物主义》，以此为题阐述马克思主义哲学基本原理。

可见，无论提出"辩证唯物主义"、"历史唯物主义"、"辩证唯物主义和历史唯物主义"，还是把辩证唯物主义与历史唯物主义相提并论作为马克思主义哲学的基本内容，米丁都不是始作俑者。《辩证唯物论与历史唯物论》关于辩证唯物主义、历史唯物主义的定义和定位，关于辩证唯物主义与历史唯物主义的关系的说明，都不是"空穴来风"，而是以恩格斯、列宁的思想为理论依据的；把辩证唯物主义与历史唯物主义相提并论，作为马克思主义哲学的基本内容，也不是"无中生有"，而是对恩格斯、列宁思想的发挥。在《唯物主义和经验批判主义》中，列宁明确指出："马克思和恩格斯的学说是从费尔巴哈那里产生出来的，是在与庸才们的斗争中发展起来的，

---

① 《马克思恩格斯选集》，2版，第4卷，243页，北京，人民出版社，1995。
② 《马克思恩格斯选集》，2版，第3卷，364页，北京，人民出版社，1995。
③ 《马克思恩格斯选集》，2版，第4卷，692页，北京，人民出版社，1995。
④ 《马克思恩格斯选集》，2版，第3卷，704~705页，北京，人民出版社，1995。
⑤ 中国社科院马列所编：《论布哈林和布哈林思想》，218页，贵阳，贵州人民出版社，1982。

自然他们所特别注意的是修盖好唯物主义的上层，也就是说，他们所特别注意的不是唯物主义认识论，而是唯物主义历史观。因此，马克思和恩格斯在他们的著作中特别强调的是辩证唯物主义，而不是辩证唯物主义，特别坚持的是历史唯物主义，而不是历史唯物主义。"① 《辩证唯物论与历史唯物论》一方面强调辩证唯物主义是彻底的唯物论、完整的世界观，另一方面与"辩证唯物主义"并列，又加上"历史唯物主义"来称谓马克思主义哲学，实际上是为了强调历史唯物主义的独创性，强调马克思唯物主义的"彻底性"、"完整性"，因为马克思唯物主义的彻底性、完整性集中体现在历史唯物主义中。

《辩证唯物论与历史唯物论》的影响是空前而深远的，它的出版标志着苏联马克思主义哲学教学体系基本形成。

首先，《辩证唯物论与历史唯物论》体现了联共（布）中央的意志和对马克思主义哲学的定位。1931年，在批判德波林的高潮中，联共（布）中央向苏联哲学界提出一个重大的政治任务，即编写新的、统一的马克思主义哲学教科书。在当时苏联哲学界主要领导米丁的主持下，组织了全苏联哲学界的力量，以苏联科学院哲学研究所的名义集体编写了《辩证唯物论与历史唯物论》。这本著作标明作为苏联党校和高校哲学教科书，它不仅阐述了马克思主义哲学的一些基本观点，而且直接为当时的苏联政治、政策作论证，从而体现了联共（布）对马克思主义哲学的最终定位，即直接为现实政治服务、为现行政策论证。这是马克思主义哲学在苏联的特殊的社会位置和历史使命。

其次，《辩证唯物论与历史唯物论》形成了以列宁、恩格斯的著作为主，以马克思的著作为辅这一马克思主义哲学教科书的文献格局。马克思主义哲学教科书的理论依据或文献依据当然应以马克思、恩格斯的著作，尤其是马克思的著作为主。可是，在当时特殊的历史条件下，《辩证唯物论与历史唯物论》的文献依据却是列宁的著作多于恩格斯的著作，恩格斯的著作多于马克思的著作，而集中体现马克思哲学思想的著作，如《1844年经济学哲学手稿》、《关于费尔巴哈的提纲》、《德意志意识形态》、《资本论》却很少甚至几乎没有被引证。这就造成一个奇怪的现象，即名曰马克思主义哲学教科书

---

① 《列宁选集》，3版，第2卷，225页，北京，人民出版社，1995。

却很少甚至几乎没有引证马克思的重要哲学著作。正是这种奇怪的现象造成了苏联马克思主义哲学教科书特有的文献格局，即列宁的著作多于恩格斯的著作，恩格斯的著作多于马克思的著作。后来的苏联马克思主义哲学教科书，包括成为主流教材、权威版本的《马克思主义哲学原理》（康斯坦丁诺夫主编）仍然维持了这一文献格局。

最后，《辩证唯物论与历史唯物论》制定并巩固了辩证唯物主义与历史唯物主义的"二分结构"。如前所述，芬格尔特、萨尔文特的《辩证唯物主义和历史唯物主义》并未明确马克思主义哲学体系是辩证唯物主义与历史唯物主义的"二分结构"。米丁的《辩证唯物论与历史唯物论》则在马克思主义哲学史上第一次明确地把马克思主义哲学分为辩证唯物主义与历史唯物主义两个部分，明确地把"物质"作为马克思主义哲学的起点范畴，分别论述了马克思主义哲学的唯物论、认识论、辩证法、历史观，从而建构了一个特色鲜明的马克思主义哲学教学体系。米丁不无得意地自我评价道："我把马克思主义哲学分为辩证唯物主义和历史唯物主义，这种分法被人接受，流传下来了。"[①]

实际上，米丁制定的辩证唯物主义与历史唯物主义"二分结构"不仅"流传下来了"，而且支配了苏联马克思主义哲学教学体系半个世纪之久。无论是斯大林去世后的批判斯大林运动，还是赫鲁晓夫下台后的批判赫鲁晓夫运动；无论是1954~1955年对亚历山大诺夫的《辩证唯物主义》和康斯坦丁诺夫的《历史唯物主义》的讨论，还是后来出版的一批又一批马克思主义哲学教科书；无论是20世纪50~80年代认识论派与本体论派的论争，还是1965、1977年两次唯物辩证法讨论，都没有从根本上动摇辩证唯物主义与历史唯物主义"二分结构"这一马克思主义哲学教学体系。

以20世纪50~80年代苏联马克思主义哲学教科书的权威版本——康斯坦丁诺夫主编的《马克思主义哲学原理》为例。《马克思主义哲学原理》于1958年首次出版，之后随着国内形势的变化一再修订，分别出版了1962年版、1971年版、1972年版、1974年版、1982年版，是20世纪50~80年代苏联马克思主义哲学教学的主流

---

① 引自安启念：《新编马克思主义哲学发展史》，2版，173页，北京，中国人民大学出版社，2010。

教材和权威版本。其中，1958年出版的《马克思主义哲学原理》的结构是：导论；第一章 哲学的对象；第二章 马克思主义产生以前哲学史上唯物主义和唯心主义的斗争；第三章 马克思主义哲学的产生和发展。第一篇 辩证唯物主义；第四章 物质及其存在形式；第五章 物质和意识；第六章 现实中各种现象的合乎规律的联系；第七章 辩证法的基本规律。量变到质变的转化规律；第八章 对立面的统一和斗争规律；第九章 否定之否定规律；第十章 认识过程的辩证法。第二篇 历史唯物主义；第十一章 历史唯物主义是关于社会发展规律的科学；第十二章 物质生产是社会生活的基础；第十三章 生产力和生产关系的辩证法；第十四章 社会的基础和上层建筑；第十五章 阶级，阶级斗争，国家；第十六章 社会革命是社会经济形态更替的规律；第十七章 社会意识及其在社会生活中的作用；第十八章 人民群众和个人在历史上的作用；第十九章 现代资产阶级哲学和社会学的主要流派。

可以看出，尽管康斯坦丁诺夫要去除斯大林的影响，尽管"辩证唯物论与历史唯物论"这一书名被改为"马克思主义哲学原理"，尽管在一些具体安排上有所变化，但辩证唯物主义与历史唯物主义的"二分结构"在《马克思主义哲学原理》中被保存下来了。之后不断修订的版本除了贯彻苏联共产党第21、22、23、24、25次代表大会的精神，并对马克思主义哲学教学体系做了局部改良，在一些具体观点的阐述上有所深化外，在总体框架上并没有突破《辩证唯物论与历史唯物论》所确立的辩证唯物主义与历史唯物主义的"二分结构"。

特殊的社会地位，即直接为现实政治服务和为现行政策作论证；特殊的文献格局，即引证的列宁、恩格斯的著作多于马克思的著作；特殊的总体框架，即以"物质"为起点范畴的辩证唯物主义与历史唯物主义的"二分结构"，构成了特色鲜明的苏联马克思主义哲学教学体系。这三个基本特征在《辩证唯物论与历史唯物论》中得到集中体现。因此，米丁的《辩证唯物论与历史唯物论》的出版，标志着苏联马克思主义哲学教学体系的基本形成。

1938年，斯大林出版了《论辩证唯物主义和历史唯物主义》。该书开宗明义指出："辩证唯物主义是马克思列宁主义党的世界观。它所以叫作辩证唯物主义，是因为它对自然界现象的看法、它研究自然界现象的方法、它认识这些现象的方法是辩证的，而它对自然界现象的解释、它对自然界现象的了解，它的理论是唯物主义的。""历史唯物主义就是把辩证唯物主义的原理推广去研究社会生活，把辩证唯物主义的原理应用于社会生活现象，应用于研究社会，应用于研究社会历史"①，并以此为依据先后阐述了马克思主义辩证方法的基本特征、马克思主义哲学唯物主义的基本特征和历史唯物主义。

显然，斯大林的《论辩证唯物主义和历史唯物主义》是以米丁的《辩证唯物论与历史唯物论》为基础的，以有所变化的形式肯定了辩证唯物主义与历史唯物主义的"二分结构"。同时，由于斯大林在当时的苏联和国际共产主义运动的特殊地位，由于当时苏联的体制，斯大林的《论辩证唯物主义和历史唯物主义》又反过来巩固并确立了辩证唯物主义与历史唯物主义这一总体框架，使辩证唯物主义与历史唯物主义的"二分结构"成为马克思主义哲学教学体系的"经典"，产生了极其广泛而持久的影响。斯大林《论辩证唯物主义和历史唯物主义》的出版，标志着辩证唯物主义与历史唯物主义教学体系在苏联以至整个国际共产主义运动中真正确立下来了。

二、东欧、苏联学者对马克思主义哲学教学体系的新探索

在社会主义国家，首先对苏联马克思主义哲学教学体系提出质疑，并对马克思主义哲学教学体系作出新探索的，是东欧南斯拉夫和民主德国的学者。

无疑，南斯拉夫的马克思主义哲学教学体系曾深受苏联马克思主义哲学教学体系的影响。1949年，鲍·齐赫尔出版了《辩证唯物主义和历史唯物主义》，这是第二次世界大战后南斯拉夫出版的第一部马克思主义哲学教科书。1955、1958年，伊·科桑诺维奇分别出版了《辩证唯物主义——马克思主义哲学的基本问题导论》、《历史唯物主义——马克思主义社会学的基本问题导论》；1958年，普·弗兰尼茨基出版了《辩证唯物主义和历史唯物主义》。无论是从阐述的内容来看，还是就表达的方式而言，这些在南斯拉夫具有代表性的马克思主义哲学教科书都深受苏联马克思主义哲学教学体系的影响。

20世纪60年代，随着南斯拉夫"实践派"与"辩证唯物主义派"的形成与分化，南斯拉夫哲学界对辩证唯物主义与历史唯物主义教学体系的认识和评价发生了根本分歧。

---

① 《斯大林选集》下卷，424页，北京，人民出版社，1979。

"实践派"明确否定辩证唯物主义，认为辩证唯物主义不是马克思的哲学，而是由列宁建立，斯大林加以简单化、教条化的哲学观点。"马克思所理解的'哲学'并不是'辩证唯物主义和历史唯物主义'。最初由列宁加以描绘后来由斯大林赋予最终形态的辩证唯物主义的基本原理，同马克思是毫无关系的。辩证唯物主义的基本'本体论'原理，即关于自然界先于精神，物质先于意识的原理，同辩证唯物主义的基本'认识论'原理，即关于人的意识是对现实的反映的原理一样，是和马克思的基本思想，即实践的思想相对立的。""对马克思来说，主要的哲学问题，并不是物质和精神的关系，而是人和世界的关系"①，是在创造一个更加人道的世界的同时如何实现人的本质，并指明走向人的自我实现的实际步骤。这是其一。

其二，"实践派"认为，辩证法并不是关于客观世界普遍规律的科学，把辩证法描述为关于自然界、人类社会和思维运动一般规律的科学，是"消极的科学主义"和"实证主义的本体论"。按照"实践派"的观点，唯物主义本质上是教条主义的、形而上学的，而辩证法本质上是批判的、革命的；因此，辩证法同唯物主义的结合只能是虚构；客观对象和过程只有同人的需要、人的实践活动相关联时，才具有实际价值，因此，辩证法只有同人的实践活动结合起来才具有其真实意义。"辩证法既不是一种绝对、抽象的精神结构（如黑格尔所说），也不是自然界的一种一般结构（如恩格斯所说），而是人类历史的实践及其本质方面的一种总体结构——批判思维。"②实践是马克思主义哲学的核心范畴，人道主义是马克思主义哲学的本质特征，重建马克思主义哲学，就是要"使辩证法成为人道主义的辩证法"，"使人道主义成为辩证法的人道主义"。

其三，"实践派"一般承认历史唯物主义，但它把历史唯物主义归结为一种社会批判理论，认为历史唯物主义的主要任务就是对异化进行批判性的分析，从而发现那些摧残人、阻碍人的发展，导致经济异化、政治异化的特殊的社会制度。"历史唯物论不是马克思关于人和历史的一般理论，而是他对阶级社会自我异化的人（作为

---

① 引自贾泽林：《南斯拉夫当代哲学》，206~207页，北京，中国社会科学出版社，1982。

② [南]马尔科维奇、彼得洛维奇：《南斯拉夫"实践派"的历史和理论》，26页，重庆，重庆出版社，1994。

"经济动物"的人)的批判,也就是他关于自我异化的人类历史(更确切地说是'史前史')的批判理论。"① 同时,历史唯物主义只有成为马克思实践哲学这一理论整体中的一个组成部分,才能获得存在的合法性。"在实践哲学中,人被理解为自由的创造性的存在物,他通过自己的活动实现自身和自己的世界。然而,正因为是自由的存在物,人也可能自我异化,成为自我异化的不自由的存在物,成为经济动物。正因为人的自我异化,历史唯物主义作为对自我异化的社会和人的解释及批判有其存在的理由和相对的价值。但是,从实践哲学的整体中分离出来的、孤立的历史唯物主义,只能描述阶级社会中的经济决定作用和剥削的机制,甚至连这种社会和自我异化的人是非人道的这一根本命题也不能阐述……甚至不能充当关于阶级社会和阶级的人的完整的见解。"②

"作为教条并在根本上具有保守倾向的'辩证唯物主义'……至多'只能导致现有的科学知识的一般化和系统化,而无助于创立一种能够引导实践的社会力量走向世界的解放和人化的批判的时代精神。"③ 因此,必须破除苏联马克思主义哲学教学体系,即辩证唯物主义与历史唯物主义,重建一种具有人道主义和社会批判精神的马克思主义实践哲学。然而,由于种种历史原因,"实践派"并没有建立起这样一种实践哲学体系。换言之,"实践派"提出问题,但没有解决问题;重在解构苏联马克思主义哲学教学体系,但没有建构南斯拉夫马克思主义哲学教学体系。

如果说"实践派"重在"破",解构苏联"类型"的马克思主义哲学教学体系,那么,"辩证唯物主义派"则重在"立",建构南斯拉夫"型式"的马克思主义哲学教学体系。与"实践派"不同,"辩证唯物主义派"坚持辩证唯物主义,强调建立南斯拉夫"型式"的马克思主义哲学教学体系。从总体上看,这种南斯拉夫"型式"的马克思主义哲学教学体系具有两个特征:一是强调马克思主义哲学是同逻辑学、认识论和方法论密切联系的关于世界普遍规律的科学,是科学的决定论;二是强调马克思主义哲学是"批判的辩证唯物主

---

① 衣俊卿、陈树林:《当代学者视野中的马克思主义哲学》东欧和苏联学者卷(下),279页,北京,北京师范大学出版社,2008。
② 同上书,281页。
③ 同上书,311页。

义",具有人道主义的性质。一句话,马克思主义哲学是"科学性和人道主义的统一",社会主义人道主义是一种世界观。

20世纪60~70年代,"辩证唯物主义派"出版了一批马克思主义哲学教科书,如波·合希奇的《辩证唯物主义》、奥·曼迪奇的《辩证唯物主义概论》、安·斯托伊科维奇的《马克思主义哲学原理》、波·合希奇的《马克思主义哲学》、奥·别扬诺维奇的《马克思主义哲学》等。其中,安·斯托伊科维奇的《马克思主义哲学原理》先后出了八版,在南斯拉夫产生了广泛而深刻的影响,极具代表性。安·斯托伊科维奇的《马克思主义哲学原理》分三篇共九章。第一篇 哲学、科学和实践:第一章 哲学形成和发展的条件和前提;第二章 哲学的对象及其与专门学科、其他文化领域和社会实践的关系;第三章 辩证唯物主义的形成及其革命实质。第二篇 辩证唯物主义的基本学说:第一章 世界的一般结构和规律;第二章 辩证唯物主义世界观的逻辑——认识论——方法论原理;第三章 马克思主义哲学的人道主义实质。第三篇 辩证唯物主义优于现代非马克思主义的世界观:第一章 马克思主义与资产阶级意识形态;第二章 对马克思主义哲学发展的看法;第三章 世界和南斯拉夫马克思主义哲学发展的现状和前景。

显然,安·斯托伊科维奇的《马克思主义哲学原理》不同于苏联马克思主义哲学教科书,具有鲜明的南斯拉夫特色:一是提出哲学基本问题包含四个方面的内容,即本体论、逻辑——认识论——方法论、价值规范和人本主义,并始终围绕着这一基本问题来阐述马克思主义哲学;二是认为马克思主义哲学是关于人与世界的认识关系和价值关系的科学,不仅阐述了本体论、认识论,而且阐述了价值论;三是强调马克思主义哲学的人道主义实质和社会主义人道主义的世界观意义,不仅阐述了世界的一般结构和规律,而且阐述了人的生存的意义,阐述了人是最高价值和目的本身;四是强调马克思主义哲学是辩证唯物主义,历史唯物主义即唯物主义历史观则是马克思主义社会学。尽管斯托伊科维奇等人在其他场合仍把马克思主义哲学称为辩证唯物主义与历史唯物主义,但在安排马克思主义哲学教学体系的结构时,则把历史唯物主义排除在马克思主义哲学外,认为随着哲学和社会学的发展,作为研究社会运动和发展一般规律的科学,历史唯物主义已经不属于哲学,而属于社会学。这样一来,历史唯物主义的世界观意义被忽视了。历史唯物主义是马克思的第一个伟大发现的意义被淡化了。

几乎与南斯拉夫哲学界"实践派"和"辩证唯物主义派"论争的同时，民主德国哲学界发生了"实践论争"，继而发生了"体系论争"。"实践论争"的主题是何谓实践，力图对实践范畴的内涵进行新的探讨；"体系论争"的主题则是在重新审视实践范畴的基础上，对马克思主义哲学的研究对象、结构理论、叙述方法、总体框架进行新的探讨。正是在这场"体系论争"过程中，1967年，民主德国出版了柯辛的《马克思主义哲学·教科书》。《马克思主义哲学·教科书》分六个部分共十四章。第一部 现代的哲学：第一章 社会主义的世界观；第二章 马克思主义哲学的产生和发展。第二部 世界统一于物质性：第三章 哲学的根本问题和根本流派；第四章 物质和世界的统一性。第三部 世界的合乎规律的秩序：第五章 客观实在的体系的性质；第六章 辩证的决定论；第七章 规律及社会规律的有意识的利用。第四部 世界是发展的：第八章 作为质变的发展；第九章 作为否定之否定的发展；第十章 辩证的矛盾是运动及发展的源泉。第五部 人对客观世界的认识：第十一章 认识过程的社会基础；第十二章 认识的本质和结构。第六部 现代的社会形态及精神生活的改造：第十三章 工人阶级创造新的世界；第十四章 现代精神生活的变革。

可以看出，柯辛建构的马克思主义哲学教学体系与苏联马克思主义哲学教学体系有较大的差异：

在马克思主义哲学的对象上，苏联马克思主义哲学教科书把马克思主义哲学对象规定为自然界、人类社会和思维运动的一般规律；《马克思主义哲学·教科书》则提出，从事实践的人才是马克思主义哲学的对象。"人对于世界的关系是通过人的能动的活动的各种形式来实现的。处于对世界的这种关系中的人，才是马克思主义哲学的主要对象。马克思主义哲学最重要的是研究人在革命实践中如何变革自己的周围世界和他们自身。""只有从这一点出发，自然和社会在其一体性和相互作用中，社会的实践在理论和实践的相互关系中……才能成为马克思主义哲学的对象，同时，科学、政治、道德和艺术……也才能成为马克思主义哲学的对象……马克思主义哲学自己研究的对象就是这样的一切领域同人、人的活动之间的联系，以及规定一切领域特征的各种普遍规律和本质的特征。"①《马克思主义哲学·教科书》对马克思主义哲学对象规定的特点就在于,对象被理解为人的实践活动,以及由此产生的认识活动所媒介的领域,或者说,从现实的人出发,并以人的实践活动为基础来规定马克思主义哲学的对象,从而合理解决全部哲学问题。在这个意义上,我们赞同日本学者把《马克思主义哲学·教科书》称为"实践的唯物主义"。

在马克思主义哲学的结构上,苏联马克思主义哲学教科书把马克思主义哲学规定为辩证唯物主义与历史唯物主义,并把辩证唯物主义与历史唯物主义作为两个独立的部分分别阐述;《马克思主义哲学·教科书》则提出,马克思主义哲学是辩证的、历史的唯物主义,强调辩证唯物主义与历史唯物主义的"一体化",力图使马克思主义哲学的基本范畴、基本观点、基本规律在这种"一体化"的联系上得到说明。这是《马克思主义哲学·教科书》"体系叙述"的基础,也是其鲜明特征和新颖之处。正是在这一思想指导下,生产力、生产关系是放在"物质和世界的统一性"中阐述的,经济形态、政治形态、阶级结构是放在"客观实在的体系性"中阐述的,社会革命是放在"作为质变的发展"中阐述的,而认识论则是以历史唯物主义为基础展开的,等等。《马克思主义哲学·教科书》的基本原则,就是把社会生活及其历史置于客观实在的领域,即世界的物质统一性中加以考察,并认为马克思主义的新世界观以人类活动、社会生活过程作为出发点和中心内容,马克思主义哲学的"优越性"在于"对人类社会及社会实践的唯物主义解释","抛开历史唯物主义就不存在辩证唯物主义。两者在马克思主义的世界观中是融为一体的"②,应该说,这一观点正确而深刻,体现出历史唯物主义的世界观意义及其划时代贡献。

在探索辩证唯物主义与历史唯物主义"一体化"的道路上,《马克思主义哲学·教科书》的确迈出了重要一步。但是,我们注意到,《马克思主义哲学·教科书》又存在着内在的矛盾:一方面强调实践是马克思主义哲学的基础和出发点,全部哲学问题的合理解决都存在于"社会实践和从概念上把握社会实践"中,另一方面又把"物质"、"意识"、"实践"这三个范畴并列,作为马克思主义哲学的根

---

① 引自《当代哲学思潮述评》,45、47页,北京,求实出版社,1984。
② 同上书,43页。

本范畴，并从自然史的角度出发阐述物质、意识、实践之间的关系，从物质范畴出发阐述马克思主义哲学，只是在第五部分，即认识论部分才开始阐述实践的结构、地位以及主体与客体的关系。这犹如太阳的单独运行规律已经被指明，但关于整个天体运动的解释仍然通行着托勒密的理论。

比东欧的南斯拉夫、民主德国晚了约20年，苏联学者开始全面反思辩证唯物主义与历史唯物主义的教学体系，重新探讨马克思主义哲学教学体系。1982年，《哲学问题》第12期发表编辑部文章，在苏联历史上首次提出，要从根本上反思辩证唯物主义与历史唯物主义的教学体系，认为这一体系的根本缺陷就在于，分开阐述辩证唯物主义与历史唯物主义，把二者解释为两个独立的哲学学科，忘记了"二者的本质同一"。1985年，格列察内、卡拉瓦耶夫、谢尔热托夫在《列宁格勒大学学报》第13期上发表《论辩证唯物主义和历史唯物主义的本质同一》一文，对辩证唯物主义与历史唯物主义的本质同一进行了深入分析，认为辩证唯物主义与历史唯物主义不是整体与部分、一般与特殊的关系，不是马克思主义哲学结构上的两个组成部分，而是马克思主义哲学的两个相互补充的特征；社会是人同自然界的本质统一，超出社会存在，就没有意识与存在的关系，唯物主义的辩证性质只有在历史唯物主义的形式中才成为可能，历史唯物主义是唯物辩证法的集中体现，而实践则是把辩证唯物主义与历史唯物主义整体化为统一的完整学说的哲学范畴；辩证唯物主义与历史唯物主义的统一不是结构上的统一，而是实质上的统一，是统一的有机整体，统一的科学体系；辩证唯物主义与历史唯物主义教学体系的根本缺陷在于，在一个完整的马克思主义哲学中形成两个对象、两种"存在"、两种唯物主义以至两个学科，从而造成了"本体论断裂"。所以，必须"摒弃辩证唯物主义—历史唯物主义的图式"。由此，苏联哲学界开始全面反思辩证唯物主义与历史唯物主义的教学体系，重新探讨马克思主义哲学教学体系。在这个过程中，1989年，苏联出版了弗罗洛夫主编的《哲学导论》。

《哲学导论》的书名是中性提法，但它对马克思主义哲学持一种明确的肯定态度，阐述的主要是马克思主义哲学的基本观点，实际上仍是一部马克思主义哲学教科书。《哲学导论》分上、下两卷共18章。上卷 哲学的形成和发展：第一章 哲学及其使命、意义和功能；第二章 哲学的产生及其历史类型；第三章 马克思主义哲学的形成和发展；第四章 20世纪的非马克思主义哲学。下卷 理论和方法论：问题、概念、原理：第五章 存在；第六章 物质；第七章 辩证法；第八章 自然界；第九章 人；第十章 实践；第十一章 意识；第十二章 认识；第十三章 科学；第十四章 社会；第十五章 进步；第十六章 文化；第十七章 个性；第十八章 未来。下卷的章节顺序安排和上卷的哲学史的发展及其反映的社会发展是相互关照的，以体现逻辑和历史的统一，体现哲学知识的整体性及其发展的阶段性和连续性，体现马克思主义哲学是在批判继承人类文化优秀成果的基础上产生的，是在创造性地研究当代社会现实和当代文化成果的基础上发展的。

按照弗罗洛夫的观点，这部教科书之所以取名《哲学导论》，"当中蕴涵着特定的意义"：一是"帮助那些学哲学的人，对哲学的问题和语言、哲学研究的手段和方法、概念和范畴，对哲学史和当代的哲学问题，有个初步的了解，从而使他们能在这纷繁复杂的事物中，独立地确定研究方向"[①]；二是提高人们的理性思维素养，善于得心应手地运用概念"提出、论证或批判某些见解"，"看清变化和发展中的现实"；三是"尽力揭示和证明"马克思主义哲学的新颖性和独创性，"也决不会抛弃以前的哲学"，马克思主义哲学是以前社会思想和哲学思想的直接继续，马克思主义哲学之所以强大有力，就是因为它善于批判地改造和吸收世界哲学思想的优秀成果，"以往的杰出哲学家不仅是我们的先辈，而且也是我们的'同代人'，因为我们可从他们那里学到许多东西，可以同他们进行平等的对话和辩论"[②]；四是恢复唯物辩证法的本来面貌和应有作用，以批判的态度对待现实。唯物辩证法本来是对社会进行批判改造的武器，但在《联共（布）党史简明教程》第四章第二节中变成了"毫无生命力的、单调乏味的死板公式"，变成了"掩盖现实生活的矛盾"，"为现存的那些远非理想的事物进行辩护和颂扬"的工具。因此，必须恢复唯物辩证法的批判性，以批判的态度对待现实，探索改造和发展现实的各种可能性。"只有在改造现实的过程中和在实践中，哲学问题才能够得到解决，人类思维的现实性和威力方能显示出来。"[③]

---

① ［苏］弗罗洛夫：《哲学导论》上卷，前言，3页，北京，北京师范大学出版社，2011。
② 同上书，前言，5页。
③ 同上书，前言，3页。

从内容和观点上看,《哲学导论》保留了传统的马克思主义哲学教科书中"经受住了时间检验的一切东西",同时,依据当代社会生活的深刻变革对传统课题进行新的阐述,如"物质、空间与时间"、"存在的普遍联系"、"认识中感性与理性的统一",并增加了"一些以前的教科书里没有的题目",如"存在"、"文化"、"个性"、"实践"等,其中,最重要的就是"实践"。《哲学导论》明确指出,实践构成了人的存在方式和人类世界的基础,是人类对待世界的特殊方式,新世界观的基本思想就是唯物主义的实践观。"马克思的主要的和基本的哲学思想在于……实践是初始的和第一性的。"①

从结构和主体上看,《哲学导论》彻底打破了辩证唯物主义与历史唯物主义的"二分结构",建构了以人类解放为主题的马克思主义哲学教学体系。《哲学导论》明确指出:"马克思主义的最高目的,是研究和从理论上论证被奴役的人类的解放问题。马克思主义证明,消灭一切奴役制度,消灭人的屈辱、异化和不自由,是不可避免的。哲学通过探讨、分析和研究人类普遍的实践经验和人类普遍的精神经验这两个方面,而使历史进程的这个最崇高的目的得以实现。"②

《哲学导论》从三个方面展开了对人类解放这一主题的论证:一是沿着人与世界的关系、人与人的关系以及人的本质这些"根本性的经典问题"而展开,并认为"对根本性的经典问题的研究,构成了马克思主义哲学的核心和本质"③;二是沿着"对共产主义的含义进行哲学论证"而展开,"把人的解放问题改变为有关个人和社会沿着共产主义的道路前进的历史发展问题",并认为"全面发展的人,这就是作为共产主义理想'核心',而展现在马克思面前的理想的哲学形象"④;三是沿着人道主义的思路而展开,认为"马克思主义继承和发展了以往哲学的各种人道主义趋向,阐明了将人道主义理想付诸实现的途径、使人获得解放的途径和建设无愧于自由的人的社会的途径"⑤,所以,必须恢复和发展马克思主义最崇高的人道主义理想,以适应新的历史条件。

在《哲学导论》中,人的解放与人道主义是密切相关甚至融为

---

① [苏]弗罗洛夫:《哲学导论》上卷,183页,北京,北京师范大学出版社,2011。
② 同上书,174页。
③ 同上书,174页。
④ 同上书,177、187、181页。
⑤ 同上书,前言,5页。

一体的，马克思主义的最高目的——实现人类解放和马克思主义的最崇高的理想——人道主义具有相同的内涵。《哲学导论》力图把人道主义精神贯彻到马克思主义哲学之中，建构一种苏联式的人道主义的马克思主义哲学。从历史上看，从1953年斯大林逝世到1991年苏联解体，苏联马克思主义哲学演变的趋势，就是人道主义化。从1954～1955年讨论亚历山大洛夫的《辩证唯物主义》和康斯坦丁诺夫的《历史唯物主义》，对辩证唯物主义与历史唯物主义的个别观点进行反思，到认识论派与本体论派的论争，认识论派否定脱离人和人的活动的本体论，再到20世纪80年代对辩证唯物主义与历史唯物主义教学体系进行全面反思，要求"摒弃辩证唯物主义—历史唯物主义的图式"；从苏共22大提出"一切为了人，一切为了人的幸福"，推动了斯大林去世后日渐抬头的人道主义思潮的发展，到1987年"哲学与生活"的讨论提出，"全部哲学都要把人视为社会进步的最终目的，视为最高的价值和一切事物的尺度，也就是说，要使哲学人道化"①，再到1987、1989～1991年"哲学是不是科学"的讨论提出，哲学不是科学，否定辩证唯物主义与历史唯物主义的科学性，进而否定哲学为政治合理性论证的可能性，苏联哲学中的人道化倾向一直艰难但顽强地不断表现出来，形成一种趋势。《哲学导论》就是这种哲学人道化的历史延伸和集中体现，标志着苏联人道主义的马克思主义哲学教学体系的形成。

《哲学导论》的主编弗罗洛夫时任苏共中央书记处书记、《真理报》主编，是苏共中央总书记戈尔巴乔夫的助手，其作者大多是苏联一流哲学家，因此，《哲学导论》出版后立即取代了在苏联哲学界占主导地位30年之久的《马克思主义哲学原理》（康斯坦丁诺夫主编），并成为苏联马克思主义哲学教科书的新的权威版本。《哲学导论》的出版，标志着苏联辩证唯物主义与历史唯物主义教学体系的终结，同时，标志着30多年来艰难演进的苏联马克思主义哲学的人道化得到了官方的肯定和学界的认可，成为苏联哲学的主流。然而，好景不长，1991年，随着苏共解散、苏联解体，《哲学导论》的主导地位不复存在，它所建立的人道主义的马克思主义哲学教学体系也寿终正寝，只能作为思想博物馆的标本陈列于世，而不是兴盛于世了。在这个意义上，《哲学导论》又是苏联整个马克思主义哲学教学

---

① ［苏］拉宾：《关于苏联哲学研究发展的构想》，载《哲学译丛》，1988（4）。

体系终结的标志。

三、辩证唯物主义与历史唯物主义教学体系在中国的形成和确立

中国人最早知道马克思的学说是在20世纪初，1903年，马君武在《社会主义与进化论的比较》一书中第一次向中国人初步介绍了唯物主义历史观；中国人开始较为系统地了解马克思主义哲学是在俄国十月革命之后，1919年，李大钊发表了《我的马克思主义观》，首先向中国人较为系统地介绍了唯物主义历史观；瞿秋白则首先向中国人介绍了辩证唯物主义，并于1924年出版了中国第一本马克思主义哲学教科书，即《社会哲学概论》和《现代社会学》，从而在中国开启了编写马克思主义哲学教科书的先河。

从内容上看，瞿秋白是依据恩格斯的《反杜林论》、普列汉诺夫的《马克思主义的基本问题》、布哈林的《历史唯物主义理论》来阐述马克思主义哲学的。《社会哲学概论》展示了这样一条逻辑线索："(一) 先从哲学上之宇宙根本问题研究起；(二) 继之社会现象的秘密之分析；(三) 再进于社会主义之解说"①；制定了这样一个理论框架：哲学中之唯心唯物论，唯物哲学与社会现象，宇宙之起源，生命之发展，细胞——生命之历程，实质与意识，永久的真理——善与恶，平等，自由与必然，互变律，数与质——否定之否定，社会的物质——经济，原始的共产主义及私产之起源，阶级之发生及发展，分工，价值的理论，简单的与复杂的劳动，资本及剩余价值。《现代社会学》则从第一章 社会学之对象及其与其他科学的关系；第二章 社会科学之原因论与目的论；第三章 有定论与无定论；第四章 社会现象之互辩律；第五章 社会这五个方面进一步深化了《社会哲学概论》中的唯物史观部分，实际上是一部唯物主义历史观的教科书。

按照瞿秋白的观点，包括"唯物哲学之历史观"在内的马克思主义哲学是一种"新的宇宙观"②；在这种"新的宇宙观"中，"唯物主义的，互辩律的哲学"，"是一切社会科学的方法论"，"唯物哲学之历史观"，即"社会学乃是研究人类社会及其一切现象，并研究

---

① 《瞿秋白文集》（政治理论篇），第2卷，340页，北京，人民出版社，1988。
② 同上书，339页。

社会形式的变迁，各种社会现象相互间的关系，及其变迁之公律的科学"；"研究社会现象的时候，尤其应当细细的考查这唯物主义的，互辩律的哲学"①。因此，《社会哲学概论》、《现代社会学》在重点阐释"唯物哲学之历史观"的同时，阐述了"唯物主义的，互辩律的哲学"，包括矛盾规律、质量互变规律和否定之否定规律，并明确指出："宇宙的根本是物质的动，动的根本性质是矛盾——是否定之否定，是数量质量的互变。"② 这样，《社会哲学概论》和《现代社会学》就较为系统地阐述了马克思主义哲学。

从体系结构上看，《社会哲学概论》和《现代社会学》受到布哈林的《历史唯物主义理论》和戈列夫编写、瞿秋白翻译的《新哲学——唯物论》的影响。《现代社会学》在阐释历史唯物主义的过程中介绍了辩证唯物主义一些基本观点，《社会哲学概论》则在第一部分首先阐述辩证唯物主义，然后在第二部分阐述历史唯物主义，换言之，辩证唯物主义与历史唯物主义的"二分结构"在《社会哲学概论》和《现代社会学》中已初见端倪。这标志着辩证唯物主义与历史唯物主义的教学体系在中国初步形成。

1937年，李达出版了《社会学大纲》。这部马克思主义哲学教科书以马克思的《〈黑格尔法哲学批判〉导言》、《1844年经济学哲学手稿》、《神圣家族》、《关于费尔巴哈的提纲》、《德意志意识形态》、《共产党宣言》、《资本论》，恩格斯的《反杜林论》、《路德维希·费尔巴哈和德国古典哲学的终结》，列宁的《唯物主义和经验批判主义》、《哲学笔记》等著作为依据，以哲学基本问题及其科学解答为基本线索，以辩证法、认识论和逻辑学三者同一为基本原则，建构了这样一个马克思主义哲学教学体系，即第一篇 唯物辩证法：第一章 当作人类的认识史的综合看的唯物辩证法；第二章 当作哲学的科学看的唯物辩证法；第三章 唯物辩证法的诸法则；第四章 当作认识论和伦理学看的唯物辩证法。第二篇 当作科学看的历史唯物论：第一章 历史唯物论序说；第二章 布尔乔亚社会学及历史哲学批判。第三篇 社会的经济构造：第一章 生产力和生产关系；第二章 经济构造之历史的形态。第四篇 社会的政治建筑：第一章 阶级；第二章 国家。第五篇 社会的意识形态：第一章 意识形态的一

---

① 《瞿秋白文集》（政治理论篇），第2卷，398、334页，北京，人民出版社，1988。
② 同上书，357页。

般概念；第二章　意识形态的发展。

可以看出，《社会学大纲》在体系安排上仍然实行辩证唯物主义与历史唯物主义的"二分结构"，并认为"历史唯物论是把辩证唯物论运用于社会的认识理论"，"所谓辩证唯物论与历史唯物论的关联，这句话的本来的意义，就是彻底的把辩证唯物论应用并扩张于历史的领域。只有彻底的把辩证唯物论扩张于人类社会或历史的领域，才能使辩证唯物论更趋于深化和发展"①。在整体结构和理论体系上，《社会学大纲》没有超出苏联马克思主义哲学教科书。

但是，我们注意到，同《社会哲学概论》以及同一时期的马克思主义哲学教科书相比，《社会学大纲》不仅具有列宁、恩格斯的"元素"，而且具有更多的马克思的"元素"，尤其难能可贵的是，它阐述了《1844年经济学哲学手稿》、《关于费尔巴哈的提纲》、《德意志意识形态》的一些重要观点。《社会学大纲》高度评价了《1844年经济学哲学手稿》，认为它为"马克思的彻底的哲学唯物论"奠定了基础，其中，根本契机是把黑格尔辩证法中的实践概念"放在唯物论的基础上展开出来，引入于唯物论之中，给唯物论以新的内容、新的性质"，正是基于对实践的正确理解，马克思"建立了实践的唯物论"，达到唯物辩证法这一"统一的世界观"。《社会学大纲》明确提出"当作实践的唯物论看的唯物辩证法"这一命题，并认为"辩证法的唯物论，以劳动的概念为媒介，由自然认识的领域扩张于历史认识的领域，使唯物论发生了本质的变化，变成了实践的唯物论"；"实践唯物论，把实践当作历史的——社会的范畴，解释为感性的现实的人类的活动，并把它作为认识论的契机，所以能够在其与社会生活的关联上去理解人类认识的全部发展史，因而克服观念论哲学的抽象性与思辨性，而到达于唯物辩证法"；"实践的唯物论，由于把实践的契机导入于唯物论，使从来的哲学的内容起了本质的变革"②。

同时，《社会学大纲》对辩证唯物主义与历史唯物主义的关系也有自己独特的见解：一方面，自然辩证法是唯物辩证法的基础，历史唯物论是辩证唯物主义在历史领域的"应用"和"扩张"；另一方面，马克思、恩格斯"首先阐明了历史领域中的辩证法，其次由历

---

① 《李达文集》第2卷，285、283页，北京，人民出版社，1981。
② 同上书，56、60～61页。

史的辩证法进到自然辩证法,而在社会的实践上统一两者以创出科学的世界观的唯物辩证法"①。唯物辩证法是唯物辩证的历史观和自然观的"综合"和"统一",而二者统一的基础则是科学的实践观。正是基于对实践意义的正确理解,马克思发现了"人与自然相结合的媒介",发现了人类社会的物质基础,在把唯物辩证法从历史领域"贯彻于"自然领域的同时,又把唯物论从自然领域"扩张于"历史领域,从而"建立彻底的唯物论、统一的世界观"②。

显然,《社会学大纲》对辩证唯物主义与历史唯物主义内在关联的理解有明显的逻辑矛盾,而且没有把科学的实践观作为马克思主义哲学的核心观点贯彻始终。但是,《社会学大纲》已经在一定程度上意识到科学的实践观是马克思主义哲学的理论基础,意识到实践唯物主义与历史唯物主义、辩证唯物主义存在着内在联系,意识到实践唯物主义的创立是哲学史上革命变革的契机。所以,在马克思主义哲学教学体系的安排上,《社会学大纲》力图用劳动——实践范畴连接辩证唯物主义与历史唯物主义。这表明,中国的马克思主义哲学教学体系接受的既有"打上了俄罗斯印记的列宁主义与斯大林模式",又有"经典意义上的马克思主义";既受到当时苏联哲学论战,如"辩证法派"与"机械论派"、米丁与德波林论战的影响,又有对当时国内哲学论战,如关于中国社会性质、中国社会史、唯物辩证法论战的总结;既受到苏联马克思主义哲学教科书的影响,又凝聚着中国学者对马克思主义哲学的独特理解,在一定程度上体现了中国学者的独创性。

《社会学大纲》在当时就产生了很大的影响,直接影响到毛泽东写作包括《实践论》、《矛盾论》在内的《辩证法唯物论提纲》。毛泽东后来高度评价《社会学大纲》,认为"《社会学大纲》就是中国人自己写的第一本马克思主义哲学教科书"③。毛泽东可能忽略或没有看到瞿秋白的《社会哲学概论》,所以误把李达的《社会学大纲》看作是"中国人自己写的第一本马克思主义哲学教科书"。如前所述,瞿秋白的《社会哲学概论》才是中国人自己写的第一本马克思主义

---

① 《李达文集》第2卷,56页,北京,人民出版社,1981。
② 同上书,57~58页。
③ 引自胡为雄:《新中国第一本马克思主义哲学教科书的编写及其经验》,载《毛泽东邓小平理论研究》,2007(5)。

哲学教科书。但是，无论是对西方哲学史的分析，还是对马克思主义哲学史的考察，无论是对马克思主义哲学经典著作把握的广度，还是对马克思主义哲学基本观点阐述的深度，无论是对马克思主义哲学基本范畴界定的准确性，还是对马克思主义哲学教学体系建构的完整性，《社会学大纲》都比《社会哲学概论》以至同一时期的马克思哲学教科书高出一筹。应该说，《社会学大纲》是中国人以自己的表述方式撰写的第一部全面、系统、透彻阐述马克思主义哲学基本原理的教科书，代表着新民主主义革命时期中国马克思主义哲学教科书的最高水平，标志着辩证唯物主义与历史唯物主义教学体系在中国基本形成。

新中国成立后，从1950～1959年，由于特殊的历史原因，中国马克思主义哲学教学体系基本沿袭了苏联马克思主义哲学教学体系。这一时期，不仅苏联马克思主义哲学教科书被引进中国，而且苏联马克思主义哲学专家也被邀请到中国直接讲授马克思主义哲学及其经典著作，同时，苏共中央高级党校编写的《辩证唯物主义与历史唯物主义教学大纲》（1953年出版）也被苏联专家介绍到中国，这就对中国马克思主义哲学教学产生了重大影响。从1959年开始，遵照中共中央书记处的指示精神，中国学者开始编写马克思主义哲学教科书。1961年，艾思奇主编的《辩证唯物主义 历史唯物主义》由人民出版社出版。这是新中国成立后出版的、由中国学者自己编写的第一本马克思主义哲学教科书。

《辩证唯物主义 历史唯物主义》明确提出："辩证唯物主义和历史唯物主义是马克思主义哲学，是马克思主义的全部学说的哲学基础，是革命的工人阶级的世界观"，"是真正科学的世界观"，而作为世界观的学问，"哲学观点就是人们对于世界上的一切事物、对于整个世界的最根本的观点"[1]；"马克思主义哲学——辩证唯物主义和历史唯物主义"，历史唯物主义就是"把辩证唯物主义推广到对人类社会的认识"[2]。按照这一指导思想，除第一章 绪论外，《辩证唯物主义 历史唯物主义》对马克思主义哲学教学体系做了这样的安排：上篇 辩证唯物主义，包括第二章 世界的物质性，第三章 物质和意识，第四章 对立统一规律，第五章 质量互变规律，第六章 否定之

---

[1] 艾思奇：《辩证唯物主义 历史唯物主义》，1、2页，北京，人民出版社，1961。
[2] 同上书，19、200页。

否定规律，第七章 唯物辩证法的基本范畴，第八章 认识和实践，第九章 真理；下篇 历史唯物主义，包括第十章 历史唯物主义和历史唯心主义的根本对立，第十一章 生产力和生产关系，第十二章 经济基础和上层建筑，第十三章 阶级和国家，第十四章 社会革命，第十五章 社会意识及其形成，第十六章 人民群众和个人在历史上的作用。

显然，《辩证唯物主义 历史唯物主义》受到康斯坦丁诺夫主编的《马克思主义哲学原理》（1958年出版）的影响。但是，《辩证唯物主义 历史唯物主义》又不是对苏联马克思主义哲学教科书的简单模仿，在某些方面比苏联马克思主义哲学教科书具有更高的水平，在一定程度上具有特创性：一是结合中国新民主主义革命和社会主义建设的实际来阐述马克思主义哲学基本原理；二是结合中国传统哲学来阐述马克思主义哲学基本原理；三是充分反映了毛泽东哲学思想对马克思主义哲学的丰富和发展，对对立统一规律、认识和实践的阐述，基本上采用了《矛盾论》、《实践论》的体例。

《辩证唯物主义 历史唯物主义》是由中共中央书记处决定并组织编写的，同时，由于编写者是当时国内一流专家、学者，代表着当时国内马克思主义哲学教学的最高水平，因而具有极高的权威性。《辩证唯物主义 历史唯物主义》在马克思主义哲学教学体系发展史上的地位就在于，它标志着辩证唯物主义与历史唯物主义教学体系在中国的确立，同时，作为全国党校、高校通用的马克思主义哲学教科书，它结束了在中国课堂上使用苏联马克思主义哲学教科书的历史。《辩证唯物主义 历史唯物主义》在中国的影响是深远的。从1961年到2011年，50年间，国内出版的各类马克思主义哲学教科书已高达千余种，但除极少数外，绝大多数教科书在基本内容、逻辑结构和理论体系上都没有超出《辩证唯物主义 历史唯物主义》。

四、中国学者对马克思主义哲学教学体系的新探索

1961年，毛泽东嘱咐李达编一本马克思主义哲学教科书。1965年，毛泽东在阅读李达主编的《马克思主义哲学大纲》（内部讨论稿）时，简明扼要地阐述了以对立统一规律为核心的辩证法体系，否定了苏联马克思主义哲学教科书把质量互变规律、对立统一规律和否定之否定规律并列的形式，明确指出："旧哲学传下来的几个规律并列的方法不妥"；同时，在其中的"两种发展观互相对立的焦

点"这一节明确批写:"不必抄斯大林。"① 这实际蕴涵着毛泽东对苏联马克思主义哲学教科书的不满,蕴涵着毛泽东对中国化的马克思主义哲学教科书的期盼。

李达主编的《马克思主义哲学大纲》实际上开始了中国学者对马克思主义哲学体系的新探索。然而,由于种种历史原因,这一探索一度中断了。重启对马克思主义哲学教学体系新探索的,是高清海主编,1985、1987年出版的《马克思主义哲学基础》(上、下册)。《马克思主义哲学基础》认为,马克思主义哲学是"关于外部世界和人类思维的运动的一般规律的科学",并明确提出:"马克思主义哲学就是辩证唯物主义"②,"'辩证的'唯物主义,标示出了马克思主义唯物主义整个理论内容与旧唯物主义不同的性质"③;实践是马克思主义哲学全部理论内容的核心,马克思主义哲学"把实践的观点提到首要和基本观点的地位","并且把这一原则彻底贯彻到哲学全部内容之中,建立了以实践为基础、与实践内在统一的哲学体系",从而实现了哲学史上的革命性变革。④ 依据这一原则,《马克思主义哲学基础》建构了一种新的马克思主义哲学教学体系:绪论——马克思主义哲学是科学的世界观认识论方法论的统一。第一篇 意识与存在的关系——认识的基本矛盾:第一章 人类认识的基本矛盾及其历史发展;第二章 马克思主义哲学对存在与意识关系的科学解决;第三章 客体的规定性;第四章 客体的规律性;第五章 世界统一于运动着的物质。第二篇 主体——人作为主体的规定性及其主体能力的根据和发展:第六章 人作为主体的基本规定性;第七章 主体能力的自然基础;第八章 主体的社会规定性。第三篇 主体与客体的统一——在实践基础上真善美的统一与自由的实现:第九章 主客体统一的规定性;第十章 实践;第十一章 认识;第十二章 自由。

《马克思主义哲学基础》认为,历史唯物主义既是辩证唯物主义得以形成的基础,同时又是体现在历史观上的辩证唯物主义,就理

---

① 由于"文化大革命",李达主编的《马克思主义哲学大纲》上册没有出版,下册没有写完。"文化大革命"结束后,陶德麟主持对《马克思主义哲学大纲》上册进行修改,1978年以《唯物辩证法大纲》为题由人民出版社出版。这是"文化大革命"结束后出版的第一本马克思主义哲学教科书。
② 高清海:《马克思主义哲学基础》上册,目录,2页,北京,人民出版社,1985。
③ 同上书,95页。
④ 同上书,107页。

论性质而言，辩证唯物主义与历史唯物主义是一般世界观和历史观的关系，二者在内容和观点上是相互内在地包含的，而不是外在地结合在一起的。因此，把辩证唯物主义与历史唯物主义拆开并列起来，变成外在结合的联系，不符合辩证唯物主义与历史唯物主义所固有的内在的统一关系。正因为如此，《马克思主义哲学基础》突破了辩证唯物主义与历史唯物主义的"二分结构"，在阐述"辩证唯物主义的物质观"时就说明了社会的物质性，包括社会存在、社会发展是自然—历史过程，以及自然的物质性与社会的物质性的关系，并以意识与存在的关系这一认识活动的基本矛盾为基本线索，以客体的规定性、主体的规定性、主体与客体的统一，以及自由的实现为逻辑结构，展示出一种新的马克思主义哲学教学体系。

同时，《马克思主义哲学基础》明确提出，实践的观点是马克思主义哲学首要的和基本的观点，并力图把实践原则作为马克思主义哲学教学体系的建构原则。按照《马克思主义哲学基础》的观点，"实践是马克思主义哲学全部理论内容的核心"，马克思主义哲学正是从实践活动出发去理解主体与客体及其相互关系的，"从此哲学理论才既摆脱了停止于外部偶然联系的直观性，又摆脱了追求抽象本体的超验性，成为以揭示客观规律为主要内容、具有可检验性的科学理论"[①]。这就突破了苏联马克思主义哲学教学体系对实践范畴的认识论限定，而将其上升到马克思主义哲学的理论核心和建构原则的高度，上升到主体与客体分化和统一基础的高度，并明确指认了实践在马克思主义哲学本体论、历史观和认识论中的整体性地位，力图建构以实践观点为理论基础和逻辑中介的马克思主义哲学教学体系。

但是，《马克思主义哲学基础》又留下了两个理论难题：

一是明确提出实践观点是马克思主义哲学的首要观点和理论核心，但在具体阐述马克思主义哲学基本观点时，又没有把这一首要观点、理论核心贯穿始终。相反，只是在阐述了客体规定性、主体规定性之后，在第四篇第十章，即"主体与客体的统一"才对实践观点作出阐述。更重要的是，没有把实践的观点同客体的规定性、规律性有机结合起来，辩证原则游离于实践观之外。

二是强调历史唯物主义对马克思主义哲学的形成具有特殊的意

---

① 高清海：《马克思主义哲学基础》上册，107页，北京，人民出版社，1985。

义，认为历史唯物主义是辩证唯物主义得以形成的基础，"关于实践的理论既是发现唯物史观的必然结果，又是唯物史观的基本内容"①，但又提出"不能由此就认为，马克思主义哲学主要就是历史唯物主义"，在马克思主义哲学中，"基础理论""就是辩证唯物主义"，历史唯物主义则是把辩证唯物主义运用于历史领域的"中介性理论"，是体现在历史观上的辩证唯物主义。② 这是一个逻辑矛盾。实际上，在马克思主义哲学中，并不存在一个独立的、作为理论基础的辩证唯物主义，也不存在一个独立的、具有运用性质的历史唯物主义。历史唯物主义本身就是"真正批判的世界观"③。

继《马克思主义哲学基础》之后，肖前、李秀林、汪永祥主编，1991年出版的《辩证唯物主义原理》（修订本）、《历史唯物主义原理》（修订本），辛敬良主编，1991年出版的《马克思主义哲学导论》，李秀林、王于、李淮春主编，1995年出版的《辩证唯物主义和历史唯物主义原理》（第4版），都明确提出实践的观点是整个马克思主义哲学首要的和基本的观点，并力图用实践唯物主义精神改造原有的马克思主义哲学教学体系，或者说，以实践为原则建构马克思主义哲学教学体系。

《辩证唯物主义原理》（修订本）、《历史唯物主义原理》（修订本）认为，马克思主义哲学是唯物主义和辩证法、唯物辩证的自然观和历史观高度统一的理论体系；辩证唯物主义本身就包含着历史唯物主义，历史唯物主义则使辩证唯物主义获得了全面的巩固的基础；"辩证唯物主义之所以是彻底的唯物主义，不仅是因为它唯物地解释了自然，包含有唯物主义的自然观，而且特别是由于它唯物地解释了社会生活，包含有唯物主义的历史观。""历史唯物主义是彻底的唯物主义的标志，如果没有这个标志，就意味着彻底的唯物主义即辩证唯物主义还没有创立"，历史唯物主义"使全部马克思主义哲学建立在科学实践观的基础之上"④；马克思主义哲学确认实践是人的存在方式、社会生活的本质和现存世界的基础，并把实践的观点看作是自己首要的和基本的观点，因此，"马克思主义哲学的新唯

---

① 高清海：《马克思主义哲学基础》下册，260页，北京，人民出版社，1987。
② 高清海：《马克思主义哲学基础》上册，101页，北京，人民出版社，1985。
③ 《马克思恩格斯全集》，中文1版，第3卷，261页，北京，人民出版社，1960。
④ 肖前、李秀林、汪永祥：《历史唯物主义原理》（修订本），28、29页，北京，人民出版社，1991。

物主义，同时可以说是实践的唯物主义"①。

　　这不乏真知灼见，但这一精神又未自始至终贯彻下去。《辩证唯物主义原理》（修订本）、《历史唯物主义原理》（修订本）仍然"保持原来的基本理论格局"②，即仍然保持辩证唯物主义与历史唯物主义的"二分结构"，只是在辩证法和认识论之间增加了专门阐述实践的一章，对实践的根本地位、主要特征、内在结构、活动过程和历史发展作了深入而全面的阐述，以尽力弥补"原来基本理论格局"的不足。

　　与《辩证唯物主义原理》（修订本）、《历史唯物主义原理》（修订本）"保持原来的基本理论格局"不同，《辩证唯物主义和历史唯物主义原理》（第4版）对原来的"体系结构作了较大的改变"，"对理论内容进行了较多的充实和调整"，改变了辩证唯物主义与历史唯物主义的"二分结构"，突出了辩证唯物主义与历史唯物主义的"一体化"，展现了马克思主义哲学是以实践为本质特征的辩证、历史的唯物主义，并明确指出："辩证唯物主义和历史唯物主义这两个特征，都是从实践的唯物主义这一本质特征引申出来的，是这一本质特征必然展开的内在逻辑和理论表现。"③*

　　正是在这一思想的指导下，《辩证唯物主义和历史唯物主义原理》（第4版）力图改变辩证唯物主义与历史唯物主义"二分结构"，建构辩证唯物主义与历史唯物主义"一体化"的马克思主义哲学教学体系：导论 科学的世界观和方法论；第一章 世界的物质统一性；第二章 实践与世界；第三章 社会及其基本结构；第四章 世界的联系和发展；第五章 联系和发展的基本规律；第六章 联系和发展的

---

① 肖前、李秀林、汪永祥：《辩证唯物主义原理》（修订本），44页，北京，人民出版社，1991。

② 同上书，前言，1页。

③ 李秀林、王于、李淮春：《辩证唯物主义和历史唯物主义原理》，4版，24页，北京，中国人民大学出版社，1995。

* 《辩证唯物主义和历史唯物主义原理》（第5版）进一步指出："用'实践唯物主义'来称谓马克思主义哲学，是为了透显马克思的唯物主义所内含的实践维度及其首要性和基本性"；"用'辩证唯物主义'称谓马克思主义哲学，是为了透显马克思的唯物主义所内含的辩证法维度及其批判性和革命性"；"与'辩证唯物主义'并列，加上'历史唯物主义'来称谓马克思主义哲学，是为了透显马克思的唯物主义所内含的历史维度及其彻底性和完备性"。（李秀林、王于、李淮春：《辩证唯物主义和历史唯物主义原理》，5版，"第5版说明"，2页，北京，中国人民大学出版社，2004）

基本环节；第七章 社会发展过程及其动力；第八章 从客观辩证法到主观辩证法；第九章 认识的本质和结构；第十章 认识的过程及其内在机制；第十一章 真理和价值；第十二章 认识与思维方法、思维方式；第十三章 文化与社会现代化；第十四章 人的本质、自由和全面发展。

这一教学体系有两个突出特点：一是在"世界的物质统一性"中充分体现了自然观和历史观的统一，阐述了自然界的物质性与人类社会的物质性及其关系，阐述了物质形态的同源性和同构性；二是在"实践与世界"中，明确提出了实践的世界观意义，阐述了实践是人的存在方式，是主观世界和客观世界、自在世界和人类世界分化与统一的基础。但是，如何把辩证法同实践观有机结合起来，仍是一个未解决的理论难题。在《辩证唯物主义和历史唯物主义原理》（第4版）中，辩证法仍然游离于实践观之外。《辩证唯物主义和历史唯物主义原理》（第5版）对辩证法部分做了较大的改进，在"联系和发展"一章中阐述了"物与物的关系和'为我而存在的关系'"、"客观辩证法、主观辩证法与实践辩证法"，在"发展的基本规律"一章中阐述了"否定性的辩证法与实践观、矛盾观"，但从本质上看，辩证法仍然游离于实践观之外，辩证法与实践观的有机结合这一理论难题仍然没有得到根本解决。

辛敬良主编，1985年出版的《马克思主义哲学导论》向我们展示了这样一个马克思主义哲学教学体系：第一篇 马克思主义的实践观，包括第一章 马克思主义实践观的创立及其意义；第二章 实践与主客体关系；第三章 实践是马克思主义哲学大厦的基石。第二篇 以实践为中介的自然过程，包括第四章 自然的客观性及对人的优先地位；第五章 自然界的对象性及向人的呈现；第六章 自然界的历史性及与人在社会中的统一。第三篇 以实践为本质的社会历史过程，包括第七章 社会有机体；第八章 历史的主客体和历史过程；第九章 社会物质生产；第十章 人自身生产和人群共同体；第十一章 社会精神生产；第十二章 精神产品的两大类型——意识形态和科学；第十三章 社会形态及其演进序列；第十四章 人、人性和人的全面发展。第四篇 以实践为基础的意识和认识过程，包括第十五章 意识的发生和结构；第十六章 认识过程；第十七章 实践与真理；第十八章 思维的规律和方法。显然，这是一个新的马克思主义哲学教学体系，而贯穿这一教学体系的红线就是实践唯物主义精神。

从马克思主义哲学教学体系演变的历史看，李达的《社会学大纲》提出了"当作实践的唯物论看的唯物辩证法"这一命题，已经初步具有了马克思主义哲学是实践唯物主义的思想。"辩证法的唯物论，以劳动的概念为媒介，由自然认识的领域扩张于历史认识的领域，使唯物论发生了本质的变化，变成了实践的唯物论。"① 这是新中国成立前马克思主义哲学教科书首次提出马克思主义哲学是实践唯物主义的思想。李秀林、王于、李淮春主编，1982年出版的《辩证唯物主义和历史唯物主义原理》（第1版）提出了"马克思主义哲学的奠基人把自己的学说称为实践的唯物主义"这一命题，包含着马克思主义哲学是实践唯物主义的思想。马克思主义哲学"第一次把科学的实践观点引入哲学，全面地、科学地论证了实践及其在认识中的决定作用和哲学中的基础地位"；同时，"强调自己的全部理论都要付诸实践，指导实践，变为群众的行动，化作改造世界的物质力量"；"'实践的唯物主义'还表明，'全部问题都在于使现存世界革命化，实际地反对和改变事物的现状'"②。这是新中国成立后马克思主义哲学教科书首次提出马克思主义哲学是实践唯物主义的思想。亚历山大诺夫主编，1954年出版的《辩证唯物主义》提出了"辩证唯物主义是实践的唯物主义"这一命题，蕴涵着马克思主义哲学是实践唯物主义的思想。"马克思和恩格斯把辩证唯物主义推广去理解社会生活，从而使哲学和革命实践、和政治、和反对资本主义的斗争联系起来。正因为这样，他们认为辩证唯物主义——唯物主义理论的最高发展——是实践的唯物主义。"③ 这是苏联马克思主义哲学教科书首次提出马克思主义哲学是实践唯物主义的思想。

但是，无论是《社会学大纲》、《辩证唯物主义和历史唯物主义原理》（第1版），还是《辩证唯物主义》，当它们提出马克思主义哲学是实践唯物主义思想时，所表明的主要是一种要把理论付诸行动的哲学态度，而不是把实践观点作为马克思主义哲学体系的建构原则；所阐述的主要是实践观点是马克思主义认识论首要的和基本的观点，而不是把实践观点作为整个马克思主义哲学首要的和基本的

---

① 《李达文集》第2卷，60页，北京，人民出版社，1981。
② 李秀林、王于、李淮春：《辩证唯物主义和历史唯物主义原理》，1版，25页，北京，中国人民大学出版社，1982。
③ ［苏］亚历山大诺夫：《辩证唯物主义》，30页，北京，人民出版社，1954。

观点。即使后来出版的一些马克思主义哲学教科书,自觉意识到并明确提出实践观点是马克思主义哲学首要的和基本的观点,是马克思主义哲学教学体系的建构原则,但由于种种原因,并没有把这一原则贯彻始终。

与此不同,《马克思主义哲学导论》的副标题就是"实践的唯物主义",它不仅明确提出马克思主义哲学是实践唯物主义,而且对实践唯物主义的内涵作了深入阐述,认为实践唯物主义不是把世界当作与人的活动无关的纯客观的存在,不是对世界本原的终极性思考,而是把世界作为人的实践活动的对象来把握,以理论思维的形式从总体上把握人与世界的关系,从而成为理论体系与价值体系的统一,唯物主义自然观与历史观的统一,辩证法与历史唯物主义的统一,辩证法、认识论与逻辑学的统一。

在这一新的马克思主义哲学教学体系中,实践观点的地位与作用是基础性和全方位的:在主体与客体的关系中,强调实践是主体与客体分化和统一的基础,"实践活动的本质内涵,就在于具体的和历史的主体,在活动进程中按照自己的目的,用关于现实的观念模式和关于客体属性的知识来实现对客体的物质规定,并通过对象化的活动而改造自己,创造自己和进一步完善自己"①;在自然观中,强调"以实践为中介的自然过程",以及以实践为基础和中介的"历史的自然和自然的历史",认为"物质是标志客观实在的哲学范畴;是作为实践对象的一切事物的共同特性的抽象或概括,这一特性(即客观实在性)指的是事物在实践过程中唯一能保持不变的属性,也是历史地发展着的实践活动的能动改造作用的最后界限"②;在历史观中,强调"以实践为本质的社会历史过程",认为社会是在人的实践基础上生成的不断自我更新的有机体,历史是人类实践活动在时间中的展开,意识形态和科学是人们在实践基础上掌握世界的精神样式;在认识论中,强调"以实践为基础的意识和认识过程",认为意识和自我意识的内容与形式都取决于人的实践活动及其发展水平,"实践活动是主客体相互作用的过程,主体与客体的相互规定及双向运动的结构亦即对立统一的关系,就内化为辩证思维的规律也就是矛盾思维律",作为辩证思维的内容,事物的"辩证本性"是

---

① 辛敬良:《马克思主义哲学导论》,54页,上海,复旦大学出版社,1991。
② 同上书,132页。

"由实践活动赋予的性质,而不是与人无关的所谓'自然界的辩证法'"①。但是,《马克思主义哲学导论》却回避了一个重要问题,即如何在科学实践观的基础上阐述辩证法,阐述实践活动如何"赋予"事物以"辩证本性"。

在这一方面颇有建树的,是陈晏清、王南湜、李淑梅编著,2001年出版的《马克思主义哲学高级教程》。《马克思主义哲学高级教程》深入探讨了"辩证法的实践原型"和"合理形态的辩证法",明确指出:"马克思哲学的唯物论、辩证法,都是对于人的活动的根本理解、根本观点",因此,要"把实践的观点作为整个马克思主义哲学的首要的和基本的观点,把'实践'作为马克思主义哲学体系的核心范畴,据此去阐明马克思主义的实践论的唯物论和实践论的辩证法的基本特征,并在此基础上,阐明实践论的自然观念、社会观念、历史观念、知识观念及其作为全部哲学观念之综合的自由观念,建构起一个将实践观念贯通到底的马克思主义哲学的解释体系"②。这是其一。

其二,《马克思主义哲学高级教程》认为,马克思的哲学思考总是指向人的现实活动,明确地把哲学视为人类对自身活动的反思,"这就是马克思的基本的哲学理念"。马克思的哲学观是"人类活动论的哲学观",马克思的哲学思维范式是"人类活动论的或人类学的哲学思维范式",而这种哲学观和哲学思维范式的核心就是实践论。"只有把握了马克思哲学的这一基本理念,理解了马克思开创的人类活动论思维范式的意义,才能对马克思哲学的主体性维度有真正的和正确的理解。"正因为如此,《马克思主义哲学导论》力图"建构起一个符合马克思的人类活动论思维范式的解释框架"③。

其三,《马克思主义哲学高级教程》认为,人的活动就是要把自然世界改造成为适合人类生存和发展的属人世界,因而不断地制造世界的分化,同时又实现着世界的统一。作为人类自身活动的反思,哲学就是要思考世界的分化与统一。哲学所要把握的世界的统一性,不是那种离开了人的活动的统一性,而是由于人的活动而分化的统

---

① 辛敬良:《马克思主义哲学导论》,588页,上海,复旦大学出版社,1991。
② 陈晏清、王南湜、李淑梅:《马克思主义哲学高级教程》,6~7页,天津,南开大学出版社,2001。
③ 同上书,6页。

一性；因人的活动而分化的世界的同一性，实质上是人类活动中的必然与自由的统一性。自由与必然是人类存在的本原性结构和人类活动的本原性矛盾，是哲学发展的基本线索。"马克思主义哲学就是一种在现代条件下，以其特有的方式解决思维与存在的关系问题并进而解决自由与必然之现实对立的哲学体系。"①

从马克思主义人类活动论的哲学思维范式出发，《马克思主义哲学高级教程》建构了一个以必然与自由的关系为基本线索，以实践为首要观点和核心范畴，以人的自由为目标的马克思主义哲学教学体系：第一章 哲学的精神；第二章 马克思的哲学变革；第三章 合理形态的辩证法；第四章 现代形态的唯物主义；第五章 人化自然的观念；第六章 社会生活的实践本质；第七章 人类历史的辩证过程；第八章 人类认识的辩证过程；第九章 人类自由——真、善、美的统一。其中，第一章专门阐述了自由与必然是人类存在的本原性结构和人类活动的本原性矛盾，说明哲学是人类对自身活动的反思，是解决自由与必然关系问题的一种独特努力；第三章专门阐述了实践论的辩证法，分析了辩证法的实践原型与其理论抽象，并对自然辩证法提出新的理解；第四章专门阐述了实践论的唯物主义，分析了现代唯物主义的实践性、辩证性和历史性；第七章专门阐述了异化问题，说明异化和异化的扬弃是人类历史演进的必经之路。

改革开放以来，中国学者对马克思主义哲学教学体系的新探索，是沿着深化马克思主义的实践观点，以实践观点为首要观点、核心范畴和建构原则，以实践唯物主义、辩证唯物主义和历史唯物主义的统一为宗旨这一研究路径展开的。

之所以如此，一是中国学者立足改革开放和现代化建设这一新的实践深入解读马克思的《1844年经济学哲学手稿》、《1857—1858年经济学手稿》等著作，重新解读马克思的《关于费尔巴哈的提纲》、《神圣家族》、《德意志意识形态》、《资本论》等著作的结果。正是在这些著作中，实践观点在马克思主义哲学中的基础地位和核心作用得到了深刻而充分的论述。从根本上说，对经典的任何一种解读、重读都是由实践所激发，并受实践所制约的。

二是在一定程度上受到西方马克思主义、东欧新马克思主义的

---

① 陈晏清、王南湜、李淑梅：《马克思主义哲学高级教程》，9页，天津，南开大学出版社，2001。

启发。1982年，徐崇温的《西方马克思主义》、贾泽林的《南斯拉夫当代哲学》出版，这标志着西方马克思主义、东欧新马克思主义在中国"登陆"，为中国学者展示了一个不同于苏联马克思主义哲学教学体系的研究领域。西方马克思主义、东欧新马克思主义对马克思早期著作的解读，对社会存在理论、社会批判理论、实践观点的研究等，扩展了马克思主义哲学的研究视野，提供了更多的马克思主义哲学的研究方法。中国学者以实践观点为首要观点、核心范畴和建构原则建构马克思主义哲学教学体系，既有中国现实的基础，又在一定程度上受到西方马克思主义、东欧新马克思主义的启发。

三是改革开放以来中国学界关于实践标准的讨论，关于人、人道主义和异化问题的讨论，关于主体性问题的讨论，关于实践唯物主义的讨论不断深化的结果。对人、人道主义和异化问题研究到一定程度必然引发主体性问题，主体性维度是马克思主义哲学本身所固有的；主体性维度的背后还有一个更为基础性的东西，那就是实践，只有正确把握实践的内涵、地位和作用，才能正确理解主体性维度，因此，对主体性问题的讨论又必然引发实践唯物主义的讨论。从历史上看，用实践唯物主义来称谓马克思主义哲学并非始于中国学者。1927年，河上肇就在强调实践性、阶级性的意义上，把马克思主义哲学称作实践唯物主义；1948年，梅洛·庞蒂在否定辩证唯物主义的意义上，把马克思主义哲学看作实践唯物主义。之前之后，西方马克思主义、东欧新马克思主义以及日本马克思主义都对实践唯物主义作过探讨。但是，无论是从广度上看，还是就深度而言，中国学者对实践唯物主义及其与辩证唯物主义、历史唯物主义关系的讨论、研究都是无与伦比的，它直接推动了马克思主义哲学教学体系的改革，并在马克思主义哲学史上留下了浓墨重彩的一章。

五、简短的结语

在简短的结语中，我们不想对以上的论述作一概括，而是拟就在马克思主义哲学教科书中如何阐述马克思主义哲学的基本观点作一简要述评，以有助于我们更好地编写马克思主义哲学教科书，建构面向21世纪的、中国化的马克思主义哲学教学体系。

任何一门学科的教科书的主要任务，就是阐述这门学科的基本观点。马克思主义哲学教科书也是如此，其任务就是阐述马克思主义哲学的基本观点。但是，我们应当辩证地理解马克思主义哲学的基本观点。具体地说，有些基本观点已经成为"常识"，如物质统一论、能动反映论、历史决定论以及矛盾论等，对于这样一些基本观点，马克思主义哲学教科书应结合当代实践的新经验、当代科学的新成果，用"新话"对之作出新的解释，使这些已经成为"常识"的经典问题历久弥新，显示出当代内涵和当代价值。这是其一。

其二，有些观点本来就是马克思主义哲学的基本观点，只是由于种种原因，过去的马克思主义哲学教科书没有涉及或未加重视，没有把它们作为马克思主义哲学的基本观点加以阐述，如实践是人的存在方式、社会生活在本质上是实践的、历史向世界历史的转变、人的自由而全面发展等。对于这样一些观点，马克思主义哲学教科书应以当代实践和科学为基础，重新解读马克思主义哲学的文本，深入挖掘其中的基本观点，并给予全面阐述。

其三，有些观点本来不是马克思主义哲学的基本观点，在马克思主义哲学创始人那里只是有所论述，但没有充分展开、详尽论证。问题在于，当代实践和科学又日益凸显这些观点所蕴涵的问题，使之成为迫切需要解答的重大问题，如文化在社会发展中的作用、人与自然的"和解"、时间是人的发展空间等，对于这样一些观点及其蕴涵的问题，马克思主义哲学教科书同样应以当代实践和科学为基础，对之进行深入分析、系统论证，使之成熟完善，上升为马克思主义哲学的基本观点，并同原有的基本观点融为一体。

其四，有些观点马克思主义哲学创始人并没有明确提出，而是后来的马克思主义者依据马克思主义的方法论，研究"变化中的实际"和发展中的科学提出来的新观点，如对立统一规律是辩证法的实质和核心、辩证逻辑的基本要求、矛盾普遍性与特殊性的关系、科学技术是第一生产力等。由于这些观点反映了人与世界的总体关系以及社会发展的基本规律，因而应当成为马克思主义哲学的基本观点。"马克思主义是马克思的观点和学说的体系"[①]，离开了马克思的观点和学说的马克思主义哲学，只能是打引号的马克思主义哲学。但是，我们又不能把马克思主义哲学和马克思的哲学完全等同起来，认为只有坚持马克思以及恩格斯的所有哲学思想，才是坚持马克思主义哲学。按照这种观点，马克思主义哲学必然终止于1883年或1895年。马克思主义哲学教科书不能奉引"原教旨主义"，以

[①] 《列宁选集》，3版，第2卷，418页，北京，人民出版社，1995。

教条主义的态度对待马克思主义哲学,相反,应当按照马克思主义的精神对待马克思主义哲学的基本观点。

其五,有些基本观点直接凸显着政治效应,如社会主义代替资本主义的必然性等,有些基本观点则间接蕴涵着政治意义,如对立统一规律等。尽管哲学观点、哲学命题的理论意义与政治效应并非等值,但哲学观点、哲学命题具有这种或那种政治效应却是无疑的,更重要的是,哲学与时代的统一性首先是通过它的政治效应实现的。因此,马克思主义哲学教科书应当也必须彰显马克思主义哲学的政治情怀。如果说马克思主义哲学是政治经济学,那么,在一定意义上,马克思主义哲学就是政治哲学。同时,马克思主义哲学教科书又不能成为某种政治的传声筒、某种政策的辩护词,而应该保持自身的相对独立性,以反思的态度、批判的精神和科学的原则对待现实。"凡是现实的,都是合理的"不是马克思主义哲学的思维方式,而是黑格尔哲学的思维方式。

其六,用中国的语言风格和表述方式阐述马克思主义哲学基本观点。黑格尔说过,一个民族应用自己的语言来习知优秀的东西,在德国,哲学应该说"德国话"。马克思主义哲学是马克思、恩格斯创立的,它肯定具有德国的语言风格和表述方式;马克思主义哲学又是经过俄国十月革命传入中国的,经过俄国的中介传入中国的马克思主义哲学又肯定具有某些俄国的语言风格和表述方式。因此,中国的马克思主义哲学教科书应该也必须学会说"中国话",用中国的语言风格和表述方式讲深、讲透、讲活马克思主义哲学基本观点。但是,用"中国话"去阐述马克思主义哲学并不是把马克思主义哲学的范畴简单地转化为中国传统哲学的范畴,把矛盾变成阴阳、规律变成道、物质变成气、共产主义社会变成大同社会……只能是语言游戏;更重要的是,马克思主义哲学中国化绝不是使马克思主义哲学去迎合中国传统哲学,用中国传统哲学去"化"马克思主义哲学,这种迎合和"化"的结果只能使马克思主义哲学"空心化",成为所谓的"儒学马克思主义"。

我们必须明白,马克思主义哲学是现代工业文明的结晶,中国传统哲学以及儒家学说则是古代农业文明的产物。不是儒家学说、传统哲学挽救了近代中国,而是新民主主义革命的胜利使儒家学说、传统哲学免于同近代中国的衰败一道走向没落;不是儒家学说、传统哲学把一个贫穷落后的中国推向世界,而是当代改革开放和现代化建设的巨大成就把儒家学说、传统哲学推向世界。从根本上说，马克思主义哲学中国化就是用马克思主义哲学"化解"中国的实际问题，用中国的宝贵经验"深化"马克思主义哲学。同时，在这个过程中，用马克思主义哲学"化解"中国传统哲学，吸取其精华，并对之进行创造性转换，使其"融入"到马克思主义哲学之中。通过这样一个"化解"、"深化"、"融入"循环往复、不断发展的过程，使马克思主义哲学具有时代精神、"中国元素"、民族形式。这是中国马克思主义哲学教科书应有的品格，是中国马克思主义哲学教学体系的发展方向。

上 篇

历史唯物主义理论
——马克思主义社会学通俗教材

[苏] 布哈林　　李光谟等 译

人民出版社 1983 年出版

总　论：历史唯物主义是马克思主义社会学[*]

一、历史唯物主义是关于社会及其发展规律的一般学说

　　工人阶级有自己的、无产阶级的社会学，它的名称是历史唯物主义。从根本上说，这一理论是马克思和恩格斯创立的。它又叫做历史的唯物主义方法，或简称为"经济唯物主义"。这种最富有独创性的理论是人类思维和认识的最锐利武器。借助于它，无产阶级可以搞清楚社会生活和阶级斗争中一些最复杂的问题。借助于它，共产党人曾经正确地预言过战争、革命和无产阶级专政，预言过不同

---

[*]　本章选自《历史唯物主义理论》序言和导论，并作了删节。文中标题由编者所加。

政党、集团和阶级在人类所经历的伟大变革中的作为。本书就是专门叙述和阐发这一理论的。

有些同志认为,历史唯物主义理论决不能被看作马克思主义的社会学,而且对它也不可能作系统的阐述。这些同志认为,历史唯物主义理论不过是历史认识的一种实际方法,其正确性只有在我们谈到具体的历史事件时才可以证明。此外,还有一种论调,说社会学这一概念本身就极不明确:所谓"社会学"有时被理解为有关原始文化和人类共同生活基本形式(例如家庭)的起源的科学,有时被理解为有关形形色色"一般"社会现象的非常含糊不清的论述,有时被理解为不加批判地把社会同有机体类比(社会学中的有机论学派即生物学派),如此等等。

这些论调都是不正确的。首先,我们不应当从笼罩资产阶级阵营的一片混乱中给我们自己制造混乱。历史唯物主义理论处于怎样的地位呢?它不是政治经济学,也不是历史。它是关于社会及其发展规律的一般学说,也就是社会学。其次,历史唯物主义理论是研究历史的方法,这一情况决不抹杀它作为社会学理论的意义。一门较为抽象的科学给不太抽象的科学提供观点(即方法),这是极常见的。

作者之所以选择历史唯物主义的题材,是因为马克思主义理论的这个"基础的基础"还缺乏系统的阐述。唯一的尝试是赫·哥尔特写的一本小册子;其缺点是过于简单化,完全没有涉及人们思想所必然接触到的一系列复杂问题。一些与历史唯物主义理论有关的优秀作品分散发表在杂志上,或者只作提纲挈领的阐述而难于理解(如普列汉诺夫的《马克思主义的基本问题》);或者从形式上看已经陈旧,因而对现在的读者来说未免费解(例如,《论一元论历史观之发展》);或者只涉及问题的一个方面(纯哲学的);或者是发表在某些难于到手的文集中的单篇文章。

另一方面,要求对历史唯物主义理论作系统阐述的呼声是很急切的。在革命现阶段上,过去由于时局紧张而无从提出的许多问题已经提上了日程;这里包括为数不少的所谓"一般世界观"的问题。对许多人来说,这些问题还是第一次出现,因为我们不要忘记,我们的普通党员已经不属于有机会"啃书本"的那一代了;他们是这样一些同志:他们的自觉的党的生活完全耗用在单纯的实际工作的需要上,而由于完全可以理解的原因,这种工作是高于一切的。

在某些相当重要的地方，作者没有采用对问题的通常解释；在另一些地方，作者认为可以不局限于人所共知的一些原理，而是把它们进一步加以发挥。如果马克思主义理论永远停滞不前，那就未免奇怪了。然而，作者无处不是继承了马克思的最正统的、唯物主义和革命的观点的传统。

二、社会学和社会科学

人类社会是一个很复杂的东西；一切社会现象也很复杂而且多种多样。这里面既有种种经济现象、社会的经济制度，也有社会的国家组织，还有道德、宗教、艺术、科学、哲学领域以及家庭关系等领域。这一切往往通过十分奇异的结合交错而构成社会生活之流。当然，要认识这种复杂的社会生活，就必须从各个方面观察，必须把科学分成好些门。一门科学研究社会的经济生活（经济学），甚或专门研究资本主义经济的一般规律（政治经济学）；另一门科学研究法和国家，而这门科学本身又下分若干专业；再一门科学研究比如说道德，等等。

在每一个领域中，科学又分为两类：一类科学研究**某时某地**发生过什么事情，这就是历史科学。例如，从法学领域来说，可以深入探讨和详加阐述法和国家是怎样产生，其形式又是如何演变的。这便是法的**历史**。然而还可以研究和解决**一般性**问题，如：**什么**是法，它在什么样的条件下产生，又在什么样的条件下消亡，它的形式取决于什么，等等。这就是法的理论。这样的科学称为**理论**科学。

社会科学中，有两门重要的科学，它们考察的并不是社会生活的某个领域，而是整个错综复杂的社会生活；换句话说，它们不是考察某一类现象（**或是**经济方面的，**或是**法方面的，**或是**宗教方面的，如此等等），而是研究社会生活全部，考察**所有**各类社会现象。这样的科学，一门是**历史学**，另一门是**社会学**。据上所述，不难看出这两门科学之间的差别。历史学探索和阐述某时某地社会生活之流的经过（例如，从1700年到1800年间俄国的经济、法、道德、科学以及其他一系列事物的发展；或者从公元前2000年到公元1000年间中国的情形；或者1871年普法战争后德国的情形；或者其他某个时代其他某个国家或某几个国家的情形）。而**社会学**则提出一般性的问题：社会是什么？社会的发展或衰亡取决于什么？各类社会现象（经济、法、科学，等等）的相互关系如何？它们发展的原因何在？社会的各种历史形态是怎样的？社会形态更替的原因何在？等等。**社会学**是社会科学中最一般的（抽象的）科学。社会学还往往被人们安上"历史哲学"、"历史过程理论"等名称。

由此可以看出历史学和社会学相互间是怎样的关系。既然社会学阐明人类发展的一般规律，所以它为历史学提供**方法**。例如，假定社会学确立这样的一般原则：国家的形式以经济形式为转移，那么历史学家对任何时代就正是要探寻和找出这种联系，并指明这种联系究竟怎样具体地（即在该种场合下）表现出来。历史学为社会学的结论和概括提供**材料**，因为这些结论并非凭空臆造，而产生于真实的历史事实。**社会学**则为历史学指明一定的观点、研究的方式或通常所谓的**方法**。

总 体 框 架

导　论　社会科学的实际意义

　　第一节　工人阶级斗争的需要和社会科学
　　第二节　资产阶级和社会科学
　　第三节　社会科学的阶级性
　　第四节　为什么无产阶级的科学胜过资产阶级的科学？
　　第五节　各门社会科学和社会学
　　第六节　历史唯物主义理论是马克思主义的社会学

第一章　社会科学中的原因和目的（因果性和目的论）

　　第七节　一般现象特别是社会现象的规则性
　　第八节　规律性的性质。问题的提法
　　第九节　一般的目的论及其批判。内在目的论
　　第十节　社会科学中的目的论
　　第十一节　因果性和目的论。科学解释是因果关系的解释

第二章　决定论和非决定论（必然和意志自由）

　　第十二节　个人（单个）意志的自由或不自由问题
　　第十三节　没有组织起来的社会中的个人意志的合量
　　第十四节　集体的有组织的意志（组织起来的共产主义社会中个人意志的合量）
　　第十五节　一般的所谓偶然性

第十六节　历史"偶然性"
第十七节　历史必然性
第十八节　社会科学的可能性问题以及这一领域中预言的可能性问题

第三章　辩证唯物主义
第十九节　哲学中的唯物主义和唯心主义。客观问题
第二十节　社会科学中的唯物主义的提问法
第二十一节　运动的观点和现象之间的联系
第二十二节　社会科学中的历史主义
第二十三节　矛盾的观点和历史发展的矛盾性
第二十四节　社会科学中的飞跃变化论和革命变化论

第四章　社　会
第二十五节　集合体的概念。逻辑的集合体和现实的集合体
第二十六节　社会作为现实的集合体，或体系
第二十七节　社会联系的性质
第二十八节　社会与个人。社会对个人的优先地位
第二十九节　形成中的社会

第五章　社会与自然界之间的平衡
第三十节　作为社会的环境的自然界
第三十一节　社会与自然界之间的相互关系。生产和再生产过程
第三十二节　生产力。生产力是自然界和社会的相互关系的标志
第三十三节　自然界与社会之间的平衡，这一平衡的破坏和恢复
第三十四节　生产力是社会学分析的出发点

第六章　社会要素之间的平衡
第三十五节　不同社会现象的联系。问题的提法
第三十六节　物、人、观念
第三十七节　社会的技术装备和社会的经济结构
第三十八节　上层建筑及其结构
第三十九节　社会心理和社会意识形态
第四十节　意识形态过程是分化的劳动
第四十一节　上层建筑的意义

第四十二节　社会生活的形成原则
第四十三节　经济结构类型和不同社会类型
第四十四节　发展的矛盾性；社会的外在的和内在的平衡

第七章　社会平衡的破坏和恢复
第四十五节　社会变化过程和生产力
第四十六节　生产力和社会经济结构
第四十七节　革命及其阶段（不同时期）
第四十八节　过渡时期的规律性和衰落的规律性
第四十九节　生产力的发展和社会现象的物质化（"文化的积累"）
第五十节　整个社会生活的再生产过程

第八章　阶级和阶级斗争
第五十一节　阶级，等级，职业
第五十二节　阶级利益
第五十三节　阶级心理和阶级意识形态
第五十四节　"自在的阶级"和"自为的阶级"
第五十五节　利益的相对一致的形式
第五十六节　阶级斗争与阶级和平
第五十七节　阶级斗争与国家政权
第五十八节　阶级，政党，领袖
第五十九节　阶级是社会改造的工具
第六十节　未来的无阶级社会

辩证法唯物主义教程

［苏］西洛可夫　爱森堡　李达　雷仲坚译

笔耕堂书店1932年出版

总　论：马列主义哲学的任务与辩证唯物主义论的特征[*]

一、马克思主义哲学的任务

我们已经进到社会主义时代。社会主义经济的基本工作将近完工。基于国内的工业化与全境集体农场化，当作阶级看的富农正被清算，农民的小布尔乔亚的性质正被改造，即苏联在世界上已成为最大的农业国。对于消灭都市农村间的对立，正在实行一个大飞跃。国内的工业化与全境集体农场化，正在斩绝资本主义的根株。社会

---

[*]　本章内容选自《辩证唯物主义教程》绪论，并作了删节。文中标题由编者所加。

主义和资本主义的斗争，采取种种方向，在种种形式上实行。

进到了社会主义时代这件事，对于马列主义的理论，提出了很大的任务。新生产关系的特殊性在哪里？过渡期的规律性是怎样？新经济政策与社会主义时代怎样联结？苏联进到社会主义时代在国际形势中引起了什么新的事情？社会主义与资本主义世界的国际斗争中，谁驱逐了谁？这一切问题都要求着我们去理解。但是，这一切问题，如果没有马列主义哲学即辩证法的唯物论，就不能解答。

马列主义哲学，必须为自由使用具体科学、物理学化学、全体的自然科学等而斗争。

和宗教的偏见斗争、和妨碍关于现实之科学的意识态度的一切相斗争，也是马列主义哲学的任务。

马列主义哲学，必须研究社会主义的实践所提出的过渡期中一切复杂的问题，必须研究苏联各阶级的相互关系、新劳动形式的创造以及其他问题。

辩证唯物论，给予我们以多数派的立场去研究周围世界，即我们通过哲学，得到关于现实的各方面的统一的理解，我们把握周围的现实的各种各样的部分来研究它。

我们为了把握现实的一切方面——我们不但是只在一个一个的方面去把握，而且是在其联结上去把握——现实的任意的一片作为我们的东西而斗争。我们使这个斗争与党的斗争相联系。

"只有在客观上考察一定社会中一切阶级的相互关系的总体，因而只有考察那社会的客观的发展阶段、考察那个社会与别个社会之间的相互关系，才能够成为前卫阶级的正确的战术的支柱。但是一切阶级、一切方面，不在静态上被考察，而是在动态上被考察。"（列宁）

在这片段的文字中，我们的世界观的根本要求，已被力说出来了。第一，解决某一问题时，应当从客观的现实出发；第二，应当在其相互联结与发展上，把握客观的现实的一切方面。

二、辩证唯物论的特征

辩证唯物论要求当在其发展与联结上把捉一切，并去阐明其发展是依照什么法则进行的。恩格斯下哲学的定义说：哲学是关于自然、社会与人类思维的一般法则的学问。

辩证唯物论，从现实出发，在其发展上把捉现实，在现实当中发现某一现象的发生与死灭,所以是最彻底的唯物论。

在为我们的哲学即辩证唯物论而实行的斗争上,列宁所发展了的重要的中心问题,就是一切哲学具有党派性的问题,就是任何哲学(与其他一切科学同样)表现特定阶级的政治方向与利害的问题。列宁在其最重要的哲学著作《唯物论与经验批判论》之中,说明了哲学上两个根本的流派,即唯物论与唯心论的党派性。

唯物论的世界观正发展着。唯物论在科学上的新发现出现时,不能不采取新的形态,这是恩格斯所说的。唯物辩证法领域中列宁的著作,对我们最鲜明的指示:辩证唯物论随着阶级斗争和科学全体的发展,其内容愈丰富并且具体化。

列宁在哲学领域中,继承马克思恩格斯的见解,同时把唯物辩证法提高到新而较高的阶段,并且增添了许多在本质上的新的方面。

对于在哲学上新的列宁的阶段的理解,特别重要的就是关于当作认识论看的辩证法的学说。列宁在认识论上指明了我们的哲学是党派的,指明了我们的哲学之能动的革命的性质。他说:只有唯物辩证法,对于理论的活动与实践的活动之不可分的统一,建立了更高的基础。

我们的认识的发展以及它和客观的实在之关联,是通过社会的历史实践而显现的。积极地浸入到对象中去,就是把对象的法则在意识中再现。实践与周围世界相结合之时,我们在内在必然的联结上,去把握周围世界。马克思和恩格斯投身于资本主义社会的阶级斗争中,才能够成为无产阶级的前卫战士,造出资本主义社会发展法则之正确的理论。

特定的阶级知道在其实践的活动上,把周围的现实隶属于自己,而改造周围的现实。唯物论者费尔巴哈以及十八世纪的法国唯物论者们,只是说明了世界。当作认识论看的唯物辩证法的要点,就是革命的变革客观的实在,把必然性转变为自由。用阶级斗争的语句来翻译这句话,就是社会主义革命。

在当作认识论看的辩证法的学说中,理论与实践不可分离地被结合起来,去征服盲目必然,这是唯一的任务。"理论的思想(认识)与实践的统一——这就是认识论上的统一"——列宁把自己关于黑格尔辩证法的评注的中心思想之一,这样明白地说了。

列宁说明存在于马克思阶级斗争说的根底,而树立社会主义之科学的基础的东西,就是唯物辩证法——最能动的革命的哲学。唯物辩证法最重要的方面——能动性、革命性，这两种统一在唯物辩证法上，是"内部的而且不可分的"结合着。辩证唯物论，是最进步的阶级——党是这个阶级的前卫——的理论，是最科学最客观的理论。

总体框架

绪　论　哲学之党派性
　一、马列主义哲学之任务
　二、哲学是党派的科学
　三、列宁为党派哲学与少数派的论争
　四、两个战线上的斗争

第一章　唯物主义与观念论
　一、唯物主义与观念论之本质与根源
　二、机械唯物主义
　三、现代机械唯物主义
　四、主观的观念论
　五、康德与马克思主义之新康德主义的修正
　六、新康德主义
　七、黑格尔主义与带有少数派色彩的观念论
　八、马克思主义哲学之发展，哲学上列宁的阶段

第二章　当作认识论看的辩证法
　一、认识与实践，主体与客体之统一
　二、认识过程的阶段与动因
　三、论理的东西与历史的东西
　四、真理论

第三章　辩证法的根本法则——由质到量的转变及其反面的法则
　一、发展之质的规定性
　二、发展之量的规定性
　三、由量到质的转变及其反量的法则
　四、当作辩证法的本质看的对立统一与斗争
　五、统一物之分裂，本质的对立之暴露

六、对立的相互渗透
　七、矛盾的主导方面之意义
　八、从始至终的过程之矛盾的运动
　九、对立之统一，同一性是相对的，对立的斗争是绝对的
　十、均衡论
　十一、否定之否定的法则

第四章　本质与现象、形式与内容
　一、本质与现象
　二、本质之发展，经验论及图示主义之批判
　三、形式与内容
　四、过程的形式与内容之发展

第五章　可能性与现实性、偶然性与必然性
　一、诸现象的相互作用，原因与结果
　二、根据与条件
　三、可能性与现实性
　四、偶然性与必然性
　五、必然与自由
　六、链与环

第六章　唯物辩证法与形式论理学
　一、实践与概念之发展
　二、形式论理学之根本法则
　三、普列哈诺夫的形式论理学的批判
　四、形式论理学与实践
　五、形式论理学与辩证法
　六、当作认识的一个要素看的抽象
　七、辩证唯物论的概念论
　八、判断与推理
　九、分析与总和，归纳与演绎
　十、认识中的经验与实践之作用
　十一、科学的预见

辩证唯物论与历史唯物论

[苏] 米 丁   沈志远 译

商务印书馆 1937 年出版

总　论：当作宇宙观看的马克思主义*

一、马克思主义的三个来源和三个组成部分

马克思主义是一种有组织、有系统的观念体系，是劳工集团的意识形态，它曾被马克思（K. Marx）和恩格斯（F. Engels）所创建，后来又被列宁（V. I. Uliyanov－Lenin）等人所发展，使它适应于新的历史时代——帝国主义和劳工革命的时代。这种学说的特异点，就在于它的独特的深刻性和完整性，它是各方面都讲到的：它

---

* 本章内容选自《辩证唯物论与历史唯物论》上册第一章第一、三节和下册第一章第一、三节，并作了删节。文中标题由编者所加。

包括着全部的知识总汇，从哲学的宇宙观问题起到革命斗争的战术和策略问题为止。马克思主义指示劳工集团一条从资本主义奴役制的镣铐中解放自己的道路，革命地毁灭资本制度的道路和建设无阶级的社会主义社会的道路。

马克思主义是十九世纪初三个重大的思潮的继续和完成，这三大思潮是在欧洲三个大国中发展起来的。对于过去先进的人类思想界已经提了出来的一切问题，马克思主义都一一给予十分科学的、革命的解答。马克思主义的学说是"十九世纪人类所创造的——优良的学说——德国的哲学，英国的政治经济学和法国的社会主义——之合理的继承者"。

当作社会政治思潮看的马克思主义，是在劳工集团业已充分成熟，能够十分激烈地提出自己解放任务来的那个时期产生和形成起来的。马克思主义是在这样一个时期产生的：那时劳工集团已经开始出现于全世界历史的战场；那时生产的社会性和占取的私有性之间的矛盾已经暴露得很明显，这种矛盾是资本主义生产方式（capitalist mode of production）所特有的，而且是资产集团或资产阶级（bourgeois）社会一切矛盾的渊源。

在当时欧洲三大国家中，英国、法国和德国，它们的资本主义发展的水平是各不相同的，因此那些资本主义的互相冲突的矛盾，在这三个国家中，也以不同的力量和从不同的方面表露出来了。前进的人类思想的三大主流——德国的古典派哲学（classic phylosophy），英国的古典派政治经济学（classic school of political economy）和法国的社会主义及一般的革命学说——都反映着那些矛盾的变动。马克思主义的历史的根源，正应当从这些资产集团社会或资产阶级社会的矛盾和反映这些矛盾的社会学说中去寻找。

马克思和恩格斯的世界观，首先有系统地阐明于《德国的意识形态》（German Ideology），《哲学的贫困》（Poverty of Phylosophy）和《共产主义宣言》（Communist Manifest）三部著作中。这种世界观，曾被1848年的革命实践和1871年巴黎公社（Paris Commune）的革命的测验所证实。到后来，它以日益增长的速度，在一切国家中吸收着愈来愈广大的信徒群众，结果他们就形成了一个共产主义者的国际政党。正当70年代的时候，马克思主义在工人运动中战胜了一切其他的意识形态，但以后这些意识形态所表现的倾向，就开始找寻它们的新的道路而以修正主义（revisionism）的形态

"复活"起来了。

马克思主义对一切旧的理论原则作无情的批判。在马克思主义开始发展时，这种批判多半集中于马克思主义的三个来源：德国的古典派哲学、英国的古典派政治经济学和法国的空想社会主义及一般的革命学说。同时，马克思主义又把它的理论批判向着资本主义世界的一切基本矛盾开火，并且动员了革命的工人运动去改变这个世界。这一个两方面的过程，把研究和批判的工作不可分离地结合起来，就成为马克思主义三个主要组成部分的内容的特点。马克思主义之发生，是十九世纪三大主要的理论思潮的继续和发展，但是它同时是这些理论思潮的批判的改造。那么马克思主义的组成部分是哪些呢？

第一是哲学的学说——最新最彻底的唯物论。这个唯物论并不停留在十八世纪的水平线上，也不停留在费尔巴哈（Ludwig Feuerbach）的直觉的唯物论上，它是解脱了唯心论的神秘性和批判地改造了黑格尔的辩证法（dialectic of Hegel）而后充实起来并应用于对人类社会之认识的一种唯物论。这种彻底的唯物论，是认识和改变自然与社会的科学方法，它就是辩证法的唯物论（dialectic materialism）。

第二是经济的学说——揭露资本主义社会形态之产生、发展和崩溃诸法则的学说，马克思主义发现了劳动的两重性，揭露了商品拜物主义（commodity fetishism）是存在于商品中的社会关系的事物化，给了一个正确理解资本主义生产的社会关系的锁匙。马克思的经济学说，揭露了建筑在资产阶级对无产阶级之剥削上的资本主义生存的秘密，这种资产阶级以剩余价值的形态将工人的未偿劳动占为己有。历史的唯物论（historical materialism）——马克思的天才的创见——克服了古典派经济学者的反历史观的和唯心论的理论，它使政治经济学改变成为纯科学的学说了。剩余价值论就是马克思经济学说的基石。

第三是科学的社会主义——社会斗争的学说，关于这种斗争的战术和策略的学说。只有辩证的和历史的唯物论能够给资本主义社会的一切阶级的相互关系之总体，作一个客观的估量，因此亦就能给这社会的客观发展阶段和这社会与其他社会之间的相互关系，作一个精确的估量，只有说明阶级剥削，特别是资本主义剥削的本质的经济学说，才创立了科学社会主义。

这三大马克思主义世界观的组成部分，融合成为一个有机的一致体。把唯物辩证法应用于全部政治经济学的改造，并以后者为基础，又把唯物辩证法应用于历史、自然科学、哲学、政治和劳工集团的策略——这些就是马克思和恩格斯所最注意的事情，他们所创造的最重要而最新颖的学说就是这些。

二、当作理论与实践之一致体看的马克思主义

"不是人类的意识决定他们的存在，而是相反，他们的社会的存在决定他们的意识。"这一条含义深刻，表现天才眼光的基本原则，读起来又是这样的简洁而响亮，这是马克思和恩格斯所首创而以后为列宁所发展，用以与唯心论及形而上的机械唯物论作无情的斗争的。

唯心论抛弃了实体的存在，而把它跟意识统一起来。照马克思的说法，唯心论把"实体的、客观的事物，看成纯观念的、纯主观的、纯粹存在于我的事物，因此一切外界的感觉器官的各种活动，也都被它看成纯观念的活动了"。

费尔巴哈式的形而上的唯物论，并不会跳跃出那单纯化了的"自然科学的唯物论"的框子以外。他把被现代资本主义关系的锁链紧紧羁缚着的人们的生活，看作"一般的人"的生活了。因此他在人的生活自身中就找不着能够摧毁这种锁链的力量，这样他反而把人们的命运更进一步地断送到这种严酷的、令人失望的锁链中去。

照唯心论的观点看来，存在的发展是决定于意识的发展。因此唯心论认为对于人的意识的影响，对于观念的宣传的影响，是改造生活之必需的和尽够的条件。可是照形而上的唯物论的观点，意识是由存在的发展来决定的，然而它的理解存在本身，是完全抽象的。费尔巴哈认为自然和人类的存在，"只是客体的形式或直觉的形式，而不是人类感官的活动，不是实践，不是主观的"。这样，形而上的唯物论者，在实践上是个唯心论者。正是科学社会主义的唯物论者、马克思主义者所视为必然的和同时视为改造世界之必要条件的一点，形而上的唯物论者却把它否定了。

意识是由社会的存在所决定的，但它自身反过来又去促进存在的向前发展。然而人的意识所以起这样的作用，只有依靠人类的实践才有可能。"观念从来不会突破旧制度的界限；它往往只能突破旧制度的观念的界限。观念是一般地不能实现什么的。根据马克思主义的见地，要实现观念（即理想），就需要人，只有人能够运用实践

的力量去实现观念。"马克思和恩格斯是始终反对唯心论的忽视人的实践的活动，同时也反对形而上的对立存在和意识，因为忽视实践和对立存在与意识这两种立场，都一样地是忽视了人类本身改变自然与社会之意义。

马、恩二氏断送了费尔巴哈式的、形而上的、抽象的自然论，但是同时他们也凭借着自然科学及其各种新的发现：关于力的转变的发现告诉我们，自然界中一切运动形式的一致，现在已经不是单纯的哲学上的定理，而是自然科学的事实了；其次是细微的发现，把过去罩盖着有机体的发生和发展过程及其结构的神秘之膜，一下子揭开了；此外还有达尔文（Darwin, Charles R.）关于有机体世界的进化律的发现。在另一方面，马、恩二氏借政治的批判，把自己的哲学思想，施之于对人类社会史的研究。他二人揭露了政治理想之物质的内容，开创了历史唯物论（historical materialism）来替自己的政治思想奠定科学的基础。这样一来，马克思和恩格斯就造成了一种彻头彻尾的、包罗万象的、完整的、科学的、唯物主义的宇宙观。这种宇宙观，凭借着铁一般的事实，同时又揭示着它们间的辩证唯物的联系，把向来被人视为超于别种科学以上的哲学、与具体知识相隔离的哲学和被人当作"科学之科学"看的哲学，变成为多余的东西了。

这样看来，马克思、恩格斯和继续他们工作的列宁之最伟大的功绩，就在于创造和继续发展辩证法唯物论——这是一种完整的、彻底革命的，包括自然界、有机体、思维和人类社会的宇宙观。马克思主义在它自身的发展过程中，造成了这样一种完整的宇宙观，它里面包容着："彻底的唯物论，把社会生活的领域也包括在内的唯物论；最周密、最深刻的发展学说、辩证法；社会斗争的学说和新的科学社会主义社会的创造者，劳工集团之世界的、历史的革命作用。"马克思和恩格斯集中注意于政治，所以他们才有可能克服以前的唯物论的纯直觉性，并将哲学的唯物主义跟科学的社会主义联合成为整个的统一的宇宙观。

马克思主义把唯心论从它最后的一个躲避所中、即从人类社会的认识领域中，驱除出去了；同时它用辩证法唯物论去对抗过去片面的、不彻底的、呆板的唯物论。马克思主义认定自己的任务是在破坏人类的锁链，其目的不在使被阶级收役制所压迫的人类戴上一副"严酷的、令人失望的锁链"，而在指示人类在革命的斗争中丢弃这种锁链。

但是物质的锁链，只有靠物质的力量才能完全毁除。马克思主义揭露了人类社会的发展法则和它的阶级结构，发现了资本主义生产方法的特殊法则，剩余价值（surplus value）的生产法则——它同时发现了这样的力量就是劳工集团。这个力量，跟一切历史上在它以前的社会集团完全不同：它在"毫无修饰的、坚强不屈的、绝对有威权的贫乏"的影响之下，在"这一必然性之实际表现"的影响之下，力图从自己的非人的生活条件中解放出来；但是"它如果不除去那集中地表现在它自己境遇上的一切现代社会的非人生活条件，而要单靠消除自己的生活条件来达到解放自己，那是不可能的"。马克思主义揭露了现代社会的一切矛盾，研究了这些矛盾的进展，同时又证实了它们的暂时性。空想社会主义者，只把劳工集团看成痛苦最甚的社会群，马克思主义则提出实现劳工集团的集团目的和领导劳工集团的斗争，作为它自己的任务，因为在它看来，只有劳工集团是现代社会中唯一的彻底革命的社会群。马克思主义是研究全部人类历史，特别是研究劳工集团本身斗争之历史的实践之辩证法唯物论的总结。

马克思主义这种理论，就其本身的实质来讲，是批判的和革命的，它在自身内部结合着最严密、最高度的科学性和革命性。这是因为它首先是劳工集团之统一的和唯一的宇宙观，只有它，能够在革命的改变世界的过程中，消除理论脱离实践和实践脱离理论的现象。马克思主义从最初的时候起，就不仅是对现实世界的批判和说明，而且是改变这一世界的理论和实践，批判和说明只是包含在它里面的次要元素而已。"历史的动力，和宗教、哲学及其他一切理论的动力，不是批判而是革命。"

马克思在1845年时就写道："向来哲学家只是用各种不同的方式去说明世界，但是事情却是在改变世界。"（见《论费尔巴哈的提纲》）这句话的意思，绝对不是说没有理论的批判和说明，革命的改变是可能的。它的意思只是说应当从理论上除去神秘迷网，一方面要使它避免主观幻想，以为它是万能的，一切与它不相干的；另一方面，要使它避免庸俗的经验论避免"客观主义"，因为这种经验论式的"客观主义"是要使理论变成拖在客观事件尾巴后面的东西，并且使它变成拥护现存的旧世界的工具。

马克思主义在其发展之初，就已主张辩证法之理解理论和实践的一致,它跟这一见解之主观主义的和"客观主义"的曲解,都作了热情的斗争。它曾跟青年黑格尔派唯心论者的主观主义的"批判的批判",作了斗争;这些青年黑格尔派,如鲍威尔(Bauer)弟兄之流,他们把历史看作想象的主体之想象的活动,并把个人的活动置诸超于大众利益和大众运动之上的地位。马克思主义又跟所谓"真正的社会主义者"和历史学家的经验主义和"客观主义"等等,作了剧烈的斗争,因为这些"社会主义者"和历史学家离开了行动去单独地观察历史的关系,他们把历史看成许多死的事实的集合,他们又根本忽视政治的行动。

马克思主义和列宁主义为反抗这一切与劳工集团不相容的学说起见,提出了自己的理论——以"革命的、实践的、批判的行动"为依据的理论。马克思曾写道:"我们知道,解决理论上的对立,只有靠实践的方法,靠人的实践能力才有可能;因此,解决理论上的对立,并非只是认识的任务,而且也是真正生活上的任务;向来哲学家所以不能解决这一任务,正是因为他们认定哲学只有一种理论任务的缘故。"

真正的实践——它首先就是感官之实际的活动——就是真实的理论之基础;它是真实理论的推动力,是真实性的标准。马克思主义是在它跟一切"朋友们"和公开的敌人们作长期的思想斗争,跟一切"社会主义化"的小资产阶级理论作剧烈的斗争的过程中发展起来的;它在理论上主张,在实践之实行理论与实践之辩证的一致,它是以实际行动做基础来实现这个一致的。马克思主义发现了现时代的现实的根源,就是阶级社会的经济条件,所以它汇集了真实的理论和真实的革命实践去作推翻资产集团的实践的斗争。它在大众中,在大众的实践中,找寻消灭这一分裂,即理论与实践的分裂的道路。

为要使理论成为一种力量,它必须抓住大众。反过来说,群众为要能够正确地实行革命的行动他们就应该把握真实的理论。

然而并不是一切理论都能够抓住大众的理论,只有在这样的时候才能抓住大众,就是当"它在现实之肯定的了解中同时包含着它的否定的了解,即它的必然死灭的了解;把每一种现实的形态(即现象或事物),从运动中去观察它,因而也就是从它的过程中去观察它……"的时候;换句话说,就是当理论把客观的认识引达到辩证法唯物论的地步,客观地去认识事物,而且实质上又从事物之革命的改变和发展中去认识事物的时候，它才能抓住大众。

从这一种理论与实践的相互关系中所得出来的结论是：压迫者群的理论，特别是布尔乔亚理论，实质上是不能够跟被压迫大众的实践相一致的。其所以不能的原因是在资产集团的生活条件和它的剥削的本质中。剥削者群加深着理论和实践的矛盾，他们同时企图把本阶级的理论灌输到被压迫大众的意识中去。资产阶级用来麻醉被压迫大众的理论之一，就是它的超阶级性和超党派性的理论。然而马克思主义和列宁主义指出，在一切社会的体系中，在经济中、政治中和理论中，都渗透着社会群的斗争；它们揭破了资产阶级理论的虚伪性；它们公开而直爽地宣布自己为统一的和唯一的劳工集团的党派性的理论。

列宁写道："马克思主义跟其他一切社会主义理论的区别，就在于它把客观的事物现状和客观的进化过程的分析中之完满的科学的严格性，跟坚决地肯定大众的革命能力，革命的创造性和革命自动性的意义，十分适当地联结了起来……"

马克思、恩格斯和列宁把他们的全部希望都寄托于劳工集团，因为他们认为"劳工集团这一现社会的最低阶层，如若不把构成正式社会的那些阶层的全部上层建筑爆炸到空中去的话，它要抬头，要直立起来是不可能的"。劳工集团如不同时去实行解放全体人类，它自身的解放是不可能的。当全体人类达到解放的时候，有阶级和阶级对抗的旧世界，就被一种社团（association）所代替了，在这种社团内，"每一个人的自由发展就是一切人的自由发展的条件"。为要达到这个目的，马克思主义就用一种完整的宇宙观和改变世界的方法来武装劳工集团。靠着真正的劳工政党的力量，劳工集团把自己组织成为一个独立的力量，它不但能够解除锁链，而且还能够改变世界。

三、历史唯物论是科学的理论和方法

马克思派哲学的特点，在于它彻底而完整地实行革命理论和革命实践的一致，这样的一致是布尔乔亚哲学从来不曾做到，而且也永远不能做到的。照马克思、恩格斯和列宁的意见，哲学的抽象理论，就其本身讲，是没有什么价值的。照马氏的说法，只有在我们革命地改变世界的过程中，我们的哲学思维的现实性、它的力量，才能被我们认识。旧的唯物哲学在这方面的不彻底性，它的不完满性和片面性，是要马克思和恩格斯继续加深和发展哲学的唯物论，借哲学的唯物论之应用于人类社会及其历史的认识，以达到唯物论之彻底的发展。

马、恩二氏所创导和列宁所继续发展的历史唯物论，是科学思想之伟大的收获，它给了劳工集团一个强有力的认识和斗争的工具。恩格斯写道："由于两种发现，即唯物史观和剩余价值这一资本主义生产的秘密的发现，社会主义就变成科学的了。"

史的唯物论便是辩证法唯物论之应用于社会的认识者，它是哲学的唯物论之运用于社会生活的认识而以改变此种生活为目的。只要注意一下马克思所说的摆在唯物史观面前的基本任务，我们就马上会发现辩证唯物论和历史唯物论的一致性，发现它们中间的直接的和不可分裂的联系。这个基本任务，照马氏的话说，是"根据社会存在说明社会意识"，关于这一点，列宁曾经写道："唯物论一般地总是承认客观地实在的存在（物质）是离人类的意识、感觉、经验等等而独立的。史的唯物论认定社会生活（即社会存在）离人类的社会意识而独立存在。在这里和在那里，即哲学的唯物论和历史的唯物论中，意识总只是存在的反映；说得好些，是它的近乎正确的（理想地精确的）反映，从这一马克思主义的哲学，用一块纯钢铸成的哲学中，不可以割去任何一个基本的元素、任何一个重要的部分，假使我们不脱离客观真理、不落到资产阶级反动谬说的圈套中去的话。"

假使我们在运用唯物论于历史时，从唯物的反映论的贯彻上退后一步的话，那么我们就容易落入资产阶级历史科学的泥潭中去。但是假使我们在研究客观的、离意识而独立的社会发展进程时，忘记了革命的辩证法的话，我们也就陷在同样的泥潭中而不能自拔。在客体与主体之间，在社会存在和社会意识之间，在它们历史的发展中，存在着辩证的相互关系。社会意识反映着社会存在，并从社会存在中说明它自己。

四、历史唯物论是科学理论是方法是行动的指导

所谓史的唯物论，究竟应当怎样去了解它呢？一讲到历史中的唯物论时，我们所意会的，显然已经是马、列派的辩证法唯物论哲学的一般基本原理的具体化了，这种基本原理是我们在本书上册中已探讨过了的。当然，我们一分钟也不应当忘记，哲学的唯物论必

须要"建筑到顶"要发挥到底的,在这点意思上说,史的唯物论便是马列主义哲学本身之必要的组成部分。但同时史的唯物论是辩证法唯物论对于历史之特殊的运用,同样的,我们也把它运用到自然的研究上去。在另一方面,很明显的,我们不可以把史的唯物论解释为马恩二氏在《共产主义宣言》中所发挥的科学社会主义的理想一种和由此产生的革命战术和策略的基本原理一种。然而只要拿马克思论现代资产阶级社会的唯物的基本纲要来彻底地考察一下,我们就会理解科学社会主义的理论和革命斗争的策略——这是"唯物论的必要的方面",一切经院主义式的、极端的划分马克思、列宁主义的哲学、历史理论和政治斗争的纲领之间的区别,只会阻碍我们了解彻底的辩证法唯物论宇宙观的各方面和各组成部分之有机的一致性。但为获得一个关于马列主义哲学的一般基础——唯物史观和科学社会主义——间所存在的联系和一致性的正确观念计,阐明史的唯物论这一种科学理论和科学方法的特点,是极端重要的。

然则要问究竟史的唯物论——历史,社会的认识的科学理论或科学方法,社会科学的方法论——是什么东西呢?关于这个问题,在今日苏联的作品中,表现着两种针锋相对的观点。有一派作家认为历史唯物论首先是一种理论——他们的意思是说,它是阐明关于社会和社会发展法则的一般学说的理论。这一观点表现得最显明的是布哈林。照布哈林的意见,历史唯物论"是论社会及其发展法则之一般的学说,也就是社会学……说它(历史唯物论)是解释历史的方法这一点,无论如何没有消去它的社会学理论的意义"。"社会学是社会科学中之最一般的(抽象的)……"

我们后面还要回过来讲"社会学"问题。不过我们现在已经不难看出,在上述布哈林关于历史唯物论的对象所持的那些见解中,充分地表现着布氏的机械论观点所特具的"一般的社会学说"和社会发展的具体法则之间的分裂。布哈林很明白地划分从理论本身上讲的理论(即一般的理论)和当作"历史方法"看的理论之间的区别,划分"抽象的"历史唯物论和"具体的"历史(就是社会学的理论检讨所需用的"材料")之间的区别。这样了解下的历史唯物论,就变成各种抽象的理论前提的综合体,而这些理论前提是"自外地"隶属于具体的历史现象的。

另一派在外观上极端相反而实际上却很接近于前一种观点的,就是孟塞维化唯心论的观点。这一派对于历史唯物论的见解,是只把它解作社会科学的方法论，只把它解作特种抽象的逻辑或社会认识的"辩证法"。例如照孟塞维化唯心论的健将之一卡列夫的意见（他的意见与机械论的观点相反），在历史唯物论中，我们应当"提出它的方法论的和历史的内容跟唯物辩证法——这种一般的方法论和自然的辩证法——并存的我们还有历史唯物论，历史的辩证法，它是社会科学的方法论……""历史唯物论的任务在于检定我们所应借其帮助以研究历史的那些前提"，照卡列夫的意见就是历史唯物论的"方法论的内容"。再依照这种观点说，历史唯物论之"历史的内容"则在于"历史唯物论研究各种社会形式之各种不同的法则，但是联系这些法则的一般法则，还是它们的转变、它们的轮替和这种轮替的研究方法"。

卡列夫所根据的是考茨基的旧著作，考茨基在过去的著作中实际上也发挥过这样的见解。但是这不是说，考茨基和孟塞维化唯心论者的这种观点跟真正马克思的历史唯物论观有什么共同之点。我们在这种观点中看出了最抽象的"方法论化"和对于历史过程的各种形式和现象之显明的经验论见解的特种结合。这样的见解使以后考茨基达到了悲哀的结局：依据庸俗的实证主义和鄙陋的经验主义的精神，把对每一时代的历史特殊性的理解的唯物宇宙观跟"方法"相脱离了。孟塞维化的唯心论也具有这样的倾向，这是很可注意的。

恰恰在卡列夫对于历史唯物论的对象的解释中，极显著地表现着折衷论的观点：他一方面把历史唯物论这种科学的形式和内容脱离开来，对于"在形式上这一科学是什么"的问题之抽象的"方法论化"，不经过"历史唯物论的内容"的分析而进行其"方法论化"，把历史唯物论解释成诸种空洞的抽象观念和理论前提的体系；另一方面，他完全用经验论的和庸俗实证论的态度去研究和理解各个社会形态的历史的规律性。

上述两种观点，都是讲到历史唯物论的本身对象——各种社会经济形态之历史的发展过程——的。在前一种场合，布哈林用抽象的、由他预先制定的"一般的社会"的公式，去代替真实的历史过程的研究——各种特殊的，互有质的区别的社会形态的研究。在后一种场合，即在孟塞维化唯心论者的观念中，根本没有注意到历史唯物论是论社会历史发展之统一的、完整的、一般的理论；他们观念中只有一些预先定下的抽象的前提，一些互相区别的、形式各异的社会现象。在这样的情形之下，所谓社会科学的"方法"，就完全失去了它的物质的、具体历史的基础。在历史唯物论的对象问题上，机械论的和孟塞维化唯心论的见解的全部区别，只有以下一点：在布哈林的观念中，他的一般的社会学说是不变的、预先制定好的一种标度，被他机械地应用到历史上去；孟塞维化的唯心论者则把马克思主义的历史理论尽行溶解于"方法"中，他们把布哈林所倡的"一般法则"变为同样抽象的诸逻辑范畴之综合体，他们以为我们只是用这些逻辑范畴去研究各种社会形式的特殊法则的。机械论者也好，孟塞维化的唯心论者也好，他们观念中都没有社会发展的历史过程这回事。

机械论者布哈林把他的论"一般社会"的学说，——即如著名的社会均衡论——应用于帝国主义时期和由资本主义到社会主义的过渡时期，他把劳工阶级的"组织"倾向看作"有组织资本主义"之继续发展，他老是在同一的市场法则的作用上费思索而不了解这两个时期的质的区别。孟塞维化唯心论者则用空洞的、"方法论"上的抽象探讨去代替帝国主义的发展和过渡时期中诸种经济成分的相互关系之具体的研究。因此，一讲到帝国主义和过渡时期的特殊性时，他们是经验论地、主观主义地了解着这些特殊性的；他们认为帝国主义的经济是"进步"的，而视社会主义建设为集体主义"理想"的实现等等。

但是马克思、恩格斯和列宁关于他们所发扬的唯物史观的对象问题，早已给了一切重要的指示。在他们的历史唯物论的根基上，置放着他们彻底倡导的唯物的反映论和辩证的联系观，在社会发展过程中的一般与特殊间所存在的联系的辩证观念。恩格斯讲到历史唯物论的时候，他不仅称它为研究的方法，并且称它为"历史的宇宙观"、"唯物的历史论"。他着重地指出宇宙观与方法之不可分裂的一致，指出历史唯物论中方法与理论之不可分裂的一致。马克思、恩格斯和列宁都会跟机械论者和孟塞维化唯心论者所进行的历史唯物论与历史的对立做过斗争，跟他们的某些抽象的逻辑定则与具体的历史"唯物论"的对立做过斗争。在马、恩、列等人看来，逻辑的研究常常总是同一历史的反映，不过只是它的概括化的反映而已，因此它是依照那些表现真实的历史发展过程的法则而被修正过了的。

恩格斯曾经说过，马克思发现了人类历史的运动法则，人类历史的发展法则。马氏在其《〈政治经济学批判〉序言》中所阐明的一般的"唯物的方法基础"，只是历史运动的一般的物质法则之反映而已。这些方法基础，并不是"社会科学中之最抽象的"，不是布哈林派的"社会学"，也不是"历史唯物论之法则和范畴的体系"。在《〈政治经济学批判〉序言》中，马克思从最一般和最基本的标征上，阐述了各种社会形态之自然历史的过程，即有规律的过程，这样也就说明了它们的发展和轮替的基本法则。这样，马克思已经给了一个科学的社会历史发展论。说明各种社会形式之史的发展过程，阐明它们的内部法则——必然地决定由一种社会形式到另一种更高形式的转变的那些法则；揭示这种各方面的和矛盾的过程之客观的规律性；从基本要点上把握住离社会意识而独立的社会发展之客观的辩证法，——这些便是历史唯物论的对象、内容，正是根据这点意思，列宁便称历史唯物论为"十分完整的和有组织的科学理论，它说明了社会生活的一种形态，如何由生产力发展的结果而发展到另一种更高的形态"。

历史的唯物论——首先是唯物的历史论，它在一般的和基本的要点上反映着诸种社会形态之历史的发展过程，揭露着在阶级社会内这种发展的矛盾性。然而历史唯物论并不因此而变为抽象的、"超历史的"、历史哲学的发展公式，对于这种抽象公式，一切民族不管它们的具体的历史条件如何，都得宿命式地遵循着，而在解决一切历史问题时，这种公式又可以当作唯一锁钥似的到处"应用"的。马克思很坚决地反对一切空洞的历史的公式主义，反对像布哈林的"社会学"中所提倡的那种"一般的社会学说"。社会的发展总是具体的，它把一般的现象跟各个历史阶段的特殊点结合起来。马克思所发现的人类历史的一般的运动法则，照恩格斯的解说，是说一切历史事件的终极原因，应当从由生产力高度之变化而引起的生产和交换方式的改变中，从表现阶级社会的内部社会矛盾的阶级斗争中去探求的，——这一条历史运动的一般法则，在各个不同的社会形态中得到各种不同的具体表现，只有根据某一社会形态（封建形态、资本主义形态等等）的一定的历史发展条件之具体的研究，而不是根据一种论"一般社会"的一般理论，我们才能了解这一社会组织之质的特殊性，这种特殊性便是一般的历史运动法则在那些不同的社会形态上之特殊的表现。史的唯物论所研究的对象，总是"在一定的社会发展的历史阶段上的社会"。

只有根据辩证唯物的认识论，我们才能了解历史唯物论如何变成社会现象的研究方法，变成社会科学的方法论。历史唯物论这一种科学的理论，反映着诸种社会形态之自然历史的发展过程，同时又反映着这种人类历史运动之最一般的法则。——这一实际过程之精确的定则。这样一来，历史唯物论也就变成了方法论的理论，变成"讨论社会科学中的方法的理论"——给人以"解释历史之唯一科学的方法"的理论。这一种方法论的原则，是在于指出某一社会形态之物质的生产关系是全部历史发展之真实的物质基础。因此，根据这种方法论的原则，每一社会的历史事件都可以用历史唯物论去解释它和阐明它，假若我们把这种事件当作跟一定的历史的生产关系形态和这些生产关系的发展相联系的现象来解释的话；这样，每一个历史的现象就成为一定的社会经济形态之有机的组成部分，而我们就得在这一社会经济形态的运动过程中去研究它。

由此就很明白，"一般"适用的、抽象的社会方法论是没有的；历史唯物论的方法是具体的，它被吾人所研究的各种社会规律性之特殊性所决定。在这点意思上说，历史唯物论和具体的历史并不是被万里长城隔绝开来的；同样的，它跟马克思主义的政治经济学和其他社会科学，也没有不可逾越的鸿沟隔离着。历史唯物论并不是从具体历史中抽出来的空虚的"抽象理论"，而是反映具体的历史发展过程的历史科学本身之哲学的、理论的和方法论的重要的内容。在这一点上就表现在历史唯物论这一理论中，存在着被马克思主义所确定的逻辑和历史、哲学和历史之间的不可分裂的联系。历史唯物论的任务既在于研究资本主义社会和其他社会形态中的诸生产关系之内部的联系，那么它就成为政治经济学的方法论基础了。

阶级社会之具体的历史的研究，是要揭露出置在一定的社会生活之历史形态的根基上的那些内部矛盾和阶级冲突来。然而历史的唯物论不应，我们已经说过，限于单纯的、"客观的"指出这些矛盾的存在。史的唯物论应当在某一社会形态的发展法则本身中，揭露和阐明它的必然毁灭的法则，并从理论上证明它被另一新的社会形态所代替的必然性。它应当指明越出某种生产关系界限以外的必然性，阐明先进阶级为拥护新的社会形态而奋斗的任务。简单地说，史的唯物论应当成为革命行动的指导史的唯物论是上述一切要点的一致体，这些要点就是历史发展的理论，社会研究的方法，革命行动的指导社会斗争的理论，始终是阶级社会范围内社会研究和革命实践之经常的指针。

总体框架

上　册　辩证唯物论

第一章　当作宇宙观看的马克思主义
第一节　马克思主义的三个来源和三个组成部分
第二节　马克思主义的历史根源
第三节　当作理论与实践之一致体看的马克思主义
第四节　列宁主义——马克思主义发展中的更高的新阶段

第二章　唯物论和唯心论
第一节　哲学中的两条路线
第二节　机械唯物论
第三节　主观唯心论　马赫主义　直观主义
第四节　康德的二元论与现代的康德主义
第五节　黑格尔的绝对客观唯心论与现代新黑格尔主义
第六节　费尔巴哈的唯物哲学
第七节　辩证法唯物论哲学的形成

第三章　辩证法唯物论
第一节　唯物辩证法是一种哲理的科学
第二节　世界的物质性和物质存在的形式
第三节　物质和意识辩证唯物观的反映论
第四节　客观的绝对的和相对的真理
第五节　社会的实践为认识的标度
第六节　当作逻辑和认识论看的辩证法

第四章　唯物辩证法之诸法则
第一节　对立体一致的法则
第二节　量变质和质变量的法则
第三节　否定之否定的法则
第四节　本质与现象　内容与形式
第五节　法则原因与目的
第六节　必然与偶然
第七节　可能与现实
第八节　范畴的一般性

第九节　形式逻辑和辩证法
第五章　哲学中两条阵线上的斗争
　　第一节　哲学和政治
　　第二节　两条阵线的斗争和现阶段的理论任务
　　第三节　辩证法唯物论之机械论的修正
　　　（甲）机械论者的实证主义及其否定马列主义的哲学
　　　（乙）辩证法和唯物的反映论之修正
　　　（丙）认识论与辩证法之对立
　　　（丁）以机械学原理代替辩证法均衡论
　　第四节　孟塞维化的唯心论
　　　（甲）不了解理论的党派性否认哲学的新阶段
　　　（乙）唯物辩证法之黑格尔式的修正
　　　（丙）辩证法与认识论之对立及其革命本质之曲解
　　　（丁）孟塞维克托洛茨基式的社会争斗观与机械论的结合
　　　（戊）托洛茨基主义与"左翼"机会主义之方法论批判
第六章　辩证法唯物论发展中的新阶段
　　第一节　列宁在哲学领域内跟国际机会主义和修正主义的论争
　　第二节　列宁和普列汉诺夫
　　第三节　列宁跟哲学的机会主义的论争
　　第四节　列宁和唯物辩证法之继续发展

　　　　　　下　册　历史唯物论

第一章　辩证法唯物论与唯物史观
　　第一节　历史唯物论与哲学政治的一致
　　第二节　唯物史观的基本要点
　　第三节　历史唯物论是科学理论是方法是行动的指导
　　第四节　历史唯物论、旧的机械唯物论及资产阶级社会学之本质
　　第五节　历史唯物论与历史唯心论之斗争
　　　（甲）普列汉诺夫和历史唯物论
　　　（乙）列宁和历史唯物论
　　　（丙）历史唯物论在两条阵线斗争中的现任务
第二章　论社会经济形态生产力与生产关系
　　第一节　社会经济形态之概念

69

第二节　自然和社会及劳动过程
第三节　生产力
第四节　技术在生产力发展中的作用——科学和技术
第五节　劳动力的作用及生产诸关系
第六节　生产力和生产关系的辩证法

第三章　资本主义的和社会主义的经济关系

第一节　两个经济体系及前资本主义形态
第二节　资本主义的经济体系与帝国主义
第三节　过渡时期之经济与社会主义经济组织之发展
第四节　社会主义经济之基本特征及社会主义的初级形态和高级形态

第四章　关于社会群和国家的学说

第一节　社会群和社会斗争论
第二节　社会群和国家
第三节　社会群与国家之发生及前资本主义社会中的社会群
第四节　资本主义社会内的基本社会群及其历史的发展
第五节　资本主义下的过渡社会群
　　（甲）大土地所有者
　　（乙）小资产集团与农民的分化（农村资产集团和雇农集团）
　　（丙）知识分子和其他社会集团
第六节　劳工集团的社会斗争及其形式
第七节　资产阶级国家
第八节　评各派国家观
第九节　帝国主义时代的社会斗争
第十节　反马派的社会群论

第五章　过渡时期之政权与社会斗争

第一节　劳工专政为社会革命之基本问题
第二节　劳工专政和苏维埃国家
第三节　劳工专政和劳工国家民主制的发展
第四节　社会斗争的新形式及镇压资产集团的反抗
第五节　劳工集团与农民的关系
第六节　劳工专政与社会主义建设
第七节　社会群消灭的问题

第六章　意识形态论

第一节　社会存在和社会意识

第二节　社会意识心理与意识形态
第三节　意识形态之相对的独立性
第四节　意识形态的阶级性及前资本主义的意识形态
第五节　资产阶级宇宙观的基本特质
　（甲）资产阶级民主主义和法西主义
　（乙）资产阶级道德
　（丙）资产阶级科学
　（丁）资产阶级艺术和文学
第六节　劳工集团的意识形态及其在社会主义体系中的作用
第七节　大众文化的建设和文化革命的任务

第七章　战斗的无神论

第一节　战斗唯物论者的宗教观
第二节　为无神论之哲学根据的辩证法唯物论
第三节　宗教信仰之发生与发展
第四节　资产阶级的和无产阶级的无神论
第五节　社会主义建设和反宗教斗争

第八章　社会变革论

第一节　为历史唯物论之重要部分的社会变革论
第二节　社会变革的法则
第三节　马恩二氏对于变革的见解之发展
第四节　列宁的劳工变革论

第九章　马克思主义和修正主义等

第一节　机会主义之社会经济的根源及其历史的进化
第二节　考茨基的中央主义和卢森堡主义
第三节　战后社会民主党之进化
第四节　社会法西主义哲学之总评价
第五节　马克思主义唯物论基础之修正
第六节　唯物辩证法之修正主义的曲解
第七节　修正主义和历史唯物论

辩证唯物主义

[苏] 亚历山大诺夫　马　哲译

人民出版社 1954 年出版

总　论：马克思主义哲学是辩证唯物主义*

一、辩证唯物主义是唯一科学的革命的世界观

马克思主义是辩证唯物主义和历史唯物主义、政治经济学、科学社会主义这三个部分所组成的不可分割的统一体。辩证唯物主义是马克思主义的哲学，是科学共产主义的理论基础，是共产党的世界观。哲学是世界观，也就是关于整个世界及其规律的观点、观念的总和。每一个社会阶级都有自己的世界观，都力求画出一幅世界

---

*　本章内容选自《辩证唯物主义》第一章，并作了删节。文中标题由编者所加。

的总图，用统一的观点来把握各种各样的自然现象和人类历史现象。无产阶级的共产党及其领袖马克思、恩格斯、列宁和斯大林的伟大功绩，就在于他们创造和发展了唯一科学的世界观——辩证唯物主义，创造性地运用和传播了这种世界观，对剥削阶级反科学的世界观进行了不懈的斗争。

辩证唯物主义的对象 辩证唯物主义研究自然界、社会以及认识的变化和发展的最一般的（随时随地起作用的）客观规律，并给客观世界的各种现象以唯物主义的解释。这些一般的规律是客观存在的，即不依赖于人们的意志和意识而存在的；它们和各种物质运动形式所固有的特殊规律有不可分割的联系。特殊的规律（如物质的机械运动规律、蛋白质的新陈代谢规律等等）是物质的运动、变化和发展的一般规律的特殊表现。例如，社会生活的规律和自然规律虽有质的区别，然而它们都是同一的一般客观辩证规律性的特殊表现形式。

辩证唯物主义并不同研究自然界和社会的各种科学隔离开来，也不代替它们，相反地，辩证唯物主义是其他一切知识部门所业已达到的成就的科学概括。这就决定了辩证唯物主义同研究自然界、社会和意识的各种科学之间的相互关系。

各种不同的科学研究物质运动的具体形式，研究自然现象和社会现象的各种质的特点、特性。例如，力学研究物体在空间中和时间上的移动。根据机械运动的多样性和各种物质粒子移动的质的特殊性，力学这门科学分为固体力学、液体力学、气体力学等。

其他任何一门科学也是如此，例如，植物学研究植物的生活、植物的结构和生命活动等。由此，植物学分为形态学（研究植物的外形）、分类学（对植物进行分类并描述各个不同的植物种）、解剖学（研究植物的组织和器官的细微结构）、生理学（研究植物的生活过程）、选种学（研究创造新植物类型的方法）等等。同时植物学又是更一般的科学即研究一切生物的规律性的生物学的一部分。

当然，每一门科学，甚至组成这门科学的每一个部门，都是在一定程度上把自己的研究对象同其他科学和部门的研究对象分开的。生物学不研究物理物体的凝聚状态，即其固态、液态、气态；政治经济学不从商品学的角度来研究商品的性质。但同时，各种科学以及组成这些科学的各个部门并不能完全相互分离，彼此孤立，因为各个科学部门所研究的物质的各种运动形式、各种质的特点、特性、状态实际上并不是彼此孤立地存在的,而是相互联系、相互制约和相互转化的。所以,研究这些物质运动形式的各个科学部门也应当是彼此联系的。例如,现代生物学就是以化学和物理学为依据的。

究竟是什么使任何一门科学的专家可能深入他所研究的现象的本质呢?是什么使他可能和其他科学部门联系起来,并从这些科学部门中取得他研究的那门科学所必需的材料呢?

提供这种可能性的就是教我们科学地看待、解释和理解世界一切现象的科学世界观,就是马克思主义的辩证方法和马克思主义的哲学唯物主义。研究辩证唯物主义,我们就能认识整个世界,而认识整个世界,就能帮助我们理解自然界和社会中的各种现象,因而也能帮助我们理解各种科学。所以,辩证唯物主义的对象是自然界、社会和认识的运动、变化、发展的最一般的规律,对这些规律的研究,给世界提供了一幅协调的科学的图画。

辩证唯物主义的产生是哲学上的革命　随着辩证唯物主义的产生,哲学的社会作用,它的对象、方法和理论起了原则性的变化。辩证唯物主义和一切旧哲学是有质的区别的。

辩证唯物主义是给工人阶级争取对社会进行共产主义改造的革命斗争提供理论根据的共产党的世界观。这就决定了马克思列宁主义哲学的新的社会作用。

马克思在把自己的哲学和以往的一切哲学学说作对比时说:"哲学家只是用不同的方式来说明世界,但是问题在于改变世界。"① 马克思的这个原理指出:马克思主义以前的、统治阶级的哲学不是也不能是革命地改变世界的理论根据,不是也不能是革命群众在其反对社会压迫的斗争中的武器。剥削阶级的哲学竭力使群众安于现存的社会制度,它最重要的任务不是为革命地改变现存剥削制度找理论根据,而是为这种制度辩护。因此,哲学家们也就宣传说,人应当"超越"实际的、不长久的、暂时的利益,他所应当关心的只是永恒的、绝对的利益,如此等等。哲学家们硬说,人在现实生活中所追求的那些实际目的是毫无意义的、微不足道的、"有限的",哲学应该抛开这些目的。

这种教人放弃争取美好未来的斗争的哲学宣传,和宗教学说是很少有什么区别的。十九世纪德国唯心主义哲学家费希特的论调可

---

① 马克思:《费尔巴哈论纲》,参阅《费尔巴哈与德国古典哲学的终结》,104页,解放社,1950。

以作为一个突出的例子。他写道:"哲学研究所给予人的最大的慰藉就在于:当它理解到一切都处在总的联系中,并且不把任何东西孤立起来的时候,它就会承认一切都是必然的因而也是美好的,它就会按照现存的样子和一切现存的东西调和起来,因为一切现存的东西为了最高的目的都应当是这样存在的。"

这个例子清楚地表明了唯心主义哲学如何和宗教一样,竭力使群众安于剥削制度,压制他们的反抗,并证明现存的一切都是合理的、必然的。

但不仅唯心主义哲学,就是马克思以前的形而上学的唯物主义,也断定现存的一切基本上是不变的:我们之外的自然界是不变的,人类的本性是不变的,因此,只可能清除社会制度中的"邪恶现象",而不可能根本改变整个社会生活。例如,大家知道,十八世纪的法国唯物主义者曾反对过封建制度和宗教,说它们是不合理的、反自然的、不适合人类本性的。但是他们认为人类的本性是不变的,而资产阶级社会是"自然的",是适合理性、适合人类本性的"永恒"规律的。

剥削阶级的哲学学说把哲学了解为对现存制度的根本原则的解释和辩护,否认对根本改变现实有加以理论论证的可能性和必要性。只有唯物主义者——革命民主主义者,才在自己的哲学学说中反映了广大劳动农民群众的利益,认为必须从哲学上来论证反对社会压迫的革命斗争的任务。但是,由于农民的解放运动没有导致而且也不能导致人剥削人的现象的消灭,所以革命民主主义者,甚至他们中间最杰出的人物——十九世纪俄国古典唯物主义哲学家——也不能解决人民群众的解放运动所提出的这项最重要的任务。

马克思主义哲学的产生,首先是由工人阶级想发现社会发展的客观规律这种切身需要所决定的。无产阶级作为一个破坏旧社会和建立没有阶级的新社会制度的阶级走上历史舞台。无产阶级的历史使命是消灭资本主义制度,对社会进行革命的改造,建立更高级的、没有阶级的社会制度——共产主义。因此,唯物辩证法关于运动、变化和发展,关于新东西战胜旧东西的学说,就自然地被无产阶级看成是对自己阶级意图的确证和阐述。

在无产阶级的活动中,否定旧东西是和创造新东西不可分割地联系着的。正因为如此,无产阶级对社会进行的最伟大的革命改造不仅不排斥以往文化发展的一切成就,而且相反地,是以利用这些成就为前提的。无产阶级没有以往的统治阶级所固有的那种局限性，它的切身利益要求向没有阶级的共产主义社会过渡。无产阶级的这些特点说明了，为什么正是无产阶级的思想家马克思和恩格斯创造了对理论认识和实践活动都有巨大意义的唯一科学的哲学唯物主义和辩证方法。科学的历史以及革命运动和社会主义建设的经验，都明显地证明了马克思主义哲学的极其伟大的意义。

无产阶级的领袖和思想家马克思和恩格斯根本改变了哲学的社会作用，把哲学变成了工人阶级革命斗争的理论基础，变成了共产主义的理论基础。正因为这样，马克思和恩格斯的学说就不单是一种哲学学说，它是无产阶级群众的学说，是他们的伟大解放斗争的思想旗帜。

马克思主义以前的哲学家，甚至当他们给自己提出研究客观现实本身所固有的最一般的规律的任务时，通常也是指一切现存事物的不变秩序的规律。他们只是确定同时存在的各种事物之间的固定的相互关系，而不是揭示过去、现在和将来之间的有规律的联系。马克思主义发现了物质世界的变化和发展的客观规律，而且把这个发现当作自己唯一科学地理解哲学的对象、方法和理论的基础。这就是辩证唯物主义的学说和以往的、包括进步的哲学学说在内的一切哲学学说的根本区别。

马克思以前的哲学学说不仅把理论、哲学同实践、同劳动人民的解放运动对立起来，而且还把哲学和研究一定范围的自然现象或社会现象的专门科学对立起来。它们通常使自然哲学和自然科学相对立，使历史哲学和历史学相对立，使艺术哲学和艺术学相对立，如此等等。同时它们硬说：哲学不必考虑具体的科学材料，它是"科学的科学"，它因自己能提供完全的、绝对的、最终的真理而凌驾于"有限的"和"狭隘的"专门科学之上。这种以超科学的知识自居的奢望是唯心主义哲学的特色。唯心主义哲学鄙视自然科学，因为自然科学以自发唯物主义的态度对待自然界。例如，黑格尔就不考虑自然科学所业已确定的事实，硬说自然界在时间上是不发展的，它是"绝对理念"即神的发展的各个逻辑阶段的体现。黑格尔唯心地歪曲现实，把太阳看作视觉的体现，把空气看作嗅觉的体现，这样就把一切物理的东西都归结为心理的东西了。

唯心主义者和形而上学的唯物主义者把哲学说成对永恒的、绝对的和普遍的东西的认识，而把专门科学说成只是对于暂时的、相对的和单一的东西的认识。马克思主义坚决反对把永恒的东西和暂时的东西、绝对的东西和相对的东西、普遍的东西和单一的东西这样反科学地、形而上学地对立起来。马克思主义的创始人证明：我们认识暂时的东西，同时也就在认识永恒的东西；认识有限的东西，同时也就在认识无限的东西；认识单一的东西，同时也就在认识普遍的东西。恩格斯写道："对自然界的一切真实的认识都是对永恒的东西、无限的东西的认识，因而这种认识在本质上是绝对的。"①

马克思主义结束了哲学同自然科学和社会科学的对立，以总结和批判地概括科学成果的世界观代替了非科学的哲学——"科学的科学"。辩证唯物主义早在自己产生的时期就从理论上概括了十九世纪中叶自然科学上的一切重要发现，其中包括这样一些最大的发现：能量守恒和转化定律的发现、细胞的发现和达尔文学说。后来，列宁在他的《唯物主义和经验批判主义》一书中天才地总结了十九世纪末二十世纪初物理学上的伟大发现。马克思和恩格斯在哲学上所进行的革命的最重要成果，就是创立了历史唯物主义——一切社会科学的理论基础。因此，哲学在自然科学和社会科学发展中的作用就根本改变了。哲学在自然科学和社会科学体系中的地位的这种根本的质变，使辩证唯物主义截然不同于以往的一切哲学。

只有辩证唯物主义才是真正科学的世界观。

辩证唯物主义的创造性　辩证唯物主义是以科学和实践的成果为依据的世界观，它的出发点是：承认认识过程永远不能穷尽事物，认识是无限的。因此，马克思主义以前的哲学家要创立一种一成不变的、现成的、完备的、绝对的知识体系的妄想是毫无根据的。

马克思和恩格斯经常强调指出，他们的学说不是教条，而是行动的指南。他们认为自己的学说是和以往一切带有教条主义性质的哲学体系对立的。

以往各种哲学体系的创始人，剥削阶级的思想家，都用自己的学说冒充绝对完备的、不变的知识。相反地，马克思列宁主义哲学根本不同于以往的一切学说，它的最重要的特点就是它的创造的、反教条主义的性质，这种性质的源泉在于马克思列宁主义哲学和实践、和生活、和工人阶级争取民主和社会主义的斗争有不可分割的联系。理论和革命实践的统一是马克思主义所特有的。马克思主义

---

① 恩格斯：《自然辩证法》，265 页，北京，三联书店，1950。

哲学认为社会实践既是认识的基础，又是认识的真理性的标准。这就清楚地表现出马克思主义哲学的创造性、能动性和反教条主义的性质。列宁着重指出了整个马克思主义世界观截然不同于以理论脱离实践为特征的机会主义的根本特点，他写道："只要学说和社会经济发展的真实过程间的一致性成为学说的最高和唯一的准绳，那就不会有什么教条主义了……"①

经常不断的发展是辩证唯物主义无穷的生命力的标志。因此，辩证唯物主义不仅能从理论上概括过去的各种成果，而且还能概括现在的东西，还能科学地预见未来。马克思以前的任何一个哲学体系都不能具有这一极为重要的性质；马克思主义以前的大部分哲学学说的特点都是奴颜婢膝地信奉过去，这就反映出剥削阶级的利益。只有辩证唯物主义才使我们有可能从理论上概括我们所看到的事件，预测它们将来的进程，并适当地安排实际工作。

马克思和恩格斯从理论上概括了十九世纪的历史经验和自然科学的发现，从而在判断前的资本主义的条件下发展了他们所创立的哲学。帝国主义和无产阶级革命时代的新的历史条件、新的科学成果，提出了进一步发展马克思主义的任务，其中也包括进一步发展列宁主义的任务。这项任务已由共产党，共产党的领袖列宁、斯大林及他们的最亲密的战友和学生完成了。

辩证唯物主义是活的、创造性的、不断发展的学说。如果把辩证唯物主义、辩证唯物主义的个别结论和公式当作一堆永远不变的教条（尽管社会发展条件在变化），这就是死啃书本和书呆子习气。精通辩证唯物主义同简单地背诵它的结论和公式是毫无共同之点的。精通马克思主义的辩证方法和马克思主义的哲学唯物主义，这就是学会运用它们来解决科学和实践的任务，做出新的科学结论，确定解决实际任务的方法。

二、辩证唯物主义是实践的唯物主义

辩证唯物主义是工人阶级根本利益的理论表现　在阶级社会的条件下，任何哲学都是某一阶级的利益的表现、某一政党的世界观。当阶级和阶级斗争还存在时，无党性的、中立的、对这些或那些阶级的利益漠不关心的哲学是没有而且也不可能有的。生活在社会中

---

① 列宁：《什么是"人民之友"以及他们如何攻击社会民主党人》，208 页，苏联外国文书籍出版局，1950。

而又不受社会的制约是不可能的。生活在阶级社会中而又不属于该社会的某一个阶级，置身于阶级斗争之外，并在世界观方面不以一定的阶级的利益为转移也是不可能的。列宁写道："在雇佣奴隶制的社会里期望公正科学，便是愚蠢可笑，正好比期望工厂主在应否以减少资本利润来增加工资的问题上持公正态度一样。"①

资产阶级哲学家千方百计地力图掩盖其理论的党性，而辩证唯物主义的特征却在于它具有明显的、公开的、战斗的党性。资产阶级掩盖自己哲学的党性，因为这种哲学是维护剥削者的阶级利益，维护和绝大多数人的利益对立的极少数人的利益的。资产阶级哲学的"无党性"是对它的阶级偏私的伪善的掩饰。

马克思列宁主义的哲学直接地、公开地代表工人阶级，称自己为共产党的世界观。它并不掩饰自己是从工人阶级、劳动人民的立场来考察世界及其现象的，也并不掩饰自己在解释社会生活的各种现象时是表现工人阶级、劳动人民的利益的。

但如果哲学是从一定阶级的利益出发来考察和说明周围世界的现象，特别是社会生活的现象，那么在这种情况下，它是否会歪曲世界及其规律呢？它是否会在自己的理论和结论中提出一幅分明是歪曲了的、适应于阶级利益的世界图画呢？

如果是资产阶级的哲学，尤其是现代资产阶级的哲学，那确实是如此。现代资产阶级的阶级利益不但不符合社会发展的客观进程，而且是正好和它对立的。现代社会生活适应着客观的、不以人们意志为转移的规律，正沿着旧的资本主义社会必然灭亡和新的共产主义社会必然胜利的道路发展。资产阶级显然是不能容忍这一情况的。因此，竭力维护资本主义使之免于死亡的资产阶级思想家便掩盖资本主义的痈疽，故意歪曲社会发展的规律，把资本主义及其规律理想化。

至于工人阶级，那就是另外一回事了。工人阶级的阶级利益不但不和社会发展的客观规律相对立，而且是和它完全符合的。工人阶级愈是彻底地为实现自己的阶级利益而斗争，就愈能促使社会按客观的、不以人们意志为转移的规律发展。

所以，工人阶级及其思想家的目的是要全面地认识自然界和社会的发展规律，真实地、毫不歪曲地从哲学上来反映世界。工人阶

---

① 列宁：《马克思主义的三个来源与三个组成部分》，载《论马克思恩格斯及马克思主义》，64页，苏联外国文书籍出版局，1949。

级的利益在哲学中表现得愈充分，我们周围世界的客观规律就被反映得愈正确、愈完全、愈深刻。马克思主义哲学所复制的世界图画愈真实、愈全面，它反映工人阶级及其政党的历史任务也就愈深刻。换句话说，我们在哲学中把马克思列宁主义的党性原则贯彻得愈彻底，我们在解释我们所研究的自然现象和社会现象时就愈能保证不犯错误。

正因为马克思列宁主义世界观的党性完全符合客观真理，所以共产党能在全世界面前刚毅果敢地捍卫自己的世界观的党性，捍卫自己的政策和思想的党性。

苏共中央所举行的关于阿历山大罗夫《西欧哲学史》一书的广泛而具有创造性的讨论，是共产党为贯彻马克思列宁主义的彻底的党性而斗争的鲜明表现。

苏共中央指出，目前在共产党面前严重地摆着为提高群众的共产主义觉悟，为消灭人们意识中的资本主义残余，为发展和更加巩固苏维埃社会在精神上和政治上的一致而作进一步的斗争的任务，因此哲学中的客观主义错误和脱离党性原则是危险的。

这些指示给苏联哲学家指出了正确的、确定不移的方向，为清除各种错误观点打下了基础。

战后时期，和以前的整个发展时期一样，苏联共产党对各种各样的资产阶级思想、背弃唯物主义和使马克思主义庸俗化的行为，对教条主义和书呆子习气一直进行着顽强的、无情的斗争。

如果认为，现在，由于在苏维埃社会主义社会中已不复有敌视共产主义的阶级，苏维埃社会在精神上和政治上已经一致，因而资产阶级的观点和思想再也不能渗入到苏联人中间，那就错了。资产阶级思想的残余、各种非马克思主义的"观点"和"观念"还没有完全铲除，正如同私有者的心理和道德的残余还没有完全肃清一样。这些残余是有生命力的，它们由于资本主义包围的存在而有时还会出现，因此必须对它们进行坚决的斗争。

马克思列宁主义教导我们说，苏联人应当坚决地、有原则地、毫不留情地和阶级敌人及其世界观进行斗争，和资产阶级思想进行斗争。

辩证唯物主义是苏联科学的理论基础 辩证唯物主义是苏联自然科学的理论基础。苏联自然科学家的辩证唯物主义的世界观使他们掌握了唯一科学的认识方法，使他们能对自然现象作出唯一科学的哲学解释。科学上的卓越成就是和创造性地运用辩证唯物主义去研究自然界不可分割地联系着的。

苏联生物科学的发展特别明显地说明了辩证唯物主义对自然科学的这种作用。米丘林生物学的出发点就是承认有机体和它的生存条件之间有不可分割的内在联系和相互制约性。米丘林生物学一贯坚持这种辩证的观点,所以它发现了决定生物发展的规律性,发现了生物所固有的遗传性的变异规律性。米丘林生物学不仅仅限于解释生物学的过程、它还在理论上论证了并在实践中实现了动植物的变异。米丘林写道:"只有根据马克思、恩格斯、列宁和斯大林的学说,才能完全地改造科学。"① 为辩证唯物主义的世界观武装起来的米丘林学派,坚决地批判了魏斯曼摩尔根主义及其遗传性不变的学说,证明了这种资产阶级学说在理论上和实践上都是站不住脚的。

苏联的唯物主义生理科学获得了卓越的成就。巴甫洛夫院士关于条件反射和无条件反射、关于第一信号系统和第二信号系统的学说,就是对高级神经活动所进行的辩证唯物主义的研究。巴甫洛夫的生理学学说完全揭穿了对高级神经活动的伪科学的唯心主义解释,并在实验上证实了关于心理的东西和生理的东西相互关系的辩证唯物主义观点。

资产阶级的科学为资本主义制度、为压迫劳动者和准备新的世界大战的帝国主义资产阶级服务,而苏维埃国家的科学却旨在使人变得崇高而伟大,旨在发掘并发展人们的全部智力和体力。它的目的是为千百万劳动者创造精神财富和丰足的物质财富,是使人成为自然界的全能的主宰。

辩证唯物主义是共产主义的理论基础 科学共产主义之所以叫做科学,是因为它是以对社会生活的科学的哲学观点即辩证唯物主义的观点为基础的。空想社会主义者不懂社会发展的规律,唯心地解释社会现象,他们认为:社会主义是符合于"理性"、"普遍道德"和"正义"的要求的,社会主义的建立并不决定于物质条件,而是凭借"杰出人物"的善良愿望,只要这些"杰出人物"深信社会主义理想的正确、合理和公正,他们就会争取实现这个理想。

空想社会主义飞翔在实际生活的上空,殊不知真正需要的却是和现实的牢固联系。在空想主义者看来,资本主义似乎是人类失去

---

① [苏]米丘林:《答"拥护马列主义自然科学"杂志编辑委员会问》,载《米丘林选集》,493页,北京,人民出版社,1951。

理性、愚昧无知、对自己本性不了解所造成的恶果。空想主义者是不懂得社会发展的必然性和客观制约性的形而上学者。在空想主义者看来，只要社会主义思想能由某一位天才发明出来，那么社会主义就能在任何时候产生，甚至在五百年前也能产生。

马克思和恩格斯同空想社会主义者相反，他们证明：社会主义不单纯是一种幻想，而是社会发展的必然的、不可避免的结果；它不是取决于人们的"自由抉择"、"自由意志"，而是取决于社会以往的全部发展的。"无产阶级的伟大导师马克思和恩格斯同空想社会主义者相反，他们最先说明了社会主义不是幻想家（空想主义者）的臆造，而是现代资本主义社会发展的必然结果。他们指出，资本主义制度必然会崩溃，正如农奴制度已经崩溃一样，资本主义造成了本身的掘墓人，即无产阶级。"①

从哲学上来论证科学共产主义的理论和实践，其实质就在于发现和研究社会发展的规律、从资本主义向共产主义过渡的规律，就在于弄清楚对社会生活进行共产主义改造的途径和方法。这种改造自然是以自觉地利用决定共产主义这一人类发展最高阶段必然到来的社会发展规律为基础的。

马克思和恩格斯发展了共产主义的理论基础——唯物主义哲学。马克思主义的创始人把人、人与人之间的关系看作是受变化着的社会生活物质条件所制约的，从而就指明了他们在各方面所一贯坚持的唯物主义世界观和社会主义之间的有机联系。

马克思和恩格斯把辩证唯物主义推广去理解社会生活，从而使哲学和革命实践、和政治、和反对资本主义的斗争联系起来。正因为这样，他们认为辩证唯物主义——唯物主义理论的最高发展——是实践的唯物主义，并强调指出："……对于实践的唯物主义者即共产主义者来说，全部问题在于使现存的世界革命化，在于从实践上反对事物的现状，并改变这种现状。"②

唯心史观、对社会生活的形而上学的看法，必然使空想社会主义者——傅立叶、圣西门、欧文及其他空想主义者——不能懂得实现社会主义理想的真正途径。在这些思想家看来，社会主义的客观似乎就是传播社会主义思想的结果。这是因为他们没有看到：反对

---

① 《联共（布）党史简明教程》，20页，苏联外国文书籍出版局，1953。
② 马克思、恩格斯：《德意志意识形态》，《马克思恩格斯全集》，俄文版，第4卷，33页。

社会主义思想的不仅是敌视它们的思想,而且还有(而这是主要的)敌视它们的阶级;这些阶级反对社会主义并非出于他们的"无意识",而是因为这些剥削阶级完全意识到自己的利益是和劳动人民敌对的。空想主义者不懂得工人阶级的作用。在他们看来,无产阶级只是剥削的对象,而不是新社会的主体、新社会的创造者。马克思主义经典作家和空想主义者相反,他们唯物地阐明了社会主义理想的内容,辩证地揭示了无产阶级和资产阶级之间、社会主义和资本主义之间的不可调和的对立,并指出:敌视社会主义的物质力量,是要用物质的力量,是要在阶级斗争的进程中,通过社会主义革命才能推翻的。

马克思主义教导我们:为了实现从资本主义到共产主义的历史性的过渡,必须有无产阶级的阶级组织,必须有领导无产阶级进行社会主义革命的共产党,必须有无产阶级专政。辩证唯物主义这一关于一切现象的有规律的变化的学说,必然会导致争取社会主义胜利的具体途径和方法的发现。

共产党和轻视革命哲学理论的意义的机会主义相反,它对革命哲学理论的组织、动员和改造的作用给以很高的评价。苏联共产党的历史教导我们说,如果工人阶级的政党不掌握工人运动的唯一科学的和革命的理论——马克思列宁主义,它就不能在反对资本主义和争取社会主义胜利的斗争中起工人阶级领导者的作用。辩证唯物主义是共产党的世界观,这个事实清楚地证明了马克思主义哲学的巨大意义,证明了共产党对这种哲学的发展所起的极其伟大的作用。

共产党实现了以辩证唯物主义为理论基础的科学社会主义和工人运动的结合。马克思列宁主义的理论是苏联共产党和苏联人民的伟大力量。

马克思列宁主义理论的力量是在于:它使党能判明局势,能了解周围各种事变的内在联系,不仅能察知事变在目前怎样发展和向哪里发展,而且能察知事变在将来会怎样发展和向哪里发展。

马克思主义辩证法使共产党能深刻地理解各种现象的相互制约,理解各种现象在它们内部所固有的矛盾的基础上的运动和发展。因此,马克思主义辩证法是党在对社会进行共产主义改造的事业中不可缺少的思想武器。马克思主义的唯物主义使党能给周围现象作出唯一科学的解释,因此,党就能正确地确定社会发展每一阶段上的斗争路线。

共产党的战略和策略,它的纲领、政策,是以对现实的最深刻的科学的哲学观点为依据的,是共产党之所以有力和不可战胜的最主要的原因之一。

苏联共产党在自己的整个历史时期中为马克思主义世界观的纯洁性进行了不屈不挠的斗争。党的敌人——孟什维克、托洛茨基分子、布哈林分子——企图用形而上学、用主观主义的现实观来顶替马克思主义辩证法。党的敌人力图以唯心主义和各种庸俗"理论"来代替马克思主义的哲学唯物主义,他们以唯心史观来代替历史唯物主义。共产党粉碎了这一切想破坏辩证唯物主义的作用和意义的企图,它以这个唯一科学的和革命的哲学理论为指针,用历史发展的经验和新的科学成果发展和丰富了这个理论,并引导我们伟大祖国的各族人民取得了具有全世界历史意义的社会主义胜利。

马林科夫说:"共产党和苏联政府知道把人民引导到哪里去和如何引导人民,因为它们是以社会发展的科学理论——马克思列宁主义为指针的。高高举起这面科学理论的旗帜的,是我们的父亲和导师天才的列宁及其事业的继承者伟大的斯大林。在马克思、恩格斯、列宁、斯大林学说的基础上,苏维埃国家和共产党正在用社会发展的客观规律和共产主义建设的规律的深刻知识来武装人民,从而为苏联人民的创造性活动提供了极其光明的前景。"[1]

这就是马克思主义世界观的力量。这种世界观是共产主义的理论基础,它使我们能够深刻地认识现实,勇敢地向前看,预测历史发展的进程并动员群众为共产主义战胜资本主义而斗争。

总 体 框 架

第一章　辩证唯物主义是共产党的世界观
一、辩证唯物主义是唯一科学的革命的世界观
二、辩证唯物主义的党性

第二章　马克思主义的辩证方法是认识和革命地改造世界的唯一科学的方法
一、马克思主义以前的辩证法的基本历史形式

---

[1] [苏]马林科夫:《在苏联最高苏维埃第五次常会上的演说》,38页,北京,人民出版社,1953。

二、马克思主义的辩证方法是辩证法的最高的、具有新质的形式

三、唯物辩证法是马克思列宁主义的认识论和逻辑

第三章　自然界和社会中的各种事物、各种现象的普遍联系和相互制约

一、辩证法和形而上学在对自然界这一统一整体的看法上的根本对立

二、现象的相互依赖和相互制约是自然界和社会的普遍规律

三、现象的因果依赖性

四、规律性、必然性和偶然性

五、社会主义社会中现象联系的特点

六、马克思主义关于现象的普遍联系和相互制约的原理对共产党的实践活动的意义

第四章　自然界和社会中的运动和发展

一、辩证法和形而上学在发展观上的对立

二、运动和发展是自然界和社会的普遍规律

三、发展是旧东西的衰亡和新东西的产生

四、新东西、进步东西的不可战胜

五、社会主义社会中新东西的不可战胜和可能性的变成现实的

六、马克思主义关于运动和发展的原理对共产党的实践活动的意义

第五章　发展是量变到根本的质变的转化

一、辩证法和形而上学在对发展性质的看法上的根本对立

二、量变到根本的质变的转化是发展的普遍规律

三、量变到根本的质变的转化的飞跃性质

四、社会主义社会条件下从旧质到新质的转化的特点

五、发展过程的前进性

六、马克思主义关于发展是量变到质变的转化的原理对共产党的实践活动的意义

第六章　发展即对立的斗争

一、马克思主义辩证方法和形而上学在发展过程的源泉和实在内容问题上的根本对立

二、发展即对立的斗争这个规律的普遍性

三、内部矛盾和外部矛盾

四、对抗性矛盾和非对抗性矛盾

五、苏维埃社会发展中的矛盾的性质
　　六、形式和内容的辩证法
　　七、马克思主义关于通过对立的斗争而发展的原理对
　　　　共产党的实践活动的意义
第七章　马克思主义哲学唯物主义是对客观现实的
　　　　唯一科学的解释
　　一、马克思主义以前的唯物主义的基本历史形式
　　二、马克思主义哲学唯物主义是唯物主义的最高形式
第八章　世界的物质性和物质发展规律的客观性
　　一、唯物主义和唯心主义在世界统一性问题上的根本对立
　　二、马克思列宁主义的物质观
　　三、物质和运动的不可分性
　　四、空间和时间是物质的存在形式
　　五、运动着的物质的发展规律的客观性
　　六、马克思主义关于世界的物质性的原理对共产党的
　　　　实践活动的意义
第九章　物质的第一性和意识的第二性
　　一、唯物主义和唯心主义在解决哲学基本问题上的根本对立
　　二、物质是感觉的源泉
　　三、脑是思维的器官，思维是脑的机能
　　四、思维和语言是社会发展的产物
　　五、物质第一性和意识第二性的原理在社会方面的应用
　　六、马克思主义关于物质第一性和意识第二性的原理
　　　　对共产党的实践活动的意义
第十章　世界及其规律的可认识性
　　一、唯物主义和唯心主义在世界可认识性问题上的根本对立
　　二、本质和现象
　　三、感觉、抽象思维和语言在认识世界中的作用
　　四、实践是真理的标准
　　五、客观真理、绝对真理和相对真理
　　六、马克思主义关于世界可认识的原理对共产党的
　　　　实践活动的意义

历史唯物主义

[苏] 康斯坦丁诺夫　刘丕坤等 译

人民出版社 1955 年出版

总　论：历史唯物主义是关于社会发展一般规律的科学*

一、历史唯物主义研究历史过程的一般规律

每一门科学都有自己的特殊研究对象。例如，政治经济学研究社会生产关系即经济关系的发展规律；法学研究历史上一定的国家形式和法权形式的发展；语言学研究语言这一特殊社会现象，它的发展规律，它在社会生活中的作用；等等。那么历史唯物主义的研究对象是什么呢？

---

* 本章内容选自《历史唯物主义》第一章第一、二节，并作了删节。文中标题由编者所加。

历史唯物主义是关于社会发展一般规律的科学。那些科学（政治经济学、法学、语言学），研究社会生活的某些个别方面，即一定的社会关系现象和社会关系形态。历史唯物主义和这些科学不同，它研究整个社会发展的规律，研究社会生活一切方面的相互作用。它要回答的问题是：什么决定社会制度的性质，什么决定社会的发展，决定一种社会制度向另一种社会制度的过渡，例如资本主义向社会主义的过渡。

历史唯物主义研究历史过程的一般规律，因此它的任务不同于局部的社会科学和通史的任务；通史虽然也研究社会历史的一切方面，但它是按年代顺序研究个别国家和个别时代的具体事件的。

历史唯物主义对社会科学的最一般、最根本的理论问题和方法论问题提供唯一正确和唯一科学的解答，如果不弄清这些问题，就不可能正确说明整个社会生活的发展及其任何个别方面的发展。

在社会生活中，我们看到经济现象、政治现象和思想现象。这些现象之间是不是存在着联系呢？这种联系的性质又是怎样的呢？在形形色色、多种多样和复杂矛盾的历史事件更替中，在整个社会发展进程中是存在着内在的必然联系呢，还是在社会生活中，和自然界不同，是偶然性、一团混乱和任意妄为统治着一切呢？这就是社会科学的根本问题之一。

人类经历了漫长而复杂的发展道路：从原始公社制度，经过奴隶制、封建主义和资本主义，向社会主义前进（这社会主义，在占地面六分之一的苏联已经获得胜利，在各人民民主国家则正在建设着）。这种向前发展的根本动力是什么呢？

历史唯物主义破天荒第一次给予这些问题以科学的解答，指出了把社会历史当作具有全部多面性和矛盾性的、统一的合乎规律的过程来加以认识的道路，提供了正确认识现在和预见未来的可能性。

历史唯物主义是解释社会发展，解释一种社会制度过渡到另一种社会制度的完整的、严密的科学理论。同时，它也是研究一切社会现象，研究个别国家和个别民族的全部历史的唯一正确的科学方法。历史唯物主义可以作为一切社会知识部门的科学方法。经济学家、法学家、艺术理论家和历史学家如果不依据历史唯物主义的理论和方法，就不能够了解形形色色的社会生活现象和历史事件，就不能够看见偶然事件后面的历史规律性、局部后面的整体、树木后面的森林。历史唯物主义给研究者提供了一个研究工作的指导线索，使他们能够在复杂的历史事件的迷宫中自由地、自觉地前进。

历史唯物主义这一关于社会发展一般规律的科学，是马克思列宁主义的一个组成部分，是共产主义的科学—历史基础，是工人阶级及其革命先锋队共产党的政策、战略和策略的理论基础。历史唯物主义不是公式，不是那些只需要死记的抽象原理、原则的堆砌；不是的，它是永远创造性地发展着的活生生的社会理论，同时它也是认识社会生活和指导行动的方法。

要做一个争取和平、民主和共产主义的伟大历史斗争的自觉参加者，就必须通晓历史事件的真实原因和动力，就必须通晓社会发展规律。历史唯物主义提供社会发展一般规律的知识，使人们能够在当前历史事件中正确判明方向，了解这些历史事件的意义，看清社会发展的趋势、历史的前景。

要创立科学的历史观、社会生活观，必须从各方面批判唯心主义，把它从最后一个避难所即历史领域中驱逐出去。这一点也由马克思和恩格斯实现了。

唯心主义对社会生活、对历史的看法有如下一些根本的缺陷。

第一，唯心主义的历史学家和社会学家在研究历史、社会生活时，只考察人们活动的思想动机，而不管引起和决定这些动机的东西。因而，唯心主义者只停留在社会生活现象表面、历史过程表面，他们不能深入现象的本质，揭示所研究的现象的深刻物质原因。

第二，唯心主义者把社会和自然界形而上学地对立起来，认为两者之间有一条不可逾越的鸿沟。他们抹杀这样一个事实：就是社会是自然界的一部分，虽然是特殊的一部分；不仅是自然现象，就是社会现象也要服从不以人们的意识和意志为转移的客观规律的作用。

马克思以前的历史学家和社会学家只看到和描述历史事件、社会现象的偶然的外部的联系。至多，他们也只能描述历史过程的个别方面，积累片断的事实材料，但是他们不能提供关于社会及其发展规律的真正科学。

第三，马克思以前的社会学理论和历史学的特征，是它们忽视人民群众在历史上的决定作用，把社会的历史归结为伟人、帝王、将相的历史。唯心主义者蔑视群众、人民，把他们看成仿佛只有在"精神"、观念、杰出人物的推动下才能动作起来的被动、保守、惰性的"物质"。

历史唯物主义产生以前所存在的错误的唯心主义社会观、历史观，是社会学家和历史学家的阶级地位、阶级局限性决定的。资产阶级的思想家代表本阶级的利益，用唯心主义的诡计迷惑群众。他们曲解社会生活，曲解事件，曲解资本主义国家劳动者的贫困和其他苦难。唯心主义者反对无产阶级争取改变社会生活的经济条件和政治条件的阶级斗争，力图制造幻想，使人相信仿佛通过道德的自我完善便可以改变生活条件。唯心主义使社会进步力量、劳动者、工人阶级在政治上处于消极被动地位，藉以替剥削阶级效劳。对唯心主义作全面的、歼灭性的批判，是马克思和恩格斯在科学中所完成的革命变革的必要条件。

资产阶级社会学家不能创立真正的社会科学。但是，其中一些最有远见的人，在历史事件进程和历史事实的影响下，也不得不批判地对待幼稚肤浅的主观唯心主义观点。先进的资产阶级思想家以及十八世纪和十九世纪的空想社会主义者，曾提出过许多科学的论点和推测。这些论点和推测是马克思和恩格斯可以依据并且事实上已经依据了的。例如，十八世纪法国的启蒙学者和唯物主义者爱尔维修，便曾提出过关于周围环境对于人的教育的意义的论点。卢梭提出过铁制劳动工具和农业在产生人们之间的不平等中的作用的天才推测。空想社会主义者圣西门说十八世纪的法国革命是第三等级反对封建贵族的阶级斗争的结果。十九世纪第一个二十五年的一些法国和英国的历史学家，在研究封建主义时代的历史事件以及十七世纪的英国革命和十八世纪的法国革命时，曾试图从阶级斗争的观点来加以说明。亚当·斯密和李嘉图曾做过分析资产阶级社会的阶级划分的经济基础的尝试。德国的唯心主义哲学家黑格尔则曾试图把人类历史说成必然的、日益发展的、进步的和矛盾的过程；在他看来，虚构的"宇宙精神"的发展是这一过程的基础。黑格尔用搬自他的哲学的杜撰的联系，来顶替历史现象的真实的联系；他把现实的规律性神秘化了。虽然如此，黑格尔却批判了主观主义的历史观，试图找出较之某些历史人物的意见、目的和意志更为深刻的历史事件的原因。

列宁在考察社会科学产生的复杂而合于规律的过程时写道：既然这门科学首先是由古典派经济学家在发现价值规律和社会基本阶级划分时建立的，——既然这门科学为十八世纪的启蒙学者，和古典派经济学者一起，以反对封建主义和僧侣主义的斗争所进一步丰富，——既然这门科学为十九世纪初那些尽管具有反动观点，但却进一步阐明了阶级斗争问题、发展了辩证方法并应用或开始应用辩证方法来说明社会生活的历史学家和哲学家推向前进，——那么，沿着这条道路前进了很远的马克思主义，自然是欧洲整个历史科学、经济科学和哲学科学的最高发展。

二、历史唯物主义是辩证唯物主义在社会领域中的推广与应用

为了创立历史唯物主义，曾经必须粉碎各种形式的唯心主义，克服马克思以前的旧唯物主义的局限性、片面性、不彻底性和消极性，创立更高的、彻底科学的唯物主义即辩证唯物主义。这个任务也由马克思和恩格斯通过对自然科学的全部成就的概括，通过对具有全世界历史意义的人类实践，特别是无产阶级革命实践的概括而实现了。

马克思和恩格斯在创立辩证唯物主义时，依据了旧唯物主义，特别是十八世纪法国人的和费尔巴哈的唯物主义，保存了它的基本内核，即精神对自然界、意识对物质的关系问题的唯物主义解决。马克思和恩格斯发展了旧唯物主义的基本论点，创立了新的哲学学说——辩证唯物主义，马克思主义的工人阶级政党的科学世界观。马克思和恩格斯创立了跟黑格尔的唯心主义辩证法直接对立的唯物主义辩证法，利用了黑格尔辩证法中那个包在神秘主义外壳里面的合理内核。唯物主义辩证法这个马克思主义的科学方法，是具有彻底批判性和彻底革命性的方法。

马克思和恩格斯把辩证唯物主义的原理推广去认识社会，应用这些原理研究社会生活，说明社会历史，从而创立了历史唯物主义。把辩证唯物主义的原理推广去认识社会，使人们能够正确解决社会科学的基本问题——社会存在（即社会物质生活，而首先是经济关系）和社会意识的关系问题，能够把历史作为具有严格规律的过程加以说明。

跟一切用社会意识来说明社会存在的唯心主义学说相反，历史唯物主义用社会存在、用社会物质生活条件来说明社会意识。社会存在决定社会意识，这是历史唯物主义的基本原理。用辩证唯物主义的方法研究社会，可以了解社会现象的内在联系和相互制约性，了解它们的矛盾运动和发展。历史唯物主义使人们能够把人类历史了解为低级社会形态通过矛盾的产生和解决，通过新的先进的社会

力量反对旧的反动的衰朽的社会力量的斗争，通过社会革命而走向高级社会形态的一往直前发展的过程。

马克思和恩格斯创立历史唯物主义，这是科学思想的最伟大的成就，是科学中和对社会历史的看法上的一个革命变革。马克思在他的《政治经济学批判》一书的著名"序言"中，给了历史唯物主义的实质、基本原理一个天才的表述。他说：

"人们在自己生活的社会生产中彼此间发生一定的、必然的、不以他们本身意志为转移的关系，即与他们当时物质生产力的一定发展程度相适应的生产关系。这些生产关系的总和就组成为社会的经济结构，即法律的和政治的上层建筑所赖以树立起来而有一定的社会意识形态与其相适应的现实基础。物质生活的生产方式决定着社会生活、政治生活以及精神生活的一般过程。不是人们的意识决定人们的存在，恰恰相反，正是人们的社会存在决定人们的意识。社会的物质生产力发展到一定程度时，便和它们向来在其中发展的那些现存生产关系，或不过是现存生产关系在法律上的表现的财产关系发生矛盾。于是这些关系便由生产力发展的形式变成了束缚生产力的桎梏。那时社会革命时代就到来了。随着经济基础的变更，在全部庞大的上层建筑中也就会或迟或速地发生变革。在考察这种变革时，必须时刻把经济生产条件方面所发生的那些可用自然科学精确眼光指明出来的物质变革，去与人们所藉以意识到这种冲突并力求把它克服的那些法律的、政治的、宗教的、艺术的或哲学的形式，——简言之，思想形式，——分别清楚。正如我们评判一个人时不能以他对于自己的揣度为根据一样，我们评判这样一个变革时代时也不能以它的意识为根据。恰恰相反，这种意识正须从物质生活的矛盾中，从社会生产力和生产关系间现存的冲突中求得解释。无论哪一个社会形态，当它所给以充分发展余地的那一切生产力还没有展开以前，是决不会灭亡的；而新的更高的生产关系，当它们所藉以存在的那些物质条件还没有在旧社会胞胎里成熟以前，是决不会出现的。所以人类始终只会提出自己所能够解决的任务，因为我们仔细去看时总可看出，任务本身，只有当它所能藉以得到解决的那些物质条件已经存在或至少是已在形成过程中的时候，才会发生的。"①

---

① 《马克思恩格斯文选》两卷集，第 1 卷，340～341 页，苏联外国文书籍出版局。

总体框架

第一章 历史唯物主义是一门科学
 一、历史唯物主义的对象
 二、历史唯物主义的创立是科学中的一个最伟大的革命
 三、社会发展规律及其客观性
 四、历史的规律性和人的自觉活动。自由和必然性
 五、历史唯物主义的党性及其创造性
 六、资产阶级社会学的破产

第二章 社会物质生活条件
 一、地理环境
 二、人口增长
 三、生产方式——社会发展的决定力量

第三章 生产力和生产关系的发展
 一、生产方式在社会发展中起决定作用的规律
 二、生产关系一定要适合生产力性质的规律
 三、资本主义前社会经济形态中生产力和生产关系发展的辩证法
 四、资本主义社会中生产力和生产关系发展的辩证法
 五、社会主义社会的生产力和生产关系
 六、生产发展的动力
 七、从旧生产方式向新生产方式过渡的规律性

第四章 社会的基础和上层建筑
 一、问题的意义
 二、基础和上层建筑的定义；基础和上层建筑发展和更替的规律
 三、基础和上层建筑的相互作用。上层建筑的能动作用
 四、生活和家庭及其对基础和上层建筑的关系
 五、文化及其对基础和上层建筑的关系
 六、语言是社会生活现象

第五章 阶级和阶级斗争
 一、社会划分为阶级的原因。阶级的定义
 二、阶级斗争是对抗性社会的历史的动力
 三、无产阶级的历史作用。无产阶级是劳动者和被压迫者的领袖和领导者

四、无产阶级的阶级斗争的基本形式

五、阶级和政党

六、现阶段资本主义国家中阶级斗争的尖锐化

七、无产阶级专政是阶级斗争在新形式中的继续。从资本主义向社会主义过渡的时期的阶级和阶级斗争

八、苏联社会主义的胜利和苏维埃社会阶级结构的变化

第六章 国家和法权

一、国家和法权是经济基础上面的政治和法律上层建筑

二、国家和法权的起源

三、国家的职能

四、国家的类型和形式

五、无产阶级专政是新的国家类型

六、无产阶级专政的国家形式

七、共产党是无产阶级专政体系的指导力量

八、社会主义国家的发展阶段和职能

九、尽力加强社会主义国家这个建设新社会和保卫新社会、抵御资本主义包围的工具

第七章 马克思列宁主义关于革命的理论

一、社会革命的本质和原因

二、革命的历史类型

三、列宁关于资产阶级民主革命转变为社会主义革命的理论

四、无产阶级社会主义革命

五、列宁主义关于社会主义首先在一个国家内胜利和社会主义在一切国家内胜利的道路的学说

第八章 马克思列宁主义关于民族和民族解放运动的理论

一、马克思主义的民族理论

二、民族运动和民族殖民的问题

三、苏联解决民族问题的经验的历史意义

四、世界分裂为两个体系和民族解放运动

第九章 人民群众和个人在历史上的作用

一、关于人民群众和个人在历史上作用的唯心主义见解及此种见解之毫无根据

二、人民是历史的创造者

三、个人在历史上的作用

四、工人阶级领袖的作用

第十章　社会意义及其形态
一、社会意识是社会物质生活条件的反映

二、阶级社会中思想体系的阶级性

三、社会意义对社会存在的反作用

四、马克思主义理论、社会主义意识在苏维埃社会发展中的作用

五、群众的共产主义教育

六、社会主义意识的基本特征。苏联人的精神面貌

七、社会意义的各种形态

　（一）政治思想和法权思想

　（二）道　　德

　（三）宗　　教

　（四）科　　学

　（五）哲　　学

　（六）艺　　术

第十一章　社会主义社会发展的动力
一、社会主义生产方式是社会主义社会发展的决定力量

二、精神上政治上的一致，苏联各族人民的友谊和苏维埃爱国主义是苏维埃社会发展的动力

三、批评与自我批评是社会主义社会发展的动力

四、共产党是社会主义社会领导的和指导的力量

第十二章　从社会主义过渡到共产主义的规律性
一、共产主义社会的两个阶段

二、从社会主义逐步过渡到共产主义

三、社会主义国家是共产主义建设的主要工具

马克思列宁主义的历史过程理论（历史唯物主义）

［苏］康斯坦丁诺夫　蔡振杨等 译

上海人民出版社 1986 年出版

总　论：建立历史唯物主义的范畴体系[*]

一、历史过程在理论上的再现：从抽象上升到具体

　　迄今为止，仅在历史唯物主义的课程——教学大纲、课本和教学参考书中对历史唯物主义作了完整的叙述。这种叙述是辩证唯物主义课程的直接延续，它是从考察历史唯物主义的基本范畴——弄清唯物主义历史观的本质开始的。在教学方面，也即在学生掌握一定分量的知识方面，这样的开端有其理由。但一经外推到历史唯物

---

[*] 本章内容选自《马克思列宁主义的历史过程理论》导言，并略有删节。文中标题由编者所加。

主义这门科学，这样的解释显然是考虑不周了。把哲学唯物主义推广到认识人类社会，只不过是有意无意地把辩证唯物主义的解释具体化了而已。至于历史唯物主义理论建设的逻辑本身（它是由历史唯物主义的对象的特殊性所决定的），那么，它在这种情况下就成为非当务之急而被置于次要地位了。

近年来在讨论历史唯物主义范畴的内容时所形成的情况的消极后果——各个作者对它们的不同理解——特别明显。在传统上，历史唯物主义的范畴是以对偶的、相互关联的、同序列的、异序列的形式被解释的，并分出几组范畴——首先是哲学的和社会学的范畴（社会存在序列的范畴和生产方式序列的范畴）等等。① 上面列举的考察历史唯物主义范畴的方式乃是分析这些范畴的必要手段，这自不待言。可是这种考察方式却掩盖了一个最主要的方面——按照列宁的说法，要求分出范畴时"不是'叙述'，不是'断言'，而是证明"②。所以，即使把历史唯物主义范畴（它是历史唯物主义理论的组成部分）系统化，在一定程度上也丧失了自己展开的逻辑线索，因而不能不在其内容方面有所反映。于是产生了 П. Н. 费多谢耶夫所注意到的这样一种认识情况，即真实的研究被虚构的理论上的"更新"、各种范畴体系方案（往往只是在范畴序列方面彼此有所区别而已）的建立所偷换了。

建立逻辑上有论据的历史唯物主义范畴体系，这是进一步制定历史唯物主义理论的重大任务。马克思的《资本论》乃是解决这类任务的典范。《资本论》就其科学意义而言远远地超出了资本主义政治经济学的范围。如果说马克思"没有遗留下'逻辑'（大写字母的），但他遗留下'资本论'的逻辑……"③

现在我们来看一下这个逻辑的中心课题之一——科学的开端问题。马克思在驳斥资产阶级政治经济学信徒的论断——把政治经济学的范畴体系的建立归结为仅仅是概念的结合——时指出，具体的历史的现实（"一定的社会经济时期"）乃是他的政治经济分析的出

---

① ［苏］В. Л. 图加林诺夫：《历史唯物主义诸范畴的相互关系》，列宁格勒，1958；
　　［苏］Г. Г. 卡拉瓦耶夫：《历史唯物主义——认识社会现象的方法》，莫斯科，1973；
　　［苏］В. С. 巴鲁林：《社会中物质与观念的相互关系》，莫斯科，1977；《历史唯物主义诸范畴》，莫斯科，1980；［苏］В. Ж. 凯勒、М. Я. 科瓦利宗：《理论与历史》，莫斯科，1981；以及其他。
② 《列宁全集》，中文1版，第38卷，92页，北京，人民出版社，1959。
③ 同上书，357页。

发点。可是理论体系并不是从分析直接被感知的具体东西开始的：在认识过程中所必需的这种分析只能逐步导致区分出越来越"空洞的抽象"和最简单的定义。当具体的东西以其全部多样性在思维中作为被认识的具体东西而重现时，这一理论体系就构成了。而认识从抽象上升到具体则是理论上再现现实的方法。马克思认为："后一种方法显然是科学上正确的方法。"①

最简单的科学定义之产生决非偶然。它们是同科学研究对象——它的"细胞"——的初步形成相适应的。列宁指出："马克思在《资本论》中首先分析资产阶级社会（商品社会）里最简单、最普通、最基本、最常见、最平凡、碰到过亿万次的关系——商品交换。这一分析从这个最简单的现象中（在资产阶级社会的这个'细胞'中）揭示出现代社会的一切矛盾（或一切矛盾的胚芽）。往后的叙述为我们揭明了这些矛盾以及这个社会在这个社会的各个部分的总和中，在这个社会的开始直到终结的过程中的发展（和生长，和运动）。"②

由此可见，《资本论》据以开始的东西看来是完全自然和简单的。然而，通向这种似乎是简单东西的途径，正如一切科学的开端那样，并非轻而易举的。有时会遇到这种说法，即似乎寻找科学对象的"细胞"可归结为仅仅是不同类型的思辨学说，而不需要在科学上作出多少显著的努力。这是公然把事物的真实状况简单化了。由于科学研究对象的"细胞"的基本性，所以要理解这种"细胞"较之研究发达和复杂得多的形式，无疑是更困难些。具体地说，要洞察商品关系的奥秘，在关于商品是能满足人的一定需要的消费价值这个肤浅的观念后面揭示它的经济特征和总的社会特征——价值，以及资产阶级社会关系的起源，竟需要社会思想两千多年的发展。马克思所作出的这种发现，使他得以确定商品是资产阶级社会的"细胞"——社会的财富的基本形式。③ 但是这一发现又提出了问题的另一方面。

决不能把"细胞"概念同理论体系的基本范畴简单地混为一谈。由于使用价值就其本身而言"不属于政治经济学的研究范围"④，所以，不是一般的商品，而是价值具有资本主义政治经济学研究的基

---

① 《马克思恩格斯全集》，中文1版，第46卷上册，38页，北京，人民出版社，1979。
② 《列宁全集》，中文1版，第38卷，409页，北京，人民出版社，1959。
③ 参见《马克思恩格斯全集》，中文1版，第23卷，47页，北京，人民出版社，1972。
④ 《马克思恩格斯全集》，中文1版，第13卷，16页，北京，人民出版社，1962。

本范畴的意义。形象地说，如果"细胞"问题乃是寻找经济体系的"原子"结构问题，那么寻找基本范畴的问题就等于发现"原子核"。

认识史令人信服地证明，研究对象基本形式的探索，反映它们的属性、特征、侧面的最简单的抽象概念的制定，总是先于完整的理论体系的产生。而理论知识本身是通过从抽象上升到具体这一途径而发展和系统化的。从抽象上升到具体的方法乃是把这一方法运用于建立科学并对之进行系统叙述这个任务中的发展原则的逻辑等价物。

在马克思的《资本论》中，辩证唯物主义的论证和经典性的运用认识从抽象上升到具体的方法，揭开了科学的新篇章。列宁在强调《资本论》的逻辑——方法论意义时写道："一般辩证法的阐述（以及研究）方法也应当如此（因为资产阶级社会的辩证法在马克思看来只是辩证法的局部情况）。"[①] 我们完全有理由说，研究和阐述社会发展的辩证法——历史唯物主义课题——的方法也应当如此。

二、从理论上再现历史过程的出发点：人的活动

历史唯物主义就其起源、阶级本质以及世界观、认识论、方法论和其他的功能而言，是同辩证唯物主义不可分割的，它与后者一起组成统一的马克思列宁主义哲学。然而，历史唯物主义不仅是社会哲学知识，而且是一般社会学知识。它在社会科学体系中占有特殊的地位，拥有自己的科学地位。历史唯物主义既然是一门关于社会发展一般规律和动力的科学，就要触及社会生活的这样一种"细胞"，这种"细胞"对于一切社会经济形态来说都是相同的。

正如资产阶级社会的"细胞"一样，上述"细胞"：第一，应该是最常见的、经常重复的、感性上可感知的社会现象；第二，应该以不发达的形式包含着一切社会矛盾。同时，这个"细胞"也必须具有自己的特征。它所应表达的，不是使一个社会经济形态区别于另一个社会经济形态的东西，而是划清一切社会经济形态——总的说来是人类社会——与自然界之间的界限。

近几年来，在科学书刊中，在各种理论会议和协作会议上，人们越来越频繁地讨论了这个课题。大家都发表了具体的意见，特别是，有人建议把人作为社会生活的"细胞"来解释。乍看起来，人

---

① 《列宁全集》，中文1版，第38卷，409页，北京，人民出版社，1959。

的确好像是社会生活的基本要素。可是实际情况要复杂得多。"鲁滨逊式"的想法本质上是错误的,因为现实的人始终是社会的人。马克思认为,人的一定的性质也是"他所生活的那个社会的一定性质……"① 所以,从人开始来研究社会生活无异于从社会开始来研究社会生活,也即将体系的基本要素同体系本身等同起来了。按照同样理由——缺乏基本性——也不能同意把社会经济形态、生活方式等作为社会生活的"细胞"来考察的这个建议。

社会生活的"细胞"问题不是简单地寻找社会现象的抽象的普遍表现的问题,而是具体地描述社会体系客观上不可继续划分的单位的问题。这个单位既不可能是社会关系,也不可能是人的行动。行动是人们的活生生的直接活动的最简单的要素,必须以主体、客体、目的和手段等为前提。我们认为,社会体系客观上不能继续划分的单位只能产生于这样的场合,这时活动由运动形式转为物质形式②,也即人们的活动具有具体的结果。

马克思认为商品是资产阶级社会的"细胞",这一发现的科学意义已不需要加以证明。然而,研究者们只注意于人类活动的结果——历史上暂时的商品形式,而对于具体的活动本身——这种活动不一定全都是商品——迄今尚未予以充分的评价,而这种活动却对人类历史的一切阶段都具有具体的、普遍的、广泛的意义。例如,在社会主义和共产主义的建设进程中,像直接的社会性质的这样的活动的规定性,正在确定地形成和发展起来。

人类活动的具体结果乃是社会生活的唯一特殊的"细胞"。作为社会体系客观上不可继续划分的单位,这个"细胞"是同运动的社会形式的物质基质不可分割的。通过人类的具体活动,这里以独特的、客观化的形式既体现为活动着的个人,也体现为他们的物质生活条件,也即马克思和恩格斯称之为人类历史的现实前提的一切。③ 从研究角度来看,社会生活"细胞"的发现确立了社会认识从具体到抽象的运动的总路线。

人类所创造的实物世界,以实物和能源的形式,以驾驭大自然的武器和管理社会过程的手段的形式,以符号体系的表达者和感性上可感知的形象的形式包含在人类的生命活动中。一切社会联系

---

① 《马克思恩格斯全集》,中文1版,第19卷,404页,北京,人民出版社,1963。
② 参见《马克思恩格斯全集》,中文1版,第23卷,214页,北京,人民出版社,1972。
③ 参见《马克思恩格斯全集》,中文1版,第3卷,23页,北京,人民出版社,1960。

（包括社会关系在内）的生产和再生产，以及社会个体本身（社会个体是社会的"尽可能完整的和全面的社会产品"①）的生产和再生产，都是同实物世界的生产和再生产分不开的。

人的实物世界是多种多样的，而它的多样性是无限的。但它也是唯一的，因为构成这个实物世界的一切个别的物体都是由人类活动所创造的。它们之所以成为社会生活的"细胞"，仅仅是因为它们身上所体现的人类活动构成了它们的特殊基础和社会本质。由人类活动经常再创造的实际劳动消耗与社会必要劳动（后者是与历史上一定的社会经济时期相适应的）之间的矛盾，乃是社会矛盾——首先是社会生产已达到的水平与无限增长的社会需求之间的矛盾——整个体系运动的一种特殊的偶然的形式。

社会生活的"细胞"是同人类活动，首先和主要是同像劳动——积极的、创造性的活动②——这样形式的活动内在地结合着的。但是，活动范畴作为劳动范畴的类概念并不指称这个"细胞"本身，而是断定它具有这样的质。正因为如此，活动范畴（它的定义同历史唯物主义其他任何范畴无关）也具有历史唯物主义基本范畴的地位，从而成为理论上再现历史过程的出发点。在理论的理解方面，开端是以自我论证、自我证明的形式在体系中出现的。

无论从哪个方面来看，历史不过是追求着自己目的的人的活动而已。③ 可见，这里说的不是要用活动原则来补充唯物主义一元论、历史主义、整体性等原则，而是要研究历史现实的存在和发展的方式、物质的社会关系的起源；在物质的社会关系中，人们不以自己的意志为转移而进入自己生活的社会生产中。尽管从主观上看来，人似乎凌驾于自己的生活条件之上，但客观上他是受这些条件支配的。因此，人们（确切些说是阶级、群众）的活动毕竟也必须获得社会发展的合乎规律的自然历史过程的特征。

历史过程理论和历史过程本身都具有统一的读数点。逻辑的东西同时也是历史的东西，不过是"摆脱了历史的形式以及起扰乱作用的偶然性"④ 的历史的东西。马克思指出："……从最简单上升到

---

① 《马克思恩格斯全集》，中文1版，第46卷上册，392页，北京，人民出版社，1979。
② 参见《马克思恩格斯全集》，中文1版，第46卷下册，11页，北京，人民出版社，1980。
③ 参见《马克思恩格斯全集》，中文1版，第2卷，118~119页，北京，人民出版社，1957。
④ 参见《马克思恩格斯全集》，中文1版，第13卷，532页，北京，人民出版社，1962。

复杂这个抽象思维的进程符合现实的历史过程。"① 重要的是也要注意到，通过社会认识从抽象上升到具体而在理论上再现历史过程，也不排斥相反的运动——从具体到抽象。这种再现构成这样一条总的研究路线，这条路线接近于一系列的圆圈、螺旋形，在那里似乎在新的更高的基础上重复过去的东西。

在通过社会认识从抽象上升到具体地、有内容地考察历史唯物主义基本范畴（社会存在和社会意识），而在理论上再现历史过程的情况下，必须先分析一下社会认识的这样一些阶段和环节，如活动、劳动、社会关系（物质的和意识形态的）、社会决定论（包括社会规律、需要和利益、价值和评价、目的和手段）、社会历史实践、生产方式、历史过程的源泉和动力等范畴。社会存在与社会意识的相互关系表达唯物主义历史观的实质。对它们的研究，同对经济基础和上层建筑、物质的社会关系和意识形态的社会关系的研究相结合，就可揭示出社会自我发展的决定作用、历史过程中的第一性与第二性的相互作用的最深刻的根源。

理论思维的进一步运动同对历史过程的完整性——作为体系的社会经济形态——的全面阐述相联系。这里，社会结构、社会生活的分化和结合的历史形式（阶级和阶级关系、民族的形成和发展、作为社会的和民族间的新共同体的苏联人民、家庭、劳动集体）、社会管理、生活方式、文化、社会与个人的辩证法等，都是直接的考察对象。而所有这一切反过来又为全面地分析历史过程的统一性与多样性、它的各社会形态阶段及其更替——社会革命——的规律性、人民群众在历史中的作用、作为真正的人类史的开端的共产主义社会经济形态的特征而奠定理论基础。

《马克思列宁主义的历史过程理论》的第一卷和第二卷直接阐述历史过程在理论上的再现。固然，制定历史唯物主义理论的一般逻辑并未完全列入第一卷的第一编，其中只是对自然史与人类史进行了对比：人类史和历史过程自然前提的形成问题得到了分析。遵循社会认识从抽象上升到具体这条原则，把第一编放在第一卷的末尾，类似马克思《资本论》第一卷中《所谓原始积累》一章的地位那样，是正确的。但是，编写组考虑到本书是面向广大读者的，认为有必要把这一编看作是历史过程理论本身的一个独特的导言。

---

① 《马克思恩格斯全集》，中文1版，第46卷上册，40页，北京，人民出版社，1979。

要解决上述任务，要求作者们直接面向现时代的材料，首先是面向现实的社会主义的成就。在现时代，国际舞台上社会主义与资本主义的对抗已充分展开，发达的社会主义社会的特征已经形成，它对资本主义的优越性已日益充分地显示出来，只有在现时代，通过对社会主义与资本主义的对比和比较分析，才能全面研究历史过程的本性，更深入地论证马克思列宁主义关于社会发展的自然历史性质和共产主义在全世界获得胜利的必然性的根本原理。

作者们在自己的研究中遵循了一条原则性的方法论方针，这就是，只有通过现象的最发达的和多方面的形式来研究现象，才有可能洞察一切腐朽形式的组织，而低等动物身上表露的高等动物的征兆，"只有在高等动物本身已被认识之后才能理解"[①]。把发达的社会主义同现代资本主义进行对比，这是一种特殊的研究高度，在这个高度上就能够以最充分的理论形式掌握和理解整个历史过程的规律性。同时，由于现时代那些基本的、全球性的问题——世界革命过程、科学技术革命、生态状况、和平与战争的抉择——的尖锐性和迫切性，这些问题在本书中也构成专门的社会—哲学分析的对象。

《马克思列宁主义的历史过程理论》这部集体著作由三卷组成。第一卷从历史过程的现实性、物质基础、第一性东西与第二性东西这两个层次的角度来研究历史过程；第二卷（已经付印）是从各社会形态阶段的整体性、统一性和多样性的角度来研究历史过程。第三卷将阐述现时代的辩证法。

作者们的目的是制定历史唯物主义理论，然而却使用了"历史过程理论"这一术语。术语上的这种变化不是偶然的。这是因为，在许多章节中不仅研究了历史唯物主义课题本身，而且直接涉及其他社会科学——科学共产主义、政治经济学、历史科学等——的哲学问题。最后，必须指出，本书中"历史的"一词是从"社会的"这个意义上来解释的，而历史的过程则作为社会的发展过程来考察。对马克思列宁主义的社会科学来说，"历史的"与"社会的"这两个概念在传统上是接近的。马克思经常在"社会的"这个意义上使用"历史的"这个概念，而列宁甚至使用了"社会的（或历史的）唯物主义"[②] 这个词组。

---

① 《马克思恩格斯全集》第46卷上册，43页，北京，人民出版社，1979。
② 《列宁全集》第2卷，469页，北京，人民出版社，1959。

总体框架

序　言：历史唯物主义与现时代

第一编　自然史和人类史

第一章　人类历史的开端
第一节　人与动物之间的界限。问题的提法
第二节　人类社会起源说

第二章　历史过程的前提和方向性
第一节　人类个体
第二节　自然环境
第三节　自然界、人和历史方向性

第二编　历史现实性存在和发展的方式

第一章　活动和社会关系
第一节　能动性，活动，劳动
第二节　社会关系的起源。活动的主体和客体
第三节　社会关系体系。它的历史性质
第四节　社会关系和交往

第二章　活动的普遍本原和因素
第一节　社会决定论
第二节　社会规律
第三节　需要和利益
第四节　价值和评价
第五节　目的、手段、条件
第六节　历史的必然性和自由

第三章　社会—历史实践
第一节　实践及其基本形式
第二节　活动和实践。实践活动和理论活动
第三节　社会—历史实践中客观和主观的辩证法
第四节　社会改造活动的基本因素及其在历史过程中的作用

第四章　历史过程的源泉和动力
第一节　社会发展的源泉和动力的概念

第二节　历史过程的动力体系
第三节　阶级斗争是对抗性社会发展的动力
第四节　社会主义社会发展的动力

第三编　历史过程的物质基础

第一章　社会生产及其类型、结构、功能
第一节　社会生产的概念
第二节　物质生产在社会发展中的决定作用。物质生产和精神生产和辩证法

第二章　生产力与生产关系的辩证法
第一节　工艺生产方式和社会生产方式。社会生产方式的两个方面
第二节　生产力发展的联系和相互作用。生产关系适合生产力的规律
第三节　生产力和生产关系的辩证法与历史过程的展开
第四节　科学技术革命条件下的生产力和生产关系的发展

第三章　生产和消费
第一节　生产和消费是社会再生产的因素
第二节　生产和消费的普遍化是历史过程的趋势。需求上升的规律
第三节　消费与社会生产目的的相互关系
第四节　社会主义的生产和消费

第四章　分工和协作
第一节　分工和协作是社会生产的形式
第二节　向社会协作过渡的前提及其在资本主义条件下发展的特点
第三节　发达的社会主义社会中的协作和分工

第四编　历史过程中的第一性与第二性

第一章　第一性与第二性是物质与观念的相互关系
第一节　问题的提法。生产方式和社会存在的范畴系统
第二节　哲学的基本问题和社会实践

第二章　社会存在和社会意识
第一节　社会存在

第二节　社会存在与社会意识的相互关系，它们的相互作用
第三节　社会意识的结构及其历史性
第三章　经济基础和上层建筑
第一节　经济基础
第二节　上层建筑及其与经济基础的相互作用
第三节　社会主义社会的经济基础与上层建筑的相互作用

马克思主义哲学原理

[苏] 康斯坦丁诺夫　　中国人民大学出版社编译室 译

人民出版社 1959 年出版

总　　论：辩证唯物主义是唯一科学的哲学[*]

一、辩证唯物主义是关于发展的一般规律的科学

　　许多现代资产阶级哲学家不把哲学同其他科学放在一起。有些人甚至把哲学看作是宗教和科学之间的一个联系环节，硬说哲学的使命是"把具体科学的成果同道德和宗教原则结合起来"，或者说，哲学是科学和神学之间的某种中介物。例如，罗素在《西方哲学史》中写道："在我看来，哲学是神学和科学之间的某种中介物。哲学一

---

[*]　本章内容选自《马克思主义哲学原理》第一章第二节和第十一章第一节，并作了删节。文中标题由编者所加。

方面和神学一样，所探索的是这样一些问题，关于这些问题迄今尚未获得确实的知识，另一方面又和科学一样，较多地求助于人的理性，而较少地求助于那导源于传统或启示的权威。我所确信的一切**确实的**知识，都属于科学。凡是越出确实的知识范围以外的一切**信条**，都属于神学。但在神学和科学之间，有一块双方互相争夺的无主地段。这块无主地段就是哲学。"① 这一段描述，对于现代资产阶级唯心主义哲学，的确很合适。因为这种哲学在内容上同宗教的差别很少，只不过是披上了科学论述的外衣。在这一点上，罗素是对的。但是如果这一段描写是针对一切哲学而说的，那他就大错特错了。因为有一种真正科学的哲学，它的结论和认识方法与物理学、化学和生物学等科学的材料一样是科学的，一样是与宗教不相容的。这种哲学就是辩证唯物主义。

由于科学的辩证方法的创立，唯物主义进入了更高的阶段。马克思主义的奠基人继续发展了许多世纪以来哲学中的唯物主义路线，同时创立了崭新的世界观——辩证唯物主义。辩证唯物主义把辩证的认识方法同对自然现象以至社会现象的唯物主义解释有机地融合在一起。辩证唯物主义是建立在全部现代科学的巩固基础上的唯一科学的哲学。

辩证唯物主义是哲学和科学历史发展的产物。在这一发展过程中，对哲学的对象和任务本身的理解，对哲学在其他各门科学中的地位的理解也经历了变化。

在古代世界，哲学是作为各种知识的无所不包的总汇而产生的。当时人们已经掌握了某些数学、天文学、物理学和其他方面的知识，但这些知识还没有形成为独立的专门的科学，它们是哲学的组成部分。古代哲学家的论著往往以"论自然"、"论宇宙"等等为名称。在这类著作中除了哲学问题本身以外，还探讨了许多目前已成为各个专门科学研究对象的问题，例如关于植物、动物和人的起源问题，语言的产生问题，政治生活形式问题等等。在这些著作中提出了不少有关科学未来发展的天才的推测。例如，早在自然科学以实验方法证实物体结构的原子学说之前两千多年，古代哲学就已经表述了关于物体是由原子构成的思想。又如，古代唯物主义哲学就已经宣布，物质是永恒的，它既不产生也不消灭。这个原理后来也为自然科学所证实。

---

① ［英］罗素：《西方哲学史》，13 页，纽约，1945。

在哲学发展的初期，除了最初的素朴的唯物主义世界观以外，还自发地形成了辩证地认识世界的方法。关于一切都在运动（"一切都在流动，一切都在变化"）、一切都处在相互联系中的思想，是由于观察自然现象和社会现象而产生的。但这只是关于一般事物的知识，或者更确切些说，是关于一般事物的推测，这种推测还没有建立在详细研究"个别的"，即单个的事物和现象的基础上。这是它的历史局限性。

因此，从古代先进哲学学说所提出的初步的一般的世界观，进一步转向对自然界的各种事物和过程的科学研究是必要的。当生产的发展要求在操作过程中运用科学资料的时候，这种必要性就显得格外迫切。因而就产生了为社会实践所需求的各门科学。科学开始从哲学中分离出来：天文学、数学、力学形成为独立科学的过程，早在古代就已经开始。从文艺复兴时代，特别是从17世纪开始，这个过程加速了。这时候生产的发展已经离不开科学了。同时生产的需要也推动了物理学、化学以及后来的生物学等等这样一些建立在对自然界的实验研究上的独立科学的产生。

这个时期科学所进行的工作，主要是收集资料，并对资料进行系统整理和分类，换句话说，就是研究个别事物。而哲学则试图建立各门知识领域之间的联系。恩格斯在谈到这个时期科学知识的状况时指出："百科全书思想是18世纪的特征；这种思想的根据是认为以上所有这些科学部门都是互相联系着的，可是它还不能够使各门科学彼此沟通，而只能够把它们简单地并列起来。"① 哲学就试图把各门科学结合起来，把它们组成一个统一的体系。当时各门科学时常被看作是哲学的组成部分，而哲学则以人类知识的一种百科全书的姿态出现，并力求充当"科学的科学"。17世纪法国哲学家笛卡儿在他的著作《哲学原理》的序言中写道：全部哲学好比一棵树，树根是形而上学②，树干是物理学，由这个树干分出的树枝就是其他各门科学，后者可以归纳为三大类：医学、力学和伦理学。

当建立在实验的基础上的关于自然的知识还不丰富的时候，哲学想要充当"科学的科学"还有一定的道理。因为当时人类的知识中还有许多空白，而哲学会力图填补这些空白。由于实验资料不足而无法解决的若干科学上的共同问题，只有靠思辨的方法即逻辑论

---

① 《马克思恩格斯全集》，中文1版，第1卷，657页，北京，人民出版社，1956。
② 笛卡儿把关于存在和认识的本原的学说叫做形而上学。

断的方法来解决。可是这样一来,除了出现不少天才的推测之外,也产生了许多阻碍自然科学发展的臆想。

当各门科学逐步地在实验知识的牢固基础上建立起来之后,它们就从哲学分离出来而具有了独立性。这不仅对于各门具体科学,而且对于哲学本身,都是一个进步,因为它使哲学摆脱了它无法胜任的工作——用哲学来代替一切其他科学。

到了19世纪,由于自然科学上的各种发现,在认识自然界中所发生的各种过程的相互联系方面,大大前进了一步,并且不仅认识到自然界各个领域内各种自然过程之间的联系,而且认识到不同科学所研究的不同领域之间的联系。根据自然科学的材料来描绘自然界这个有联系的整体的全貌已经成为可能。既然这时每一门科学已经能够说明它自己在整个知识体系中的地位,那么所谓的自然哲学(关于自然界的哲学,它试图以思辨的方法描绘自然界的全貌)就成了多余的东西。同样,由于社会科学的发展,特别是由于马克思和恩格斯创立了科学的社会发展理论——历史唯物主义,旧的历史哲学,即试图同样以思辨方法来系统叙述人类历史并以臆想的联系来代替历史现象的真实联系的哲学,也成了多余的东西。

19世纪40年代马克思主义哲学的产生,标志着企图充当"科学的科学"的旧哲学的终结。马克思主义哲学公开认为,企图凌驾于各门科学之上的这种哲学是不需要的。正如恩格斯所强调的,任务不在于从头脑中臆想出现象之间的联系,而在于发现现实本身的联系、规律。马克思主义的哲学,用恩格斯的话来说,是一种"世界观,它不应当在某种特殊的科学的科学中,而应当在各门实在的科学中,得到证实并表现出来"①。

现代的科学是具有极其细致的分类的知识体系。我们周围世界的任何一个现象领域,都有某一门专门科学在对它进行研究。这样一来,给哲学留下的是什么呢?哲学在科学中的地位岂不有些像莎士比亚戏剧中的李尔王的悲惨境遇吗?他把自己的国土分给了两个女儿,到头来却弄得自己无容身之地。

不,这种结论是错误的。作为"科学的科学"的旧哲学取消之后,哲学并没有失掉自己本身的研究对象。哲学所研究的和各门科学所研究的是同一个世界,但哲学所研究的联系和关系,要比只研

---

① 恩格斯:《反杜林论》,143页,北京,人民出版社,1956。

究某些个别现象领域的专门科学所研究的更为一般。各门科学的发展并不排斥解决世界观的根本问题的必要性，而世界观问题始终是哲学的研究对象。列宁在《唯物主义和经验批判主义》一书中一再强调，哲学的根本问题是关于物质第一性还是意识第一性的问题，关于什么是我们认识的泉源的问题。不能把一切世界观的这个根本问题同物理学、化学和其他科学所解决的具体问题混淆起来。列宁坚决反对马赫主义者企图"把关于物质的某种构造的理论和认识论的范畴混淆起来，把关于物质的新类型（例如电子）的新特性问题和认识论的老问题，把关于我们知识的泉源和客观真理的存在等等问题混淆起来"①。

列宁曾经指出，关于是否承认存在着作为我们感觉的客观泉源的物质的问题，正是一个认识论上的问题，而不是物理学或化学上的问题。② 哲学与物理学、化学、历史等各门科学不同，它解决最一般的世界观问题。这些问题首先是：意识对物质的关系问题，即二者谁是第一性，谁是第二性的问题；我们的感觉、表象、概念是否反映客观世界；在什么样的条件下这些反映才是客观真理；真理的标准是什么；什么是物质，物质存在的形式如何，物质发展的一般规律如何等等问题。

马克思的哲学唯物主义对于世界观的这一切根本问题都作出了正确的回答。

自然科学和社会科学的发展，使哲学摆脱了研究局部的规律性的任务，这些规律性成了专门科学的研究对象。例如，每一部门科学都研究某种运动形式的规律：力学研究机械运动、物体位移的规律；化学研究原子的运动和化合等等；生物学研究生物机体的发展规律；社会科学研究社会发展规律或社会生活中某种过程和现象的发展规律。

与所有这些科学不同，马克思主义哲学（或作为哲学科学的唯物主义辩证法）的对象，是研究一切运动和发展的最一般的规律。各门科学研究的是世界现象的某一领域或某一方面，而辩证唯物主义是要揭示作为一切现象和过程的基础的共同性的东西，提供关于支配任何运动和发展的那些一般规律的知识，不管运动和发展是发生于现象的哪个领域中：发生于自然界中、社会中还是人的思维中。

---

① 《列宁全集》，中文1版，第14卷，127～128页，北京，人民出版社，1957。
② 同上书，286页。

如果设想，一般规律可以脱离局部规律而孤立地发生作用，那当然是不正确的。一般物质、一般运动并不存在于具体的物体和过程之外。但也不能由此得出结论说，只有局部的、特殊的规律才是唯一真实的规律。这种观点抹杀了世界的统一性，把世界看成是一个四分五裂、毫无内部联系的东西。实际上世界是统一的，我们周围世界的一切现象都是运动着的物质的不同形式。因此，统一的普遍的规律也是存在的，它们与局部规律具有同样的真实性。

马克思主义哲学不仅研究在整个世界中发生作用的最一般的规律，而且研究这些规律在认识过程中的运用。认识发展的一般规律性，并不是某一专门科学的研究对象，而是哲学的研究对象。

那么，客观世界发展的一般规律同认识发展的规律的相互关系是怎样的呢？

上面已经谈过，人的认识反映着客观世界。因此，人的认识不可能按照与世界本身发展的规律完全不同的另一套规律发展。一个人如果从正确的前提出发，按照逻辑规律进行思考，那么他所得出的结论必定是与现实相符的。这说明思维和现实在实质上都服从于同样的一般规律。马克思主义辩证法就是"研究外部世界和人类思维的一般运动规律"① 的科学。

辩证唯物主义按照世界的实际存在状况来考察世界，也就是从经常的变化和发展中来对它进行考察。既然一切事物都是发展着的，那么反映这些事物的范畴（概念）也是发展着的。任何一门科学都使用一定的一般概念、范畴，这些概念、范畴彼此间有着逻辑上的联系。而科学范畴之间的逻辑联系和连贯性，乃是现实本身历史发展和认识发展的概括反映。

例如，马克思在《资本论》中从研究商品范畴来着手分析资本主义，揭示了商品的内部矛盾和这种矛盾的发展，说明了这种矛盾的辩证发展如何导致货币的形成，而货币又如何转化为资本。范畴之间的这种逻辑联系（**商品——货币——资本**），并不单纯是思维的结构，而是资本主义发展的历史过程的概括反映。大家知道，商品不仅在逻辑上，而且在历史上也是先于资本而出现的：资本主义生产是从商品生产中产生的。可见，马克思的逻辑分析扼要地反映了历史过程。同样，马克思的政治经济学的任何一个范畴都反映了认

---

① 恩格斯：《路德维希·费尔巴哈与德国古典哲学的终结》，33页，北京，人民出版社，1959。

识的历史发展的总结。例如，马克思的商品范畴，在内容上要比前人（如威廉·配第、亚当·斯密、大卫·李嘉图）的商品范畴丰富得无比。马克思吸收了前人学说中一切有价值的东西，而更进一步深刻地揭示了商品的本质，指出了体现在商品中的劳动的二重性。

哲学的范畴与各门科学的范畴（如政治经济学的范畴：商品、货币、资本等）不同，哲学的范畴是适用于一切科学的最一般的概念。任何一个学者，不论他是自然科学家、历史学家、经济学家、文艺理论家，或是其他专家，都不能不使用下面这样一些最一般的概念，如规律、规律性、矛盾、本质和现象、原因和结果、必然性和偶然性、内容和形式、可能性和现实等等。这些逻辑范畴反映出现实生活中各种现象之间的最一般的联系，同时它们也是认识世界的阶梯、思维的工具，它们概括了人类研究世界的历史经验。

当然，对逻辑范畴的研究并不能代替对具体过程的研究。马克思列宁主义的哲学是认识现实生活各个不同领域的指南，但它并不去代替各门科学。它并不给各门科学所研究的问题提供现成的答案，而是以正确的思维理论和寻求这些答案的**方法**来武装一切科学。

正确的方法对于认识现实具有重大的意义。17世纪英国著名的唯物主义者弗·培根曾把方法比作是给旅客照亮道路的灯笼。他把没有掌握正确方法的学者比作是在黑暗中曳足摸索道路的旅客。

可是，哪一种认识方法才算是正确的呢？学者能不能根据自己的爱好任意选择一种方法，有如准备出门的旅客可以自行选择任何一种灯笼呢？

不，正确的认识方法不可能是主观选择的结果。认识方法并不是技术方法和研究技巧的简单总和，它应当是现实的相应物，即客观世界本身的规律的反映。

实际上，思维方法是理性活动的各种方法的总和：我们的思想借助于这些方法，从此时此地关于某一对象的知识，进入彼时彼地关于同一客体的知识；或从关于这一客体的知识，进入与此有某种因果联系的另一客体的知识；等等。方法如果要成为真正科学的方法，即成为取得正确知识的工具，它就应当引导人的思想循着同它所研究的现实本身发展道路平行地前进。方法应当反映现象之间实际存在的联系，应当反映客体实际经历着的变化。只有这样，我们的思想才能在研究某一现象时达到这一现象本身所达到的终点。

由此可见，思想如果要循着正确的道路发展，就应当按照它所研究的现实本身所遵循的规律,从一个阶段进入另一个阶段。因此,科学的认识方法的基础,就是把自然界、社会和思维的一般发展规律运用于认识。而唯物主义辩证法正是提供了关于这些规律的知识。恩格斯写道:"……辩证法对于今天的自然科学才是最重要的思维形式,因为只有它才能对于自然界中所发生的发展过程,对于自然界中的普遍联系,对于从一个研究领域到另一个研究领域的过渡,提供相应物,并从而提供说明方法。"①

马克思主义的哲学用完整的、彻底科学的、辩证唯物主义的思维理论,用普遍的研究方法,武装了一切知识领域的学者。把科学和哲学割裂开,这就等于让学者们撇开世界观的和方法论的思想指导,盲目摸索着来进行认识现实这一繁重工作。这就等于强使学者们重新去解决早已解决了的问题,而且是根据有限的、不完全的材料去解决,而不考虑全部人类思维的历史经验。这样做,就是阻碍科学发展,就是把科学推向绝境。

19世纪中叶以来在资产阶级哲学中广泛流行的各种**实证论**派别,正是要把科学推向这种绝境。实证论者硬说,科学不需要任何哲学。他们的口号是"科学本身就是哲学"。

其实,实证论者只不过在口头上抛弃哲学,呼吁学者信奉实证的、经验的知识。他们事实上也在宣扬一种哲学,不过这是一种非科学的哲学;这种哲学把经验归结为感性知觉的总和,但不去解决关于这些感性知觉是由什么引起的问题。结果,实证论者必然导致否认认识客观世界的可能性,导致不可知论和唯心主义。

其实很明显,任何一门科学如果不深信人类能够认识现实的规律性,不深信人类能够在实际活动中利用知识,那么它就不可能富有成果地发展。否认这一点就会使科学得不到成就。

在实证论的影响下,许多自然科学家宣称他们拒绝一切哲学。然而实际上要拒绝是不可能的。在科学中,不可能"单纯埋头于事实"而把理论拒之于实验室大门之外,强迫理论默不作声,而只让"纯粹的"事实即所谓事实"本身"来说话。没有理论思维,科学就不能存在,因为科学的使命并不是单纯地叙述现象,而是要说明现象。只要科学家给自己规定了说明某种现象、确定它们之间的联系的任务,他就必须进行思考,同时不管他是否愿意,他必然要使用

---

① 恩格斯:《自然辩证法》,23页,北京,人民出版社,1957。

逻辑范畴、哲学概念。当然，人们并不见得总能正确地使用这些概念，而往往把旧学校中流行的资产阶级唯心主义哲学所生造的意思强加给它们。然而科学概念、科学范畴是理论思维、哲学长期发展的结果。一旦科学从收集、记载事实和过程的阶段进到确立规律和作出理论结论的阶段，任何一个思路广阔的物理学家、化学家、生物学家、社会学家如果不依靠哲学、世界观、认识论，就会处于寸步难行的境地。全部问题只在于他使用的是**哪一种哲学**：是科学的唯物主义哲学，还是非科学的唯心主义哲学，或者是折衷主义哲学，即唯心主义和唯物主义的混合物，而后一种情况也是屡见不鲜的。问题还在于他所使用的是资本主义世界中占统治地位的、肤浅的折衷主义哲学思想的时髦产物，还是哲学和自然科学许多世纪以来发展的最高成果——辩证唯物主义的科学的哲学。

恩格斯在"精神世界中的自然科学"一文中写道，哲学会对抛弃它的那些自然科学家实行报复。恩格斯通过生物学家阿·华莱士、物理学家威·克鲁克斯等由于相信灵魂的存在从而成为荒诞迷信（唯灵论）的牺牲品这个例子，指出蔑视理论而凭靠肤浅的经验，会把自然科学导向神秘主义。

科学的哲学提供了对于世界的统一的观点，创立了完整的世界观，从而使研究者能用更广阔的眼界来考察他所研究的每一个问题。这样在处理研究对象时就可以克服片面性，而这种片面性在科学专门化的情况下是必然要发生的。

不论各门科学达到多么高度的发展，不论科学之树的分支多么细，哲学永远也不会失掉生存的权利。科学的发展一方面限制了，而且看来是缩小了需要进行哲学概括的问题的范围，但同时在一定意义上却也扩大了这个范围。科学的进步向各门科学提出了一系列的问题，专门科学家们如果不掌握科学的哲学世界观，是无法解决这些问题的。

在尖锐的思想斗争的环境中，某一知识领域的专门科学家如果不用正确的唯物主义哲学武装起来，往往就经受不住反动思想的侵袭，变成阻碍科学发展的、非科学的唯心主义哲学的俘虏。列宁曾经着重指出："为了坚持这个斗争，为了把它进行到底并取得完全胜利，自然科学家就应该作一个现代的唯物主义者，作一个以马克思为代表的唯物主义的自觉信徒，也就是说应当作一个辩证唯物主义者。"①

马克思主义哲学也是社会科学的指导方法。它以人类历史发展规律性的知识武装了社会科学。辩证唯物主义所研究的一切运动和发展的一般规律，也应用于对社会生活的认识。马克思和恩格斯把唯物主义和辩证法推广到对社会生活现象的认识，创立了科学的社会生活观——历史唯物主义。

历史唯物主义是马克思和恩格斯所创立的哲学世界观的不可分割的组成部分。没有对于社会发展的最一般规律的正确理解，就不可能有完整的、科学的世界观。作为哲学世界观的唯物主义，在没有被推广来认识人类社会之前，它还是不完整的，还不能对整个世界作出统一的解释。马克思和恩格斯解决了这个任务，从而创立了完整的唯物主义学说。由此可见，随着历史唯物主义的创立，第一次创立了一种既包括自然界，也包括社会生活的完整的、彻底的、全面发展的唯物主义世界观。

只有在揭示了人们社会历史活动的意义的唯物主义历史观的基础上，才能克服以前的唯物主义的一个主要缺点——直观地考察现实和直观地认识现实。马克思在说明他的哲学同以往一切哲学的原则区别时指出，从来哲学家只是解释世界，而问题却在于改变世界。马克思主义哲学作为革命地改造世界的工具，正是起着这种能动的作用。

二、历史唯物主义是关于社会发展规律的科学

历史唯物主义是关于人类社会最一般的发展规律的科学，是马克思主义世界观的一个不可分割的部分。

人类社会是我们周围的统一的物质世界的一部分。因此，辩证唯物主义的规律和范畴也适用于社会。然而，人类社会是物质世界的一个特殊领域，它和自然界有本质的不同。因此，辩证唯物主义的规律和范畴在这里以社会所独有的特殊形式表现出来。

在研究任何一个现实领域时，仅仅了解辩证法的一般规律是不够的。物理学家应该根据对一般规律的了解，阐明这些规律在物理过程这一专门领域的特殊表现形式，而生物学家也应该根据这种了

---

① 《列宁全集》，中文1版，第33卷，204页，北京，人民出版社，1957。

解阐明这些规律在生物过程这一专门领域的特殊表现形式。要了解社会的发展过程，就应该知道辩证唯物主义的一般规律在社会领域的特殊表现形式，并根据这些规律，发现和了解社会所特有的发展规律和发展动力。

在建立总的哲学世界观时，思路缜密的哲学家必须解决一个根本问题，即什么是第一性的：是存在还是思维，是自然界还是意识？而在建立关于社会的科学时，则必须解决这样一个根本问题，即什么是第一性的、决定性的：是社会存在还是社会意识？社会在发展上不同于自然界的最重要的特征之一在于：在社会的发展史上起作用的是具有意识、意志和目的的人，而在自然界中起作用的则是盲目的、无意识的力量。换句话说，社会生活是人们活动的产物。因此，要推广唯物主义的观点去研究社会生活，辩证唯物主义所采用的"存在"这个一般的范畴是不够的，而必须提出"社会存在"这个范畴，并回答社会意识与社会存在有着怎样的关系的问题。

人类社会不仅是一个特殊的现实领域，而且是一个最复杂的现实领域。正如自然界及其多种多样的现象和过程是由许多专门的知识领域来进行研究一样，人类社会和各种社会现象是由许多社会科学来进行研究的。例如，政治经济学研究人们的社会生产关系即经济关系的规律；法学研究各种形式的国家与法产生和发展的规律；语言学研究语言这种特殊的社会现象，研究语言产生和发展的规律、语言在社会生活中的作用；美学则研究艺术，研究艺术的发展规律、艺术与现实的关系、它的社会作用；等等。上述每一个科学知识领域，都研究某一种或某一方面的社会的关系、过程和现象。此外，还有历史科学，它全面地研究某一民族的历史，或者全人类从古到今的历史（世界史）。

历史唯物主义在这许多的社会科学中间占有什么地位？

历史唯物主义不同于专门的社会科学，它不是研究社会生活的个别方面，不是研究某一种社会关系或现象（如经济的、政治的、法律的、思想的关系或现象），而是从社会的各个方面、各种关系、各种过程的总和、内部联系和相互作用中研究社会、社会的发展、全部社会生活。与专门的社会科学不同，历史唯物主义所研究的不是经济过程、政治过程或思想过程发展中的局部的和特殊的规律，而是最一般的社会发展规律。

历史唯物主义不同于历史学，它不是研究某一民族的历史与其他民族的历史的差别,而是研究一切民族的生活,历史和发展过程中的共同点。历史作为一门科学,当然也应该不仅研究和考虑一个民族的历史不同于其他民族的历史的差别和特征,而且还研究和考虑它们的共同点。如果是真正科学的、马克思主义的历史学,它就应该首先表述人民的劳动、国家的经济生活、国家的生产力和生产关系的发展史、政治制度的历史、阶级斗争和民族解放斗争、精神文化史以及反映阶级斗争的思想斗争。然而,这一切在历史学中加以表述时,应该通过生动具体的历史事实,按照年代的顺序,结合历史上的偶然事件。否则,它便不成其为历史,而是抽象的社会学公式了。如果历史学认为自己的主要任务不是研究一定的民族的生动具体的历史,而是确定一般规律,那么它就不再执行自己的主要任务。

历史唯物主义不同于历史学,它是抽象理论和方法论的科学。如果把历史学比作算术,那么历史唯物主义就很像代数。历史唯物主义的对象,是人类社会;不是某一个民族,不是某一个国家,而正是社会。

什么是人类社会呢?在对社会生活进行科学的探讨时,只有对构成社会历史的各种主要的社会关系和过程进行了研究,才能对这一问题作出回答。但是在这本教材中,在说明这门科学的对象时,自然一开始就会产生这个问题。

唯心主义者认为社会是组成社会的个人的某种精神的整体或总和;庸俗唯物主义者认为社会是人、物和思想的总和;马克思主义者则认为人类社会是以人们之间的物质生产联系即经济关系为基础的特殊的社会机体。社会是由人们的活动创造的,同时人本身又是历史的产物,社会关系的产物;人只有在与同类发生交往时,才能从动物界分离出来,才能成为人。人类社会与生物界(例如与畜群)的本质区别在于劳动,在于社会生产。把人结合成社会的社会联系的特点在于,这种联系首先是生产联系。在生产过程中形成的联系和关系是一切社会关系(其中包括思想关系,而在阶级社会中则还包括人们之间的政治关系)的基础。因此,马克思写道:

"**生产关系总合起来,就构成为所谓社会关系,构成为所谓社会**,并且是构成为一个处在**一定历史发展阶段上**的社会,具有其独特的特征的社会。古代社会,封建社会,资产阶级社会,——都是这样的生产关系总和,其中每一个生产关系总和同时又代表着人类历史发展中的一个特殊阶段。"①

马克思主义对社会的理解与形而上学对社会的理解不同的特点还在于：马克思主义反对不分时间、不分社会所处的一定发展阶段而抽象地、反历史地对待社会的态度。马克思主义给社会所下的定义包含着一般与特殊的统一。

马克思提出的**社会经济形态**这一概念是马克思主义社会科学的基石。

马克思主义把社会经济形态理解为处于一定历史发展阶段上的社会，一定类型的社会制度，及其特有的生产方式、生产关系和建立在这种生产关系上面的、表现为历史上一定的思想和制度的上层建筑。

在上面所引的那段文章中，马克思在列举社会经济形态时，没有提到古代社会（奴隶占有制社会）以前、阶级出现以前的原始社会，因为当时（1849年）还没有关于这一社会的科学资料；他也没有提到社会主义社会，因为这种社会当时还不存在。在马克思生活的时代，资本主义制度内部仅仅产生了新的共产主义的社会经济形态的物质前提。马克思天才地预见到，共产主义社会经济形态必然要代替最后一个以阶级对抗为基础的社会经济形态——资本主义社会经济形态。现在，已经存在着作为共产主义社会经济形态的第一阶段的社会主义社会。

敌人曾企图批评马克思主义对社会的理解，说它仅考虑到经济方面，而忽略了一个事实，即在社会中存在着国家和法律关系、科学、哲学、艺术、道德、宗教、家庭和日常生活。其实，历史唯物主义根本没有忽略这些社会关系和现象。上面援引的马克思对社会所下的定义，揭示了人类社会的本质和基础，揭示了政治现象和思想现象这种上层建筑的基础，政治现象和思想现象自然也包括在社会的定义中。列宁指出，马克思在说明某一种社会经济形态的结构和发展时，并不限于研究生产关系，而且还"探究适合于这种生产关系的上层建筑，使骨骼有血有肉"②。马克思在《资本论》中作出了全面研究一个社会经济形态的典范。在这本分析资本主义生产方式的发生、发展和死亡规律的经济著作中，马克思把"资本主义社会形态作为活生生的东西"表述出来，把它各方面的生活，把资本

---

① 《马克思恩格斯文选》两卷集，67页，北京，人民出版社，1958。
② 《列宁全集》，中文1版，第1卷，121页，北京，人民出版社，1955。

主义生产关系所固有的阶级对抗的社会表现，把维护资产阶级统治的资产阶级政治上层建筑，把资产阶级的思想以及资产阶级的家庭关系等等都和盘托出。

马克思主义以前的和现代的全部资产阶级社会学的根本缺陷，就在于它过去和现在都不能发现社会的这一物质经济本质和决定性的基础。资产阶级社会学不愿意也不能够了解社会发展的这一基础，所以也就无法认识社会发展的规律和根本动力以及决定一切政治现象和精神现象的基础。

历史唯物主义认为，人类社会、社会经济形态是经常在发展的活的机体，其中包括相互间具有内部联系的经济关系、政治关系和精神关系。历史唯物主义发现了物质资料的生产方式是社会生活的基础，在历史上第一次指出了认识社会历史这一复杂的、充满矛盾的、有严格规律的过程的道路。

正如辩证唯物主义既是哲学世界观又是一切科学的方法和认识论一样，历史唯物主义既是社会发展的科学理论，同时又是一切具体的社会科学的研究方法，是把辩证法具体应用于社会生活和社会发展的方法。我们在肯定历史唯物主义是科学的理论的同时（列宁有时把历史唯物主义称为唯一科学的社会学），也强调历史唯物主义作为研究新的现象、事实和过程的方法，作为工人阶级及其马克思主义政党进行革命活动的方法的意义。经济学家、历史学家、法学家和艺术理论家如果不掌握历史唯物主义的方法，便不能深入了解多种多样的复杂的社会生活现象和历史事件。只有历史唯物主义能够给工人阶级的所有社会科学家和政治活动家提供研究和理解各种历史现象和过程及其变化和发展规律的指南。

在历史唯物主义中，理论和方法的关系怎样呢？理论和方法是历史唯物主义的两个彼此有着不可分割的联系的方面。历史唯物主义对于社会科学的基本问题（社会存在和社会意识的关系问题）作了明确的，也就是辩证唯物主义的解答，它提供了关于人类社会最一般的发展规律的知识，因此它是科学的理论，是科学。同时，正因为历史唯物主义提供关于社会发展的**一般**规律的知识，所以它又是研究一切社会现象、事实、事件、新出现的过程和现象的科学方法。

马克思、恩格斯和列宁都指出，对历史唯物主义的拥护者的首要的、根本的要求，不是口头上承认，而是正确地运用历史唯物主义来分析现实。恩格斯在批评19世纪90年代出现的歪曲历史唯物主义的现象时写道：

"一般说来，对于德国许多青年作家，'唯物主义的'这个形容词不过是一个套语，他们用这个套语去处理各种事物，再也不花什么气力去作进一步研究，也就是说，他们一把这个标签贴上去，就以为一切都解决了。然而，我们的历史观首先是进行研究工作的指南，而不是一种用以按黑格尔学派方式构造体系的手段。全部历史都应该重新开始研究。首先必须详细研究各种社会形态的存在条件，然后才可试图从这些条件中找出相应的政治、私法、美学、哲学、宗教等等的观点。在这方面，至今都还很少作出什么成就，因为还很少有人认真从事这一工作。在这方面，我们需要很大的帮助，这个领域极为广大，谁肯认真地工作，谁就能有很多的创造、获得卓著的成绩。"[1]

历史唯物主义不是公式和教条，不是一堆只需要死背的抽象原理和原则。历史唯物主义正如整个马克思列宁主义一样，它是永远生气勃勃的、不断创造性地发展的理论，也是指明研究社会生活的正确途径和方式的科学方法，同时又是行动的指南。

历史唯物主义是马克思主义哲学的一个不可分割的部分。把哲学唯物主义和唯物辩证法用来认识社会，就克服了马克思主义以前的旧唯物主义的片面性和局限性，从而使哲学唯物主义具有了能动性和革命性。马克思列宁主义关于资本主义必然灭亡和共产主义必然胜利的学说，就是以历史唯物主义所研究的社会发展的客观规律为依据的。因此，历史唯物主义乃是共产主义的历史科学基础。为了做一个争取社会向前进步、争取共产主义胜利这一伟大历史斗争的自觉的和积极的参加者，必须知道历史事件的原因和动力，必须知道社会发展的规律。

历史唯物主义提供关于社会发展最一般的规律的知识。

历史唯物主义的产生，是把辩证唯物主义应用于社会的结果，是运用辩证唯物主义来认识社会生活和研究社会历史的结果。因此，如果不把历史唯物主义的规律和范畴与辩证唯物主义的原理联系起来，就不能充分理解这些规律和范畴。例如，在研究历史唯物主义所发现的阶级社会的运动的规律——阶级斗争规律、社会革命规律

---

[1] 《马克思恩格斯文选》两卷集，487页，北京，人民出版社，1958。

时，不可能不看到，这些规律是对立面的统一和斗争、新旧事物的斗争、正面与反面的斗争、量变转为质变等一般的辩证法规律的特殊形式。

列宁在阐述辩证唯物主义和历史唯物主义之间的内部联系时写道：

"马克思加深和发展了哲学唯物主义，使它成为完备的唯物主义哲学，把唯物主义对自然界的认识推广到对**人类社会**的认识。马克思的**历史唯物主义**是科学思想中的最大成果。人们过去对于历史和政治所持的极其混乱和武断的见解，为一种极其完整严密的科学理论所代替，这种科学理论说明，由于生产力的发展，从一种社会生活结构中会发展出另一种更高级的结构，例如从农奴制度中生长出资本主义"[①]，而在我们这个时代，则是社会主义在一个又一个国家中代替资本主义。

历史唯物主义依据唯物主义的一般世界观，以承认社会存在的第一性和社会意识的第二性作为自己的出发点。不是社会意识决定社会生活的制度和发展方向，相反地，是社会经济制度决定社会意识、社会思想。或者说，不是思想决定生活，而是生活、社会存在决定思想。

然而，究竟什么是人们的**社会存在**呢？这就是社会的物质生活，首先是社会的物质资料的生产和人们在生产过程中形成的关系。在对抗性的社会中，这是阶级关系。人们在从事科学、艺术、宗教、哲学和政治活动以前，首先要吃喝、穿衣，因此他们必须生产食物、缝制服装、建造房屋和制造生产工具。没有物质资料的生产，便不可能有社会生活。物质资料的生产和再生产，是社会的生存基础。如果停止生产，人们的全部精神生活就会停顿，社会就会灭亡。因此，社会形成和发展的关键，不应该从人们的意识中，从他们的政治、哲学、宗教和道德思想中去寻找，而应该到物质资料的生产方式中去寻找。

社会的物质生活是决定性的基础，而精神生活是物质生活的反映。但这决不是像资产阶级的马克思主义批评家所诬蔑的那样，仿佛马克思主义者低估或轻视社会精神生活的意义，低估或轻视思想、意识、理性、科学、艺术以及政治在社会生活和历史中的作用。马

[①]《列宁全集》，中文1版，第19卷，5页，北京，人民出版社，1959。

克思主义者宣布社会意识、社会学说和政治理论是社会存在的反映，只是为了科学地说明社会的精神生活，说明思想的起源和发展。至于社会思想在社会生活和社会发展中的作用，马克思主义者认为是非常大的。马克思列宁主义思想在我们这个时代的伟大作用就证明了这一点。

马克思在《政治经济学批判》一书的序言中，对于历史唯物主义的基本原理作了经典的论述：

"人们在自己生活的社会生产中彼此间发生一定的、必然的、不以他们的意志为转移的关系，即和他们的物质生产力发展的一定程度相适合的生产关系。这些生产关系的总和组成社会的经济结构，即法律的和政治的上层建筑所借以建立起来、并且有一定的社会意识形式与之相适应的现实基础。物质生活的生产方式决定着社会生活、政治生活和精神生活的一般过程。不是人们的意识决定人们的存在，恰恰相反，正是人们的社会存在决定人们的意识。社会的物质生产力发展到一定程度时，便和它们向来在其中发展的那些现存生产关系或不过是现存生产关系在法律上的表现的财产关系发生矛盾。于是这些关系便由生产力发展的形式变成了束缚生产力的桎梏。那时社会革命时代就到来了。随着经济基础的改变，全部庞大的上层建筑也会或迟或速地发生变革。在考察这些变革时，必须随时把二者区别开来，一种是生产的经济条件方面所发生的能以自然科学的精确性指明的物质变革，一种是人们借以意识到这个冲突并力求把它克服的那些法律的、政治的、宗教的、艺术的或哲学的形式，简言之，即思想形式。正如我们评判一个人时不能以他自己对自己的看法为根据一样，我们评判这样一个变革时代时也不能以它的意识为根据。相反地，这种意识要从物质生活的矛盾中，从社会生产力和生产关系间存在的冲突中求得解释。不论哪一种社会形态，在它还有充分余地可供一切生产力发展的时候，是决不会灭亡的；而新的更高的生产关系，在它借以存在的那些物质条件还没有在旧社会内部成熟以前，是决不会出现的。所以人类始终只会提出自己所能够解决的任务，因为我们仔细去考察时总可看出，只有当解决任务的那些物质条件已经存在或至少是已在形成过程中的时候，任务本身才会产生。"[1]

---

[1] 马克思：《政治经济学批判》，2～3页，北京，人民出版社，1956。

历史唯物主义发现了生产、物质生活的生产方式是社会存在和发展的基础,从而有史以来第一次科学地确定了各种社会现象的内部的必然联系,说明了社会发展是一个有严格规律性的过程。这样,历史唯物主义便提供了科学地理解过去和现在的各种事件的钥匙,并为科学地预见事件的进程和人类社会的发展前途创造了可能。

总体框架

导 论

第一章 哲学的对象
一、哲学的基本问题。唯物主义和唯心主义是哲学中的两大主要派别

二、马克思主义哲学的对象。哲学和其他科学的关系

三、辩证唯物主义和历史唯物主义是革命无产阶级的思想武器

第二章 马克思主义产生以前哲学史上唯物主义和唯心主义的斗争
一、古代的素朴的唯物主义和自发的辩证法

二、17—18世纪的唯物主义及其反对宗教和唯心主义的斗争。形而上学的方法

三、黑格尔的唯心主义辩证法和费尔巴哈的唯物主义

四、19世纪革命民主主义者的唯物主义和辩证法

第三章 马克思主义哲学的产生和发展
一、马克思主义哲学产生的历史条件。马克思和恩格斯是辩证唯物主义和历史唯物主义的伟大创始人

二、马克思主义在哲学上所完成的革命变革的本质

三、马克思主义哲学的创造性和列宁对它的发展

第一篇 辩证唯物主义

第四章 物质及其存在形式
一、物　质

二、物质的运动

三、空间和时间

四、世界的统一性

第五章 物质和意识
一、意识是具有高度组织的物质的特性
二、意识是物质世界的反映
三、"符号论"批判。客观真理
四、言语和思维

第六章 现实中各种现象的合乎规律的联系
一、现象的相互联系。原因和结果
二、规律是现象之间的联系形式。单一、特殊和普遍
三、必然性和偶然性
四、可能性和现实

第七章 辩证法的基本规律。量变到质变的转化规律
一、辩证的发展论
二、量变和质变以及它们的相互转化
三、发展的进化形式和革命形式的统一。飞跃
四、从旧质到新质的转化形式的多样性

第八章 对立面的统一和斗争规律
一、事物、现象是对立面的统一。对立面的斗争是发展的泉源
二、内部矛盾和外部矛盾
三、不同矛盾的特点
四、内容和形式,它们之间的矛盾的产生和解决

第九章 否定的否定规律
一、发展过程中的辩证否定的实质和作用
二、发展的前进性质和发展的形式

第十章 认识过程的辩证法
一、作为认识论的辩证法。辩证逻辑和形式逻辑
二、认识中的感性和理性的相互关系。本质和现象
三、抽象的东西和具体的东西、逻辑的东西和历史的东西的辩证法
四、思维的形式以及它们在认识中的作用
五、实践是认识的基础和真理的标准
六、绝对真理和相对真理的辩证法

第二篇 历史唯物主义

第十一章 历史唯物主义是关于社会发展规律的科学
一、历史唯物主义的对象

二、历史唯物主义的产生是社会科学中的革命

三、社会生活和社会发展的规律的性质

四、历史的规律性和人们的自觉活动。自由和必然性

五、历史唯物主义的党性

第十二章　物质生产是社会生活的基础

一、劳动在社会产生和社会生活中的作用

二、地理环境和社会发展

三、人口的增长对社会发展的意义

四、物质资料的生产方式。生产力和生产关系

五、生产方式在社会生活形式变化中的决定作用

第十三章　生产力和生产关系的辩证法

一、生产关系对生产力性质的依赖性

二、生产关系对生产力发展的作用

三、资本主义制度下生产力和生产关系之间的矛盾的发展

四、社会主义制度下生产力和生产关系的相互联系

第十四章　社会的基础和上层建筑

一、社会的基础和上层建筑的概念。基础对上层建筑的决定作用

二、社会的基础和上层建筑的变革

三、上层建筑的积极作用

第十五章　阶级，阶级斗争，国家

一、阶级的定义

二、阶级的产生。社会的阶级结构及其对生产方式的依赖性

三、阶级利益和阶级斗争。阶级和政党

四、国家是阶级矛盾不可调和的产物和阶级统治的机关

五、无产阶级的阶级斗争形式和阶级组织形式

六、马克思主义政党在无产阶级的阶级斗争中的作用

七、阶级消灭的必然性。无产阶级的世界历史使命

第十六章　社会革命是社会经济形态更替的规律

一、社会革命，社会革命的原因及其在社会历史上的意义

二、社会主义革命同其他革命的区别。社会主义革命和无产阶级专政

三、帝国主义时代社会主义革命的条件

四、帝国主义和无产阶级革命时代民主改造与社会主义改造的相互关系

五、夺取政权的武装斗争形式与和平斗争形式的相互关系。
　　　　无产阶级专政形式的多样性
　　六、从资本主义到社会主义的过渡时期
　　七、社会主义制度下的阶级与国家
　　八、共产党是工人阶级专政体系中的领导力量
　　九、社会主义同资本主义的共处和社会主义在一切国家胜利的必然性

第十七章　社会意识及其在社会生活中的作用
　　一、社会意识是社会存在的反映。思想体系的阶级性
　　二、社会意识的各种形式
　　三、社会心理和社会思想体系，社会意识和个人意识
　　四、社会思想发展的相对独立性
　　五、思想在社会发展中的作用
　　六、社会主义思想体系在争取共产主义胜利的斗争中的作用

第十八章　人民群众和个人在历史上的作用
　　一、人民群众是社会发展的决定性的力量，是历史的创造者
　　二、个人在历史上的作用
　　三、工人阶级的领袖在革命运动中的作用

第十九章　现代资产阶级哲学和社会学的主要流派
　　一、现代资产阶级哲学和社会学的特点
　　二、现代主观唯心主义和客观唯心主义
　　三、现代资产阶级的历史哲学
　　四、社会生活的"因素"论和"领域"论
　　五、经验的或经验主义的社会学
　　六、社会学中的心理学派
　　七、现代资本主义"社会成层"论
　　八、资产阶级社会学对某些国际关系问题的解释

马克思列宁主义哲学原理

［苏］康斯坦丁诺夫　　刘献洲 译

人民出版社 1985 年出版

总　论：辩证唯物主义和历史唯物主义是科学的哲学世界观[*]

一、马克思主义哲学的对象：自然、社会和思维发展的最一般规律

辩证唯物主义和历史唯物主义的产生，是哲学中的一场革命；这场革命的实质就在于历史上第一次创立了既把握自然界，又把握社会的科学的哲学世界观，它构成了整个马克思列宁主义学说和自觉对社会进行共产主义改造的全部实践的理论基础。

---

[*] 本章内容选自《马克思列宁主义哲学原理》第一章第四节和第九章第一、二节，并略有删节。文中标题由编者所加。

辩证唯物主义建立在现代科学和先进社会实践的牢固的基础上。资产阶级哲学的代表人物往往把哲学与科学尖锐地对立起来，认为哲学不能是，而且实质上也不应当是科学。英国哲学家柏·罗素写道："哲学，根据我对这个词的理解，乃是某种介乎神学和科学之间的东西。一方面，它和神学相似，是由关于某些事物的思辨所组成的，对于这些事物迄今尚未获得可靠的知识；但另一方面，它又和科学相似，更多地求助于人的理性，而不是求助于权威（无论是传统的权威或启示的权威）。我认为，一切**可靠的**知识都属于科学，一切越出可靠知识范围的**信条**都属于神学。但在神学和科学之间，有一块双方互相争夺的无主地段，这块无主地段就是哲学。"① 这一段描述，对于跟宗教有密切联系的现代唯心主义哲学，倒是完全合适的。但除了这种哲学之外，还存在着彻底科学的哲学——辩证唯物主义和历史唯物主义。马克思主义的哲学，用恩格斯的话来说，是一种"世界观，它不应当在某种特殊的科学的科学中，而应当在现实的科学中得到证实和表现出来"②。

各门科学分别研究世界上具有质的区别的一定规律性，如力学的、物理学的、化学的、生物学的、经济学的规律性等等。但任何一种专门科学都不研究对于自然现象、社会发展和人的思维普遍适用的一般规律性。这些普遍的发展规律性也就是马克思列宁主义哲学的对象。恩格斯把唯物主义辩证法称作关于**自然界、社会和思维的运动和发展的最一般规律**的科学。对普遍的辩证过程的规律和范畴的研究，构成马克思主义哲学世界观的最重要内容，并提供科学地认识世界的一般方法论；这种方法论在每一专门学科中具有独特的形式。

每一门科学都使用一定的一般概念（即范畴），如"因果性"、"必然性"、"规律"、"形式"、"内容"等等。这些范畴在各个专门科学的领域内，当然并非研究的对象，只是作为现成的思维形式得到运用。例如，化学只研究化学过程的规律性，生物学只研究生命的规律性。只有哲学才研究作为现象间本质联系的规律，研究作为一种普遍形式（它具有无穷无尽的质的多样性）的规律。

我们在各个专门科学中还会碰到一些概念，它们的内容仅限于

---

① ［英］罗素：《西方哲学史》，11页，北京，商务印书馆，1963。
② 《马克思恩格斯选集》，1版，第3卷，178页，北京，人民出版社，1972。

各门科学的研究领域。例如政治经济学的基本概念——"商品"、"货币"、"资本"等,就是如此。与各部门科学的概念不同,**哲学的范畴是直接或间接地适用于各门科学的最一般的概念**。任何一位学者,不论他是自然科学家、历史学家、经济学家、文艺理论家,或是其他专家,都不能不使用下面这样一些最一般的概念,如"规律性"、"矛盾"、"本质"和"现象"、"原因"和"结果"、"必然性"和"偶然性"、"内容"和"形式"、"可能性"和"现实"等等。哲学范畴反映出各种现象之间的最一般联系,同时也是认识世界的阶梯,它概括人类研究世界的历史经验,并充当思维的工具。

当然,对哲学范畴的研究决不能代替对具体过程的研究。马克思列宁主义的哲学是认识现实各个不同领域的指南,但是它并不代替也不能代替各个部门科学。它没有给各个部门科学所研究的问题提供现成的答案,而是以科学的哲学世界观、以一般科学的**方法论**来武装各个部门科学。

科学的哲学方法的依据,就是把自然界、社会和思维的最一般发展规律运用于认识。而有关这些规律的知识,是由辩证唯物主义提供的。

马克思主义以前的、特别是现代资产阶级的哲学的一个特点,是思维的科学(逻辑学)与认识的理论(认识论)彼此脱节,以及这两者与存在的学说(本体论)互相对立。马克思主义哲学否定这种形而上学的对立,而是论证辩证法、逻辑学和认识论三者统一的原则。这就是说,唯物主义辩证法即最完整而没有片面性的发展论,同时又是认识的发展理论和实现这一历史过程所凭借的逻辑形式的发展理论,因为认识规律、思维规律归根结底是存在的一般规律在人的意识中的反映。正因为如此,所以列宁写道:辩证法,"按照马克思的理解,同样也根据黑格尔的看法,其本身包括现时所谓的认识论,这种认识论同样应当历史地观察自己的对象,研究并概括认识的起源和发展即从**不知到知的转化**"。[①]

辩证法、逻辑学和认识论三者在总的方面一致的前提下,彼此之间当然也有一定的差别。辩证唯物主义的各个部分之间的这种差别,具有相对的性质。

历史唯物主义是马克思列宁主义哲学的不可分割的组成部分。

---

① 《列宁选集》,2版,第2卷,584页,北京,人民出版社,1972。

撇开历史唯物主义，就没有也不可能有辩证唯物主义的科学的哲学世界观，这一世界观既包容自然界，也包容社会。列宁在强调马克思主义哲学的各个方面和各个部分的统一性时指出，在这个"由一整块钢铁铸成的"哲学中，"决不可去掉任何一个基本前提、任何一个重要部分，不然就会离开客观真理，就会落入资产阶级反动谬论的怀抱"[①]。

马克思列宁主义的哲学具有复杂的结构，加以生活不断提出新的研究客体和过去不知道的问题，这就引起哲学对象的变化，时而把对象的这一方面、时而把对象的那一方面提到首位。现在，马克思列宁主义的哲学是由各门哲学学科组成的体系，是表现为认识论、逻辑学和社会学总论的完整的世界观。

历史经验表明，哲学的功能，它对理论和实践的意义，在很大程度上取决于它是如何以人类的全部知识为依据的。科学和哲学不论在过去和现在总是卓有成效地相互学习的。作为现代科学的基础的许多思想，是由哲学最早提出来的。只要举出留基伯和德谟克利特关于物质的原子结构的天才思想，就足以说明问题了。此外还可以提到笛卡儿首次提出的关于反射的概念和他所确定的运动量守恒原则（质量乘速度的积恒定）。法国哲学家比·伽桑狄以及米·瓦·罗蒙诺索夫最早表达了关于存在着由原子构成的复杂粒子即分子的思想。哲学家们还确定了世界上各种现象普遍联系和发展的思想，确定了世界的物质统一性的原则。列宁表述了物质不可穷尽的原则，这构成了现代自然科学的基本思想。与此同时，科学的进步也大大地丰富了哲学。随着自然科学中每一个新的划时代的发现，唯物主义也改变着自己的形式。

现代资产阶级哲学最流行的派别之一新实证主义的代表人物，不久以前还在断言：科学不需要任何哲学。例如，汉·莱辛巴赫说，自然科学解答了哲学所试图解决而徒劳无功的那些问题。至于自然科学所不研究的那些纯粹哲学问题，莱辛巴赫认为那都是虚构的问题、假课题，即毫无科学意义的。应该指出，对哲学和自然科学相互关系问题的这种看法，目前就连许多新实证主义者也是反对的，因为这种看法是自然科学所根本不能接受的，自然科学本身就提出并试图解决各种哲学的课题。

---

① 《列宁选集》，2版，第2卷，332~333页，北京，人民出版社，1972。

现代的自然科学正受到总体化趋势的巨大影响，处于探索新的概括性理论的过程中，如探索基本粒子总论、动植物界发展总论、系统总论、控制总论等等。这种高水平的概括，只有具备极高的哲学素养才能做到。而正是马克思列宁主义哲学及其辩证方法，才能有助于保证日益向深度和广度发展的关于多样性世界的知识的各个方面，成为统一的和相互联系的。

在科学知识的各个领域中，经常地而且日益迫切地产生一种内在的需要：探讨认识活动的逻辑结构，探讨理论的性质和创立理论的方法，分析经验知识和理论知识的相互关系，分析科学的基本概念和认识真理的方法。这一切都是哲学研究的直接任务。

没有受过哲学思维训练的学者，在解释新的事实时，往往会犯世界观和方法论性质的严重错误。恩格斯在当年就曾指出，哲学会对那些蔑视哲学的自然科学家实行报复。他以许多科学家成为荒唐的迷信——降神术的信徒的实例，说明轻视理论思维的肤浅的经验主义会把科学导向神秘主义。

当代最杰出的自然科学家都一贯强调哲学世界观在科学研究中的巨大指导意义。麦·普兰克说，研究者的世界观始终决定着他的工作方向。路易·德·布洛利指出，十九世纪科学与哲学相互隔绝，不论对哲学或是对自然科学都带来了损害。麦·波尔恩断然声称，物理学只有当它意识到自己的方法和成果的哲学意义时才是有生命力的。用爱因斯坦的话来说，在现代，物理学家不得不比以往历代的物理学家在更多的程度上探讨哲学问题，——本行的科学中的各种难点强迫科学家这样去做。

掌握马克思列宁主义哲学这一世界观和方法论，有助于理解自然科学发展同具体历史条件的合乎规律的联系，有助于深刻领会科学发现及其技术应用的社会意义和总的前景。

充满了尖锐冲突的整个现代社会生活，对哲学提出了重大的要求。不仅自然科学和技术知识部门的作用增长了，而且人文科学的作用也提高了。

在尖锐的意识形态斗争的环境里，各个专门知识领域的科学家如果不用科学的世界观和方法论武装起来，就往往会在资产阶级思想侵袭面前显得束手无策，甚至成为唯心主义哲学的俘虏。"为了坚持这个斗争，为了把它进行到底并取得完全胜利，自然科学家就应该做一个现代的唯物主义者，做一个以马克思为代表的唯物主义的自觉拥护者，也就是说应当作一个辩证唯物主义者。"①

在我们的时代里，革命的变化触及各个生活领域：生产力、科学、政治、阶级关系和民族关系、精神生活、文化和习俗。人本身也在发生变化。这一场改造整个世界、改造人的生活各个方面的革命的原因何在？这一个席卷全球的世界革命过程的各个不同方面的联系和相互依赖关系又是怎样的呢？这一革命过程的动力是什么？我们亲眼目睹的科学技术革命正在带来而且还将带来什么样的社会后果呢？人类将向何处去？为什么人们所创造和运用的巨大力量常常会倒转过来反对人们本身？对于当代的这一些以及其他一些极其重大的问题，任何一种专门科学，不管它的意义多么重大，都不能作出答复。这是世界观的问题，即哲学问题，必然只能由马克思列宁主义的科学的哲学世界观予以解答。

马克思列宁主义哲学在考察社会进步和现代社会的变化时，其着眼点是看这些进步和变化同人的解放（摆脱一切压迫）的关系如何。马克思列宁主义哲学的最重要的原则之一，是**革命的人道主义**。这一哲学是论证对社会实行革命改造从而促使个人自由全面和谐地发展的途径的学说。

二、历史唯物主义的二重性：一般社会学理论和哲学理论

历史唯物主义有自己的专门研究对象——人类社会发展的最一般的规律和动力。因此，它作为一般社会学理论，作为共产主义的科学历史基础，具有相对的独立性。与此同时，历史唯物主义又是马克思列宁主义哲学不可分割的一部分。

我们知道，马克思以前的唯物主义是不彻底的、有局限性的。它不能把唯物主义的原则应用于认识社会生活和历史，而在这方面仍保持着唯心主义的观点。

卡·马克思和弗·恩格斯在科学思想发展中的最伟大功绩在于：他们"把唯物主义补充成完整的理论"，也就是把它推广于认识社会。由此唯物主义世界观第一次成为全面的、彻底的和能动的世界观。

马克思和恩格斯第一次解决了制定真正科学的社会理论的伟大任务。马克思和恩格斯创立历史唯物主义，是他们把哲学唯物主义

---

① 《列宁选集》，2版，第4卷，609页，北京，人民出版社，1972。

和经过唯物地改造的辩证法应用于研究社会、应用于工人阶级革命实践活动的结果。

弗·伊·列宁在阐述历史唯物主义和一般哲学唯物主义之间的不可分割的内在联系时写道："马克思加深和发展了哲学唯物主义，使它成为完备的唯物主义哲学，把唯物主义对自然界的认识推广到对**人类社会**的认识。马克思的**历史唯物主义**是科学思想中的最大成果。人们过去对于历史和政治所持的极其混乱和武断的见解，为一种极其完整严密的科学理论所代替，这种科学理论说明，由于生产力的发展，从一种社会生活结构中会发展出另一种更高级的结构……"①

辩证唯物主义所揭示的最一般的规律也在社会中发生作用，然而是以特殊的形式表现出来的。因此，为了发现人类社会发展的规律性，单单知道哲学唯物主义的一般原则和辩证法规律是不够的，还必须研究它们在社会历史、社会生活中发生作用的特殊形式。

对立面统一和斗争规律只是在社会中，而且是在具有对抗性结构的社会中，才表现为阶级斗争的形式。而在各个不同的历史时代，阶级斗争所具有的形式和趋向是何等之多啊！

应用于社会的辩证方法和历史唯物主义方法，实质上，这是相同的概念。辩证法在应用于社会时得到了具体化。这意味着要探讨这样一些一般社会学范畴，如：社会经济形态、生产力和生产关系、生产方式、基础和上层建筑、社会阶级、民族等等，以补充一般哲学范畴。在这些社会学的范畴中概括和表现了社会存在和社会历史认识的最重要规律性。

历史唯物主义的基本原理，是在19世纪40年代由马克思和恩格斯在《1844年经济学哲学手稿》、《神圣家族》，特别是《德意志意识形态》等著作中制定的，而在《共产党宣言》和《〈政治经济学批判〉序言》中以非常成熟的形式表述出来。新的历史观，新的社会发展观，在最初只是一种假说，然而这种假说第一次开创了以严格的科学态度对待历史的可能。用列宁的话来说，马克思和恩格斯使社会学变为科学，因为他们善于判明社会关系发展中的重复现象和规律性现象，把各国的制度概括为社会经济形态的概念，指明那种使各国联系在一起的共同现象以及由于各国发展的特殊条件而只为它

---

① 《列宁选集》，2版，第2卷，443页，北京，人民出版社，1972。

们各自具有的不同现象。

在19世纪50年代,马克思对资本主义这个复杂的社会经济形态进行了大量研究。他在《资本论》这部著作中说明了这个社会经济形态的产生、运动和发展,判明在它的内部生产力和生产关系之间的矛盾、各阶级之间的矛盾怎样发展起来,在生产关系的基础上怎样产生相应的政治上层建筑,产生一定的思想、风俗习惯、日常生活关系和家庭关系。随着《资本论》的创立,历史唯物主义便成为有全面根据的科学的社会学理论。"达尔文推翻了那种把动植物种看作彼此毫无联系的、偶然的、'神造的'、不变的东西的观点,第一次把生物学放在完全科学的基础上,确定了物种的变异性和承续性,同样,马克思也推翻了那种把社会看作可按长官的意志(或者说按社会意志和政府意志,都是一样)随便改变的、偶然产生和变化的、机械的个人结合体的观点,第一次把社会学置于科学的基础上,确定了作为一定生产关系总和的社会经济形态的概念,确定了这种形态的发展是自然历史过程。"①

人类社会,按其实质、结构来说,是最复杂的物质存在形式。社会是自然界的一个特殊的、具有质的特点的部分,在一定意义上说,它与其他的自然界是相对立的。对社会与自然界的相互关系的这种理解,使历史唯物主义不但根本区别于唯心主义,而且也根本区别于形而上学的唯物主义;因为唯心主义在多数情况下把社会与自然界对立起来,而形而上学的唯物主义则看不到它们之间的质的区别。

意大利思想家乔·维科(十七世纪末至十八世纪初)写道,社会历史与自然界历史的区别在于:社会历史是人们,而且仅仅是人们创造的;可是在自然界中,由于盲目的、面目不清的、自发的力量相互作用的结果,现象和过程是自然而然地发生的。在社会中,人们在发生作用,他们是具有理性和意志的,他们为自己提出各种目标和任务,并为实现这些目标和任务而奋斗。这个事实对于社会学家和历史学家来说,过去是,现在依然常常是他们研究社会过程和社会现象的实质和根本的、深刻的原因时的障碍物。其中有些人把社会历史事件的特征绝对化,形而上学地把自然科学跟历史科学对立起来,认为自然科学研究一般的重复的现象和过程,而历史科

---

① 《列宁选集》,2版,第1卷,10页,北京,人民出版社,1972。

学似乎只同个别的不重复的现象和过程打交道。譬如十九世纪德国哲学家——新康德主义的一派的代表（亨·李凯尔特、威·文德尔班）——认为，应该存在两种不同的、甚至对立的认识方法：自然科学采用的所谓**规律化**的或**总体化**的（概括化的）**方法**，以及历史科学使用的**独特化**的或**个体化的方法**（只与个别的不重复的事件有关系）。

然而，把自然科学跟社会科学这样形而上学地对立起来，是臆造的、没有根据的。不仅在社会历史中，而且在自然界里也不存在两种现象（例如两只单个的动物或同一棵树上的两片树叶）是绝对相同的。而另一方面，在社会和历史中，除了特殊的、个别的现象以外，处在同一历史发展阶段的不同国家和人民，在经济、社会关系、政治生活和精神生活中还有共同的现象。识别这种共同现象也就可以发现社会生活的规律。

可能有人认为，既然社会事件、社会过程是人们本身活动的结果，那么由于这个原因，对它们的认识比起对自然现象的认识来就是一个不太复杂的问题。于是，确立人和社会对社会关系的支配，比起人对自然力的支配，看来是比较容易的任务。然而，正如人类历史所证明，这种观点是错误的。

在十九世纪上半期，自然科学已经有了相当发展，但是真正的社会科学却刚刚诞生。人类在认识自然规律和自然力的同时，逐渐地使它们受自己的支配。但是认识、揭示和发现人类社会真正的性质及其规律，却是较费时间和较复杂的事情。而要掌握社会规律性和过程并由社会来支配它们，那是更复杂、更困难和更费时间的事情了。这些任务只是随着马克思主义的社会科学的建立，随着它被运用于革命地改造社会生活的实践，才有可能解决。

人类社会、社会现象和过程是由各种不同的科学来进行研究的。其中每一门社会科学都只研究某一方面的社会生活，某一种社会关系或现象（如经济的、政治的、意识形态的关系或现象）。

历史唯物主义的对象不是社会生活的个别方面，而是**社会运转和发展的普遍规律和动力，社会生活整体**，它的一切方面和一切关系的内部联系和相互矛盾。历史唯物主义不同于专门的社会科学，它首先而且主要是研究**社会发展的最一般的规律，即社会经济形态产生和存在的规律以及发展的动力。**

适用于一切历史时代的一般社会学规律，即社会发展最一般的规律，在历史特定的每一社会经济形态内部，在每一时代，是按照特殊的、独特的方式表现出来的。因此，为了正确理解一般社会学规律的性质和实质，也就应当研究它们在特殊形式下的作用和效能，即在不同的社会经济形态、在各个不同的历史时代（如：在封建主义、资本主义或社会主义制度下）它们所表现的作用和效能。"一般社会学规律"的概念还包括说明一定的社会经济形态的最一般规律性的那些内在联系和关系。

历史唯物主义还不同于像历史这样的科学。历史科学的任务是研究各个国家和民族的历史，按历史年代的顺序来研究各种事件。历史唯物主义与历史这一门具体科学不同，它首先是一般理论、**方法论**的科学。它不是研究某一个别民族，某一个别国家，而是研究整个人类社会，从社会发展最一般规律和动力的角度对社会加以考察。

历史唯物主义，正如整个马克思主义哲学一样，是理论和方法的统一。历史唯物主义对于社会科学的基本认识论问题——社会存在和社会意识的关系问题——作了辩证唯物主义的解答，它提供了社会发展最一般的规律和动力的知识，因而它是科学的一般社会学理论。正因为如此，历史唯物主义既是研究社会生活现象和过程的生动方法，同时又是革命行动的方法。只有借助于它，历史学家、经济学家、法学家、艺术学家才能够揭示社会生活现象的错综复杂关系。它给工人阶级政治活动家、马克思列宁主义政党提供研究和理解具体历史形势的指导线索。

科学共产主义是以马克思主义政治经济学和历史唯物主义为依据的，它研究无产阶级阶级斗争的战略和策略，研究社会主义革命、民族解放运动和整个世界革命过程的规律性和动力。在建设社会主义和共产主义的条件下，它和其他人文科学共同研究社会主义社会发展的社会政治方面的问题。

历史唯物主义对于开展具体的社会调查也有巨大的意义。在社会调查中应用数学方法以及询问、采访和征询意见等方法的时候，必须以马克思主义的一般社会学理论及其方法为依据。而马克思主义社会学作为关于社会的一般理论科学，在自己发展中也要以具体的社会调查（包括社会学的调查）为依据，以广泛使用有关社会生活各个方面的统计资料和其他经验资料为依据。具体社会调查的使命是揭示和说明在各种不同条件下社会学规律发生作用的机制。

历史唯物主义提供了解事件进程的客观科学方针，使我们能够认识、理解它们，并作出科学预见，使我们有可能看到社会发展的前途和方向；历史唯物主义是革命行动的理论基础。

三、哲学中的革命：创立辩证唯物主义的世界观

马克思和恩格斯对以往的哲学遗产的批判改造和他们在哲学中实现的革命变革，是相互联系的过程。过程的基本内容就是科学的哲学世界观的形成、论证和发展。

列宁指出，马克思主义的产生是以往的社会思想的最伟大的成就的直接继续。

当然，马克思和恩格斯并不是一下子就创立出辩证唯物主义并成了工人阶级科学意识形态的创始人的。他们在理论活动和社会政治活动的初期，曾是唯心主义者，属于黑格尔左派（即青年黑格尔派，他们试图从黑格尔的哲学中得出革命的和无神论的结论）。但是，与其他的青年黑格尔派（自由资产阶级的代表）不同，马克思和恩格斯在其早期著作中就已经是革命的民主主义者，是广大劳动群众利益的维护者。马克思和恩格斯从唯心主义和革命民主主义的立场坚决地转变到唯物主义和共产主义的立场，这标志着马克思主义哲学的形成。促进这一复杂而多方面的过程的主要动力，是马克思和恩格斯反对封建主义和资本主义剥削制度的公开和隐蔽的维护者、为保卫劳动者的利益而进行的斗争。

1841年，马克思在他还是一个唯心主义者的时候，就已经在博士论文中宣布自己的哲学原则是战斗的无神论，这种战斗无神论的实质，按照他的信念，就是反对一切人间的和天上的神，反对任何对人格的贬低。1842年，马克思担任了进步的《莱茵报》的编辑；在他的领导下，《莱茵报》变成了革命派的机关报。马克思在这家报纸上发表的文章中，维护受地主压迫的农民的利益，维护被普鲁士国家的税收政策弄得濒于破产的葡萄酒酿造者的利益，主张出版自由，争取公民权利，等等。马克思通过这一政治斗争，认清了当时德国政权的阶级性质及其与封建主利益的联系。在1842—1843年，开始了马克思由唯心主义转变到唯物主义、由革命民主主义转变到共产主义的时期。他得出结论：彻底的无神论是与唯心主义不相容的，唯心主义实质上是宗教世界观的辩护者。马克思最早曾把国家看作理性的化身，而现在，他已认清国家是保障与劳动群众相敌对

的有产阶级利益的一种政治制度。

恩格斯的哲学观点的形成，也经历了大体相同的过程。在1841年，恩格斯就起来反对在政治上已成了反动分子的唯心主义者谢林。他批评谢林宣扬神秘主义、宗教和对封建制度的顺从。恩格斯对黑格尔的哲学作了革命的解释，并以此来反驳谢林的学说。同时他指出了黑格尔的辩证的**方法**和保守的**体系**之间的矛盾：前者要求看到现实经常在发生变化，而后者则宣布世界历史必然以当时西欧已经基本上达到的社会发展阶段作为完成阶段。恩格斯在1842—1844年住在当时经济最发达的英国，这对于他的哲学观点和社会政治观点的发展起了重大作用。他在英国亲眼看到了资本主义发展的社会后果，并投身宪章派的工人运动。

马克思和恩格斯分别独立地进行研究，而得出了基本上一致的社会政治观点和哲学观点。1844年初，在巴黎出版了马克思编辑的第一期《德法年鉴》杂志，其中除了马克思的文章以外，也刊登了恩格斯的文章。马克思在文章中阐述了辩证唯物主义和科学共产主义的根本原理。他在论证关于无产阶级实现社会主义的世界历史使命时，得出结论说："哲学把无产阶级当作自己的**物质**武器，同样地，无产阶级也把哲学当作自己的**精神**武器……"[①] 恩格斯在评论英国的经济和政治状况以及批判资产阶级政治经济学的文章中，也表述了类似的观点。

从1844年起开始了马克思和恩格斯之间的伟大友谊。在1844—1846年，他们合写了两部巨著：《神圣家族，或对批判的批判所作的批判》和《德意志意识形态》。他们在书中系统地批判了唯心主义哲学，深入研究了辩证唯物主义和历史唯物主义的原理。1847年和1848年分别出版了《哲学的贫困》和《共产党宣言》。列宁称这两本书是成熟的马克思主义的第一批著作。《共产党宣言》是以马克思和恩格斯提出的著名口号"全世界无产者，联合起来！"为标志的。列宁在提到《共产党宣言》时着重指出："这部著作以天才的透彻鲜明的笔调叙述了新的世界观，即包括社会生活在内的彻底的唯物主义、最全面最深刻的发展学说辩证法以及关于阶级斗争、关于共产主义新社会的创造者无产阶级所负的世界历史革命使命的理论。"[②]

由此可见，为了回答过去的哲学家所提出但又无法解决的问题，

---

① 《马克思恩格斯选集》，1版，第1卷，15页，北京，人民出版社，1972。
② 《列宁选集》，2版，第2卷，578页，北京，人民出版社，1972。

必须首先找到理论活动和政治活动的正确出发点。对马克思和恩格斯来说,这个出发点就是反对任何人剥削人的现象、反对社会压迫和社会不平等的经济根源和政治根源的斗争。只有从这种以彻底革命的方式否定一切对人的奴役的立场出发,才能创立**唯物主义**辩证法。资产阶级世界观企图使私有制以及有产者和无产者的对抗永世长存,与此相反,唯物主义辩证法"不崇拜任何东西,按其本质来说,它是批判的和革命的"[①]。只有以最受压迫的最革命的阶级的地位、要求和利益为出发点,才能唯物地理解历史,从而揭示劳动群众、物质生产在人类历史中的决定性作用,并科学地证明共产主义的客观必然性。

某些资产阶级哲学家把马克思和恩格斯的辩证唯物主义描述成黑格尔的辩证的(然而是唯心主义的)方法和费尔巴哈的唯物主义的(同时是形而上学的)理论的结合。这显然是对马克思主义创始人在哲学中所实现的革命变革的实质的不了解和简单化。把唯心主义和唯物主义结合起来,把辩证的思维方法和形而上学的思维方法结合起来,这在原则上是不可能的,因为它们是互相排斥的,马克思主义的创始人辩证地改造了近代的唯物主义学说,包括费尔巴哈的哲学。他们又唯物地改造了黑格尔的辩证法,后者由于其唯心主义的性质而不适用于对自然过程和社会过程的科学研究。他们称这一工作为"把辩证法倒过来",即给它充实从自然科学和社会科学中汲取的现实内容。

把唯物主义辩证法仅仅看作一种方法,而把哲学唯物主义仅仅看作运用这一方法来从事研究的理论,那是非常肤浅的。唯物主义辩证法不仅是一种方法,而且是一种理论,即关于发展的理论,关于自然界、社会和认识的最一般发展规律的学说。哲学唯物主义不仅是一种理论,而且是唯物主义的方法,是研究现象的一定方法。换言之,**马克思主义的方法不仅是辩证的,而且是唯物的,马克思主义的理论不仅是唯物的,而且是辩证的**。这就是说,在马克思主义的哲学中,唯物主义和辩证法并不是两个互不相关的独立组成部分,而是统一的学说,因为现实本身从根本上来说同时既是物质的,又是辩证的。

由此可见,创立**辩证唯物主义的世界观**,把唯物主义变为辩证

[①] 《马克思恩格斯选集》,1版,第2卷,218页,北京,人民出版社,1972。

唯物主义，揭示物质过程及其认识过程的内在辩证性，——这是马克思和恩格斯在哲学中所实现的革命。

这一哲学革命的最重要的方面就是创立历史唯物主义，即把唯物主义推广应用于对社会生活的认识。列宁说："马克思的**历史唯物主义**是科学思想中的最大成果。人们过去对于历史和政治所持的极其混乱和武断的见解，为一种极其完整严密的科学理论所代替，这种科学理论说明，由于生产力的发展，从一种社会生活结构中会发展出另一种更高级的结构，例如从农奴制度中生长出资本主义。"①

上面已经说过，马克思以前的唯物主义者在社会观上仍然是唯心主义者。这不仅是他们的阶级局限性所造成的，而且是他们的理论局限性所造成的。他们把物质、物质的东西简单地理解为实物。因此，他们当然不能分辨出社会生活的物质基础——物质的生产、物质的生产关系、经济。唯物主义的社会生活观的实质，在于确定人们生活的所有多种多样的形式归根到底同社会生产发展的内在联系。发现和研究这种联系，即阐明劳动、生产在人类历史中的作用，是历史唯物主义的出发点。

马克思以前的唯物主义者确认人对自然界和社会的依赖关系，断定各种社会生活现象由彼此不可分的一连串因果关系连接在一起，从而往往得出结论：过去、现在和将来的一切都是必然的，人们不能按照自己的意志加以丝毫改变。与此同时，他们也反对关于社会上和个人生活中所发生的一切都是由超自然的力量预先决定的宗教宿命论观点，正确地强调了人们本身创造自己的历史。但是形而上学的唯物主义者不能以科学的唯物主义论证这个原理，他们走上了主观主义地解释历史事件的道路，即把历史事件解释为似乎仅仅由人们的意志，特别是杰出人物的意志所引起的。历史唯物主义的创立意味着既是对宿命论的历史观，也是对主观主义的历史观的战胜。

马克思和恩格斯所完成的哲学中的革命还在于，他们消除了哲学知识与各种专门的部门科学的内容和成就（过去哲学家们通常认为这种成就不具有世界观的意义）的对立。这种把哲学知识、哲学真理跟专门的、仿佛受局限的科学加以形而上学的对立，是所有以往的哲学，首先是唯心主义哲学中或多或少都存在着的。马克思和恩格斯正是从这个方面谈到要取消旧的意义上的哲学，即似乎不依

---

① 《列宁选集》，2版，第2卷，443页，北京，人民出版社，1972。

赖于各种部门科学所掌握的受历史局限的知识的，充当"科学的科学"的哲学。

马克思和恩格斯证明，哲学不应当是高居于具体科学研究之上的"科学的科学"，而应当是以具体科学研究为依据，总结其资料，并揭示自然界、社会和认识的最一般发展规律的科学世界观。

马克思主义的创始人在消除哲学知识与科学知识的对立的同时，也否定了以往的形而上学哲学观点所特有的追求尽善尽美的、一成不变的、无须进一步发展的绝对知识的奢望。哲学作为一种科学的世界观，就要完全站在科学的立场上，即站在始终可以接纳新结论、经常得到发展、充实新原理并抛弃旧原理的科学的立场上。

辩证唯物主义作为科学的哲学，广泛运用科学中使用的研究方法，包括假设、公设、确定事实、分析事实、研究某些过程的或然率等等。这种对哲学本性的深刻科学的理解和对哲学知识的形而上学观点（甚至在辩证法大师黑格尔那里，哲学知识也被当作一种绝对知识，即绝对观念的自我认识）的彻底批判，是马克思主义所实现的哲学革命的最重要方面之一。马克思曾以讽刺的口吻说："到目前为止，一切谜语的答案都在哲学家们的写字台里，愚昧的凡俗世界只需张开嘴来接受绝对科学的烤松鸡就得了。"[①] 这就是说，哲学如果要想充当"绝对的科学"，就不是现实的科学。科学的哲学不是天才所宣布的启示，它和任何科学一样，是由学者、研究家们共同探讨形成的。马克思主义哲学原则上否定一成不变的完备的哲学体系这种思想，同时它自身则是**辩证唯物主义的体系**。这就是说，马克思主义哲学的特征是组成它的各个原理的原则统一性，同时，这一哲学又处于运动、发展之中，不断通向新的发现。它不断认识和理解自身的各项有待解决的课题，并在批判思想敌人的同时也进行自我批评，因为它承认受现有知识（不仅是哲学知识，还有一般科学知识）范围的局限。正如所有的科学知识体系一样，马克思主义哲学把自己的各种科学论点只当作现实的近似的反映，当作相对真理与绝对真理的统一，并对后者作辩证的理解，即理解为在自身范围内的相对真理。

马克思和恩格斯消除了哲学与人们实践活动的对立，特别是哲学与无产阶级解放运动的对立。他们证明，哲学不存在于纯思维的

[①] 《马克思恩格斯全集》，中文1版，第1卷，416页，北京，人民出版社，1956。

抽象原质之中，而且这种不依赖于现实的"纯"思维也是不存在的；从今以后哲学通向生活的道路，是通过无产阶级和全体劳动群众的革命实践来实现的。只有从这种关于哲学任务的崭新观点着眼，才能理解马克思的一个著名的原理："哲学家们只是用不同的方式**解释**世界，而问题在于**改变**世界。"①

那些反对马克思主义的资产阶级批评家从这个论点中得出结论：似乎马克思认为用哲学来解释现实生活各种现象是不必要的，不重要的，他把哲学的任务单单归结为推动改变世界。其实，上面所引的马克思的论点，其矛头是指向通常在阶级对抗社会中占统治地位的哲学的，这种哲学把解释和说明现存的事物，当作证明这些事物由于不可避免和必须迁就因而正确的一种手段。在马克思看来，科学的解释能够而且应当是改变现实的理论根据。因此，哲学的任务不是撇开解释世界，而是把解释世界同革命的实践活动结合起来。

革命的能动性，对一切反动的事物持不调和态度，公开直接地宣布自己的党性，严密的科学性，敌视教条主义及其僵硬的公式，勇于提出新问题，创造性的发展，与修正主义对科学理论的曲解毫不妥协的立场，——所有这些都是辩证唯物主义和历史唯物主义（以及整个马克思主义学说）的特征。这些特征体现了标志马克思主义产生的革命变革的实质。

总 体 框 架

导 论

第一章 哲学，哲学的对象和哲学在各门科学中的地位

一、哲学的对象这一概念的发展

二、哲学的基本问题

三、辩证法和形而上学

四、马克思列宁主义哲学的对象和这一哲学与其他科学的关系

五、哲学的党性

---

① 《马克思恩格斯选集》，1版，第1卷，19页，北京，人民出版社，1972。

第二章 马克思主义哲学的产生和发展
一、马克思主义产生的社会经济前提和政治前提
二、辩证唯物主义和历史唯物主义的理论来源
三、马克思主义哲学和十九世纪中期自然科学的伟大发现
四、辩证唯物主义和历史唯物主义的创立是哲学中的革命
五、列宁对马克思主义哲学的发展

辩证唯物主义

第三章 物质及其存在的基本形式
一、哲学的物质观
二、运动及其基本形式
三、空间和时间
四、世界的物质统一性

第四章 意识是具有高度组织的物质的特性，现实的反映
一、意识和人脑
二、意识是客观世界的心理反映的最高形式
三、反映形式的演变
四、意识和言语，它们的起源和相互联系
五、意识和控制论

第五章 普遍的辩证发展规律
一、唯物主义辩证法是关于普遍联系和发展的科学
二、量变和质变互相转化规律
三、对立面统一和斗争规律
四、否定的否定规律

第六章 唯物主义辩证法的范畴
一、辩证法范畴概述
二、单一、特殊和一般
三、原因和结果
四、必然性和偶然性
五、可能性和现实
六、内容和形式
七、本质和现象

第七章 人的认识和性质
一、唯物主义辩证法是马克思列宁主义的认识论

二、主体和客体

三、实践。认识的社会历史性

四、知识是精神对现实的把握。反映原则

五、语言是知识的存在形式。记号和意义

六、客观真理

七、知识真理性的标准

第八章 认识过程的辩证法

一、认识是感性和理性的统一

二、知识的水平：经验的和理论的，抽象的和具体的。分析与综合的统一

三、历史的和逻辑的。思维对客体的再现形式

四、辩证法和形式逻辑

五、科学理论的形成和发展。直觉

六、知识在实践中的实现

七、知识和价值

历史唯物主义

第九章 历史唯物主义是一门科学

一、历史唯物主义的产生

二、历史唯物主义的对象

三、社会发展规律及其客观性质

四、人们的自觉活动及其在历史上的作用。自由和必然

第十章 物质生产是社会生活的基础

一、社会和自然界，二者的相互作用

二、社会生产力。生产力体系中的人

三、生产关系

四、生产力和生产关系发展的辩证法

第十一章 社会经济形态。世界历史过程的统一性和多样性

一、社会经济形态的概念

二、社会经济形态的结构。基础和上层建筑

三、历史过程的统一性和多样性

第十二章 阶级和阶级斗争

一、阶级的产生和实质

二、社会结构及其变化

三、阶级利益和阶级斗争，阶级斗争形式和阶级组织形式
　　四、阶级消灭的历史必然性
第十三章　人们共同体的历史形式：部落，部族，民族
　　一、氏族和部落是阶级出现以前的社会中人们共同体的历史形式
　　二、阶级的产生和人们共同体形式的发展。部族。民族
　　三、资本主义条件下的民族关系
　　四、共产主义和民族的未来
第十四章　社会的政治组织
　　一、从社会的非政治组织（公社组织）向政治组织的过渡
　　二、政治组织的发展及其在社会生活中的作用
　　三、社会主义社会的政治组织
　　四、现今历史时代和社会的政治组织
第十五章　社会革命
　　一、社会革命是社会经济形态更替的规律性
　　二、革命的历史类型
　　三、革命的客观条件和主观因素
　　四、当代世界革命过程的性质
第十六章　社会意识的结构和形式
　　一、精神文化的概念
　　二、社会心理和意识形态
　　三、社会意识的形式。它们的社会功能和特点
　　四、社会意识的相对独立性。各种社会意识形式的
　　　　联系和相互影响
　　五、社会意识和个人意识
　　六、当代各种思想的斗争
第十七章　科学，它在社会生活中的地位和作用
　　一、科学是社会生活中的一种特殊现象
　　二、科学发展的历史规律性。自然科学和社会科学
　　三、科学技术革命和社会革命
第十八章　社会和个人
　　一、什么是个人
　　二、社会利益、社会集团利益和个人利益
　　三、集体和个人
第十九章　人民群众和个人在历史上的作用
　　一、关于人民和个人的历史作用的唯物主义观点

二、关于人民群众在历史上的作用的科学观点
三、个人在历史上的作用
四、工人阶级领袖在社会主义革命中的历史作用

第二十章 历史进步
一、历史进步的实质
二、历史进步的标准
三、阶级剥削社会中社会进步的对抗性质
四、社会主义条件下历史进步的特征
五、现代资产阶级社会学中的历史进步问题

现代资产阶级哲学和社会学批判

第二十一章 现代资产阶级哲学
一、资本主义总危机和现代唯心主义的特点
二、新实证主义——唯心主义的科学的哲学
三、现代非理性主义。存在主义
四、二十世纪的宗教哲学。新托马斯主义
五、现代资产阶级哲学的统一性

第二十二章 现代资产阶级社会学
一、资产阶级历史哲学
二、现代资产阶级社会学理论
三、资产阶级经验社会学

辩证唯物主义概论

[苏] 斯坦尼斯   陆齐华 译

河北人民出版社 1987 年出版

总　论：马克思主义哲学是关于世界和对世界认识的辩证唯物主义理论[*]

一、辩证唯物主义的"研究客体"与"研究对象"

马克思、恩格斯创立了辩证唯物主义和历史唯物主义哲学，就是创立了崭新的唯物主义形式，同时也是创立了新型的辩证法。他们把唯物主义和辩证法有机地结合在一起，把唯物主义发展到高峰——将其推广到对社会生活的理解，从而把唯物主义和辩证法提高到新的水平，即彻底科学的哲学的水平。恩格斯写道："马克思和我，可以说是从德国唯心主义哲学中拯救了自觉的辩证法并且把它

---

[*] 本章内容选自《辩证唯物主义概论》第一章第四节。文中标题由编者所加。

转为唯物主义的自然观和历史观的唯一的人。可是要确立辩证的同时又是唯物主义的自然观，需要具备数学和自然科学的知识。"①

世界的科学史和哲学史证明，在这个范围内，那些具有划时代意义的杰出成就，总是同对各个极为广大的领域中的知识的概括和综合相联系的。这也完全适用于马克思主义哲学。马克思和恩格斯在创造性地改造和概括当时先进哲学成果、社会思想和自然科学成就，概括社会生活和阶级斗争实践，以及资产阶级民主革命和动摇了文明世界的基础的人民运动的经验的过程中，创立了马克思主义哲学。马克思和恩格斯是作为资本主义社会中唯一彻底革命的阶级——工人阶级的思想家，制定自己的哲学的。在帝国主义和无产阶级革命的时代，在自然科学发生根本变革的时期，列宁成为马克思、恩格斯事业的天才的继承人，他的名字同辩证唯物主义哲学发展的新阶段联系在一起。

马克思、恩格斯、列宁把辩证法作为关于联系、自己运动和发展的学说进行探讨，发展产生于对立面的统一，它自身包含着作为一切自己运动的内部泉源的矛盾。

在普遍联系、运动和发展中考察一切现象，这是唯物辩证法的原则。在认识论的意义上，原则就是基本原理——在研究现实的基础上得到的和在认识和实践中必须遵循的观念。马克思主义辩证法通过自己的范畴、原则和规律的体系来揭示物质世界和精神世界中形形色色的普遍联系，证明它们对于人的认识和实践活动的方法论意义。

科学所表述的规律是本质的、稳定的、必然的联系和关系，也就是说，不以人们是否认识它们为转移而存在着的现实规律在思维中的反映。发现物质世界和精神世界的规律，是一切科学的最重要的任务（虽然不是唯一的任务），如果没有这一部分认识活动，也就没有科学。辩证唯物主义或唯物主义辩证法这门科学也是如此。

按照恩格斯的简洁定义："辩证法不过是关于自然、人类社会和思维的运动和发展的普遍规律的科学。"② 这个定义指出了唯物辩证法理论与其他科学共同的东西，以及它们之间的差别。共同的东西在于，辩证法也和其他一切较为具体的科学一样，在考察现实的属

---

① 《马克思恩格斯全集》，中文1版，第20卷，13页，北京，人民出版社，1971。
② 同上书，154页。

性、联系、存在方式和关系的同时，研究现实的各种规律。它们之间的差别则在于，辩证法理论所研究的是运动和发展的最一般规律，以及世界的普遍存在形式和方式。因此，辩证法所揭示的规律同整个辩证唯物主义哲学表述的基本原理和原则一样，应对任何运动形式和任何发展都有效力。

自然科学和社会科学都揭示和表述普遍程度不同的各种规律和原则。其中有些规律，如在自然界中起作用的各种守恒定律和在社会中起作用的社会革命规律，具有很大的适用范围。但是，辩证唯物主义哲学的对象是这样一些规律，它们在物质存在世界和精神存在世界中随时随地起作用，物理的、化学的、地质的和生物的现象、过程，以及人类社会、人的精神创造都在某种方式下受到支配，它们具有普遍的性质。

辩证唯物主义哲学充当万能的认识的方法论，因而也充当科学方法论的理论基础的职能，是同唯物辩证法的规律、原则的普遍性息息相关的。由于世界、宇宙是辩证的，所以辩证法的实用的方法论作用也是多方面的。换句话说，由于辩证法的规律贯串于现实的一切运动和过程，所以必须从唯物主义和辩证法统一的立场出发去研究现实中任何一种现象。

马克思主义哲学克服了以往唯物主义的反历史主义、形而上学性和直观性，在历史唯物主义地和辩证地看待人的产生过程的基础上，论证了人作为能思维的存在物的产生。人类祖先对物质世界的对象性的实践关系，他的劳动活动以及这种活动的社会性，对于人们精神生活和活动的产生、发展起了决定性的作用。意识和实践的有机联系，总的说来一直决定着人类历史的进程。换句话说，作为科学的辩证唯物主义把解决哲学基本问题的历史唯物主义观点，作为自己不可分割的要素包含在自身之内。

马克思、恩格斯、列宁经常强调唯物主义辩证法作为对世界进行革命改造的方法，作为工人阶级及其革命政党为工人阶级和全体劳动者摆脱剥削、争取社会主义进行斗争的有效武器的特殊意义。恩格斯在谈到唯物辩证法时，就马克思和他自己写道：辩证法"是我们最好的劳动工具和最锐利的武器"[1]。综上所述，要回答这样一个问题，辩证唯物主义哲学的对象究竟是什么？必须把"研究客体"

---

[1] 《马克思恩格斯全集》，中文1版，第21卷，337页，北京，人民出版社，1965。

和"研究对象"这两个概念区分开来。马克思主义哲学的最广义的研究客体,与一切科学是共同的。对于整个人类认识来说,运动着的物质及其一切属性、物质世界的整体及其任何一个部分,包括人的世界,就是这种共同的研究客体。而每一门科学的研究对象(或简称对象)则被理解为该门科学从现实中挑选供研究的某个领域或方面,以及它所解决的某些问题。对于辩证唯物主义哲学来说也是这样。

作为科学的辩证唯物主义,要科学地、辩证而又唯物地解决意识和物质、思维和存在的关系问题。在这种世界观基础上,它揭示出自然界、社会、思维的运动和发展的普遍规律。此外,它还是科学认识和实际行动的方法论的一般理论基础。这就是对辩证唯物主义对象的扼要说明。

二、辩证唯物主义世界观:科学认识活动和价值哲学活动的统一

整个辩证唯物主义,也就是说,无论是辩证法,还是唯物主义都具有方法论的意义。唯物主义指引科学家们客观地研究现实,要求认识尽可能准确地在意识中反映和再现物质世界及其派生物,防止认识活动中的主观主义和片面性。在研究精神世界、观念世界时,唯物主义要求从现实关系的世界,归根到底即从人们的物质存在中把它们推导出来。辩证法作为普遍的思维方法和作为科学认识方法论的基础的意义本身,建立在唯物主义基础之上。因为,辩证法的普遍原则和规律是对世界的普遍客观规律和存在方式的反映,正因为这样,关于它们的知识才对把握物质世界的意识如此重要。马克思在说明他所制定的科学研究方法时,把它称为辩证的和唯物主义的方法。

恩格斯写道,随着辩证唯物主义的创立,"以往所理解的哲学也就终结了"[1]。他所指的,是那些唯心主义的带有形而上学片面性的哲学体系,它们自认为掌握了关于世界的完全的绝对正确的知识。按照这种理解,哲学作为把握世界的最深刻本质的绝对知识体系,作为某种唯一正确的世界观,同自然科学是对立的,把后者视为有局限性的表面经验。

---

[1] 《马克思恩格斯全集》,中文1版,第21卷,311页,北京,人民出版社,1965。

辩证唯物主义是作为哲学和哲学世界观而创立的，这种世界观是以人类先进思想包括哲学思想成果和具体科学（自然科学和社会科学）的材料为依据。辩证唯物主义的世界观本身已经提高到科学知识的水平。

同其他科学的有机联系是马克思主义哲学的本质特点。它首先表现为哲学同马克思主义的其他组成部分——政治经济学、科学社会主义的不可分割的联系。列宁曾经把马克思的整个学说称为世界观。它还表现为辩证唯物主义同自然科学的联系。恩格斯在1886年写道，由于自然科学的巨大成就，自然科学带来的经验知识使我们有可能"以近乎系统的形式描绘出一幅自然界联系的清晰图画"[1]。恩格斯的这种说法预见到以后得以实现的一种发展趋势。自然科学绘出一幅自然界联系的图画是一项与哲学的世界观职能近似的工作。在现代条件下，由于二十世纪自然科学的巨大发展，自然界联系的图画以空前增长的广度和深度被绘制出来。19世纪80年代，当恩格斯写上述这番话时，自然科学实际上多少还只知道宏观世界。现在，自然界联系的图画包括微观世界、宏观世界和宇观世界。列宁曾经研究过的，开始于十九世纪和二十世纪之交的科学革命，由此产生的科技革命，以及与科技革命相联系的急剧展开的各种不同知识的综合过程，在这方面起了突出的作用。由现代科学——自然科学和社会科学——绘制的作为一个有联系的整体的世界图画构成现代科学世界观的一定层次。然而在这种情况下，作为现代科学世界观的一般哲学基础的辩证唯物主义和历史唯物主义的意义并没有降低，反而提高了。

马克思主义哲学作为辩证唯物主义世界观，研究和揭示不仅包括科学认识活动，而且包括价值哲学活动（也即价值观念领域的创造活动）的人类全部精神活动的一般原理和原则，指出这两类精神活动的内在联系。它以科学的可靠性揭示价值观念在人的实践活动，以及工人阶级和广大人民群众改造社会的斗争中的地位、作用和意义，科学地论证共产主义意识固有的价值观念体系。

马克思主义哲学是完整的观点体系和某种范畴——哲学概念体系，辩证唯物主义的观点体系借助这些概念、范畴表现出来。

恩格斯在批判黑格尔哲学时，指出了黑格尔探讨的辩证方法和

---

[1] 《马克思恩格斯全集》，中文1版，第21卷，340页，北京，人民出版社，1965。

他关于世界的绝对知识的独断主义体系之间的矛盾。因此，恩格斯对于建立哲学体系持否定的看法。对历史上存在过的哲学体系所做的批判研究证明，每一种体系都自命为对世界的绝对的完备的认识。恩格斯对这些哲学体系的否定的评价所针对的是这种毫无根据的奢望，而决不是系统性这一科学知识的本质特征。相反，恩格斯承认这种系统性，并把它同这样一点相联系，即世界本身表现为一个统一的体系，是一个有联系的整体。① "包罗万象的、最终完成的关于自然和历史的认识的体系，是和辩证思维的基本规律相矛盾的；但是这决不排斥，反而肯定，对整个外部世界的有系统的认识是可以一代一代地得到巨大进展的。"②

马克思主义哲学否认有可能建立以完备的绝对真理的形式出现，像最高法官一样凌驾于其他科学之上的哲学体系。

马克思主义哲学是新型的哲学体系，即辩证唯物主义的体系，它包含着针对知识而言的体系范畴本身的辩证唯物主义理解。知识体系被理解为以一定方式组织起来的完整知识，它反映着研究对象，无止境地接近在思维中全面地再现认识客体。由此可见，对于知识体系，包括哲学知识体系，也应该从运动、变化、发展中，从完善和丰富的永恒过程中进行考察。

我们认为，作为科学的辩证唯物主义，其体系组织原则最基本的有两条：1. 论证世界的存在方式，以及它通过对立面的相互关系和作为内部泉源的矛盾的自我运动和发展③；2. 把对象性实践活动和革命改造活动理解为人和世界的基本关系，理解为社会发展和人的认识的源泉、基础和动力。④

马克思主义哲学是关于世界和对世界的认识的辩证唯物主义理论，它把唯物主义和辩证法的原则也应用于自身。

辩证唯物主义哲学是一个"开放的"体系，宜于进一步发展和丰富，同时，对一切不符合客观真理、不符合唯物主义和革命的辩证法的东西毫不妥协。

马克思主义哲学随着科学知识的增长、实践的丰富、社会发展的新需要的显露，和科学技术进步产生的新问题的出现而进一步发

---

① 参见《马克思恩格斯全集》，中文1版，第20卷，662~663页，北京，人民出版社，1971。
② 同上书，27~28页。
③ 参见《列宁全集》，中文1版，第38卷，北京，人民出版社，1959。
④ 参见《马克思恩格斯全集》，中文1版，第3卷，北京，人民出版社，1960。

展。人们的认识和活动的一切新领域、社会和哲学思想本身的发展提出的种种新问题都属于哲学研究的范围。在哲学所考察的那些传统问题中还出现一些新的方面。科学和实践的新材料使人们有必要回头去研究那些从前已经解决的问题，按照社会文化和科学发展的新水平充实已经得出的答案并使之具体化。

总体框架

第一章 哲学是一种理论知识形式
一、哲学知识的特点
二、哲学的基本派别。哲学基本问题
三、唯物主义在历史上的各种形式。辩证法与形而上学
四、辩证唯物主义是唯物主义和辩证法的统一。辩证唯物主义的对象
五、哲学的党性

第二章 物质及其本质属性
一、物质概念和物质学说
二、运动是物质的存在形式
三、物质的运动形式
四、空间和时间是物质的本质属性
五、物质基质及其种类和结构水平
六、世界的统一性和多样性的辩证关系

第三章 意识及其起源与本质
一、反映概述
二、产生意识的生物学前提
三、劳动在意识产生中的作用
四、意识的社会实践本质

第四章 辩证唯物主义认识论及其原则和问题
一、问题的由来
二、实践和认识
三、语言和思维
四、真理和谬误
五、思维是一种创造

第五章 唯物辩证法。规律和范畴
一、辩证法及其方法论作用的一般评述

二、客观规律和科学规律及其分类原则
三、对立面统一和斗争规律
四、量和质相互制约规律
五、否定的否定规律
六、两种发展观点和辩证法规律的联系。辩证法规律的方法论作用
七、作为现实的反映和普遍思维形式的辩证法范畴

第六章 科学认识的方法和形式
一、认识方法的起源和本质
二、认识方法的分类
三、辩证唯物主义认识方法的本质和普遍性
四、一般认识方法
五、理论是科学知识的一种形式
六、认识课题及其种类

第七章 科学认识的逻辑
一、形式逻辑——推导知识的逻辑
二、辩证逻辑——新型的逻辑
三、辩证逻辑的基本原则
四、作为思维形式的辩证法范畴
五、辩证法和形式逻辑

第八章 系统方法的哲学根据
Ⅰ 现代科学知识结构中的系统方法
一、作为对总体的质的分析的系统方法
二、现象的整体测定
三、现实的多维状况
四、科学知识的系统综合
Ⅱ 系统知识的不同类型及其认识论根源
一、哲学的和"非哲学的"系统方法
二、天然世界和人工世界
三、知识的类形式及其对系统方法形式的特殊性的影响

第九章 辩证唯物主义和哲学修正主义
一、修正主义对辩证唯物主义对象的歪曲
二、抹杀辩证法同形而上学的对立的企图
三、修正主义者对辩证唯物主义规律和范畴的曲解

历史唯物主义概论

苏联科学院哲学教研室　　易杰雄等 译

河北人民出版社 1987 年出版

总　论：历史唯物主义是马克思列宁主义哲学不可分割的一部分*

一、历史唯物主义与辩证唯物主义的关系

马克思列宁主义哲学就是辩证唯物主义和历史唯物主义，它们是不可分割的统一体。

列宁强调指出："在这个由一整块钢铁铸成的马克思主义哲学中，决不可去掉任何一个基本前提、任何一个重要部分，不然就会离开客观真理，就会落入资产阶级反动谬论的怀抱。"[①] 列宁在批判

---

*　本章内容选自《历史唯物主义概论》第一章。文中标题由编者所加。

①　《列宁全集》，中文1版，第14卷，344页，北京，人民出版社，1957。

对马克思主义哲学的唯物主义的基础，即对社会存在与社会意识的关系问题的辩证唯物主义解决作唯心主义的歪曲时，提出了这一根本原理。科学的哲学是一个统一的整体，它的基本部分无论是在逻辑方面还是在历史方面，都是不可分割地联系在一起的。

而在我们的文献中能够碰到这样的论断，即历史唯物主义是把辩证唯物主义的基本原则推广到社会现象领域。这样的表述需要以辩证唯物主义能够不依赖于历史唯物主义而产生和存在为前提。

对于这一点，在列宁那里完全是另外一种意思。他在《马克思主义的三个来源和三个组成部分》一文中写道："马克思加深和发展了哲学唯物主义，使它成为完备的唯物主义哲学，把唯物主义对自然界的认识推广到对人类社会的认识。马克思的历史唯物主义是科学思想中的最大成果。"① 很明显，在这里说的不是辩证唯物主义，而是没有贯彻到底的哲学唯物主义，即前马克思主义的唯物主义。这个观点是在列宁的著作《卡尔·马克思》中提出来的，在这一著作中，历史唯物主义被确定为推广到人类社会及其历史的唯物主义，列宁关于这个问题的真实立场就是这样。

众所周知，马克思和恩格斯任何时候也没有同意过空想社会主义的思想。他们是由唯心主义和革命的民主主义通过费尔巴哈的唯物主义走向科学社会主义的。但是，费尔巴哈的唯物主义却由于它的片面性、人本主义的直观性和形而上学的局限性，未能成为科学共产主义的理论基础，因为在对社会生活的解释上他还没有超出唯心主义的界限。列宁写道："马克思在1844—1847年离开黑格尔走向费尔巴哈，又进一步从费尔巴哈走向历史（和辩证）唯物主义。"② 马克思和恩格斯不是在荒野地上创立起历史唯物主义和辩证唯物主义的，而是在费尔巴哈唯物主义的基础上，是在它的上半截进一步贯彻唯物主义，制定了唯物史观，同时从无产阶级的立场批判了黑格尔、各种空想社会主义学说的拥护者和费尔巴哈对社会现象的唯心主义解释。

对黑格尔唯心主义辩证法的唯物主义改造在这个理论形成过程中起了巨大的作用。列宁写道："普遍运动和变化的思想（逻辑学，1813年）还未被应用于生活和社会以前，就被猜测到了。这一思想

---

① 《列宁全集》，中文1版，第19卷，5页，北京，人民出版社，1959。
② 《列宁全集》，中文1版，第38卷，386～387页，北京，人民出版社，1959。

先公诸于社会（1847年），而后被应用于人类（1859年）"①，在这里，列宁大概是想强调，1813年黑格尔《逻辑学》出版是1847年《共产党宣言》出版的时间的前提条件——《共产党宣言》正好标志作为社会发展的完整的科学理论的辩证唯物主义和历史唯物主义的形成过程的完成。

马克思和恩格斯根据工人阶级的根本利益，从唯物主义立场出发，并按照普遍发展的思想，概括了以往革命运动和他们那个时代的无产阶级阶级斗争的经验，认为人们的经济需求、利益需要和物质生产决定着社会有机体所有其他方面的发展。这一立场是批判地改造以往社会思想最重要成果（复辟时代历史学家关于阶级的学说，英国政治经济学的经典作家们的劳动价值论，空想社会主义对资本主义的批判）的方法论的钥匙。马克思和恩格斯给自己提出了揭示思想、观点和科学概念改变的真正原因的任务，并在生产发展中，在人们各种物质利益的冲突中，在阶级斗争中，也就是在物质生活的各种现实的对立力量和趋势的斗争中，找到了这些原因。但是，制定关于社会生活的唯物史观不是他们的最终目的。他们给自己提出了无比重大和真正宏伟的任务：回答怎样从实践上改变现实的问题。这个问题在当时十分尖锐，以致那时很多把自己标榜为共产主义者和社会主义者的思想家们，也提出了通过"改善"资产阶级关系的途径，"推行"共产主义的各种幻想的处方。

不用唯物主义观点分析社会发展，就根本谈不到建立辩证唯物主义，根本谈不到辩证唯物主义地解决哲学基本问题，解决意识思维对物质和存在的相互关系问题。无论是从人本主义，形而上学——机械唯物主义，还是从自然科学唯物主义，甚至是从自发素朴的唯物主义立场，都不能科学地解决这个问题，因为这些唯物主义的信奉者们都没有看到人们的实践活动在意识的产生和发展中的决定性作用，没有考虑到这是一个社会问题，而不是人的人本主义发展的问题。思维对存在、精神对物质的关系问题由辩证唯物主义的创始人从全部哲学问题中抽象出来，并规定为哲学基本问题，这是顺理成章的。

列宁注意了马克思主义哲学产生的历史特点。这一哲学的实质在于："马克思和恩格斯的学说是从费尔巴哈那里产生出来的，是在

---

① 《列宁全集》，中文1版，第38卷，147~148页，北京，人民出版社，1959。

与庸才们的斗争中发展起来的,自然他们所特别注意的是使唯物主义哲学臻于完善,也就是说,他们所特别注意的不是唯物主义认识论,而是唯物主义历史观。因此,马克思和恩格斯在他们的著作中特别强调的是辩证唯物主义,而不是辩证唯物主义,特别坚持的是历史唯物主义,而不是历史唯物主义。"①

辩证唯物主义作为没有任何片面性的彻底科学的发展理论和认识方法,离开了历史唯物主义是不可思议的,而这完全适用于辩证唯物主义产生的历史。它的基本原则就是在唯物主义地分析社会发挥功能及其发展的基础上发现的。

因此有必要回忆一下列宁的这样一条著名原理:"马克思和恩格斯称之为辩证方法(它与形而上学方法相反)的,不是别的,正是社会学中的科学方法。"②

列宁关于《资本论》的逻辑的意见说明了辩证唯物主义与历史唯物主义的有机联系:"虽说马克思没有留下'逻辑'(大写字母的),但他遗留下《资本论》的逻辑,应当充分地利用这种逻辑来解决当前的问题。在《资本论》中,逻辑、辩证法和唯物主义的认识论……都应用于同一门科学,而唯物主义则从黑格尔那里吸取了全部有价值的东西,并且向前推进了这些有价值的东西。"③列宁在自己著名的《谈谈辩证法问题》的短文中,在说明马克思的方法时指出:"一般辩证法的阐述(以及研究)方法也应当如此(因为资产阶级社会的辩证法在马克思看来只是辩证法的局部情况)。"④

辩证唯物主义与历史唯物主义的相互联系在马克思列宁主义哲学后来的发展中,在以新的原理充实它的过程中得到了揭示。列宁在自己的哲学遗嘱——《论战斗唯物主义的意义》一文中,在谈到必须全面研究辩证法的时候,建议"在杂志上登载黑格尔主要著作的摘要,用唯物主义观点来加以解释,引用马克思运用辩证法的实例,以及引用经济关系和政治关系方面的、为近代史尤其是现代帝国主义战争和革命提供得非常多的辩证法的实例来加以评注"⑤。

历史唯物主义的创立是对社会的看法的真正革命。列宁写道:

---

① 《列宁全集》,中文1版,第14卷,348页,北京,人民出版社,1957。
② 《列宁全集》,中文1版,第1卷,145页,北京,人民出版社,1955。
③ 《列宁全集》,中文1版,第38卷,357页,北京,人民出版社,1959。
④ 同上书,409页。
⑤ 《列宁全集》,中文1版,第33卷,204页,北京,人民出版社,1957。

"人们过去对于历史和政治所持的极其混乱和武断的见解,为一种极其完整严密的科学理论所代替,这种科学理论说明,由于生产力的发展,从一种社会生活结构中会发展出另一种更高级的结构……"①

唯物史观的产生克服了唯心主义社会学学说的根本缺陷,而在社会学方面,所有的或几乎是所有的前马克思主义学说都是唯心主义的。

首先,唯心主义的社会学家们把自然界与社会之间的差别绝对化,否认社会中有客观规律的作用。他们认为,社会的发展是由伟人不同的思想动机、意志和情欲决定的,而这些思想动机本身的原因和根源却没有提到。其次,社会学家们实际上把历史归结为杰出人物的活动,忽视人民群众在历史上的作用。再次,所有的或者几乎是所有的唯心主义社会学家都是形而上学者,他们把社会看作是人和物的机械总和,而没有看作是社会关系的有机体系。

按照列宁的意思,历史唯物主义与关于社会的真正的科学、马克思列宁主义社会学是同义词。过去没有、现在也不可能有任何其他不同于历史唯物主义的科学的一般社会学的理论。

总之,历史唯物主义是马克思列宁主义哲学不可分割的一部分,同时这部分又是相对独立的。要知道,社会虽然是自然界的一部分,但是这部分在质上毕竟是很特殊的,历史唯物主义具有自己的研究对象,自己的规律和范畴,自己的结构。

二、历史唯物主义的对象:社会发展和发挥功能的规律

马克思和恩格斯的伟大功绩在于,他们在研究社会时第一次把它作为一个完整的、特殊的社会有机体来对待。他们把每个发展阶段上的社会都看作是社会关系的完整体系和物质运动的社会形式。历史唯物主义摈弃任何机械的、生物学的即伪科学的社会学学说。

因为社会是一个社会体系,在社会及其存在的一切阶段上,除了社会的个别方面和部分发展及发挥功能的规律外,作为完整体系的整个社会发展和发挥功能的各种规律也在起作用,正是这些规律构成了历史唯物主义的对象。在我们的文献中有很多历史唯物主义规律的定义,一些作者把它们看作是社会发展的最一般的规律;另一些作者认为是整个社会发展的一般规律;第三种认为是社会发展

---

① 《列宁全集》,中文1版,第19卷,5页,北京,人民出版社,1959。

和发挥功能的一般规律；第四种认为是作为完整体系来考察的社会发展的规律。我们认为，应当把历史唯物主义看成是作为整个社会有机体，作为社会关系的整个体系的社会发挥功能和发展的规律。

这里所说的不是一些词，而是关系到如何对科学概念作更准确的规定的问题。要知道，整个社会是由全部社会科学从纵的和横的方面来加以研究的。而社会作为整体，作为一种特殊的客体，却是由历史唯物主义加以研究的。

历史唯物主义的规律通常叫做一般社会学的规律。首先与它有关的有：社会存在决定社会意识的规律；物质生产方式决定社会生活的社会、政治和精神过程的整个体系的规律；生产关系的性质和生产力发展的水平相适应的规律，经济基础决定上层建筑的规律和社会革命的规律。一般社会学的规律并不以此为限，它们的数目将随着人们的思想日益深入到社会现象的本质中去而增长。某些作者把人民群众在历史上和某些其他方面的作用不断增长的规律正在列入到一般社会学的规律中去。

对历史唯物主义规律的研究，包括提出和解决这些规律起作用的机制问题，这个问题在历史唯物主义的体系中应当占有自己的地位，因为当我们甚至已经了解了规律，但还没有关于它起作用的机制的精确概念时，我们就不能把它作为实践活动的指南，预见这些那些社会过程的结果。社会规律起作用的机制问题今天已成了十分迫切的现实问题。苏联共产党中央委员会《关于进一步发展社会科学和提高社会科学在共产主义建设中的作用的措施》的决议指出："在对全面揭示现代社会发展规律起作用的机制这些基础理论问题的研究方面，出现了某种落后的现象。"[1]

一般社会学的规律起作用的机制问题的方法论意义在于，要求在同具体的社会学规律，即社会在其发展的某一阶段上发挥功能和发展的规律（特殊），以及在同某些阶级、民族和其他社会集团的活动的相互作用中分析这些规律（一般）。研究社会现象而不同于历史科学的历史唯物主义观点的实质就在于此。

一般社会学的规律起作用的机制问题迫切要求我们去考察社会发展的动力，而对发展动力的分析又揭示出一般社会学规律发挥作用的诀窍和社会——经济形态更替的自然历史过程。

---

[1] 《共产党人》1967年俄文版，第14期。

历史唯物主义的伟大成就在于，它的奠基人创立了社会经济形态学说，发现了作为完整的构成物的社会的实际结构。列宁写道："……马克思也推翻了那种把社会看作可按长官的意志（或者说按社会意志和政府的意志，都是一样）随便改变的、偶然产生和变化的、机械的个人结合体的观点，第一次把社会学置于科学的基础上，确定了社会经济形态是一定的生产关系的总和，确定了这种形态的发展是一个自然历史过程。"①

列宁就是这样评价发现社会结构客观基础的理论和方法论的意义的。这一发现，最先表达在马克思的著名的《政治经济学批判》导言中。考虑到所说的一切，应当作出结论：社会结构的问题只有一般社会学的性质，所以在科学的社会学对象的定义中应当得到反映。

这样，历史唯物主义应更准确地定义为：是作为整体的社会②发挥功能和发展的规律的科学，是这些规律起作用的机制的科学，是关于社会在其历史发展中的动力和结构的科学。

历史唯物主义具有发达的范畴体系，这些范畴反映作为整个的有机体的社会的最一般的和最本质的特征。马克思和恩格斯在表述他们所发现的历史唯物主义规律时，利用了他们提出来的新的一般社会学的范畴：社会存在、社会意识，生产方式、生产力和生产关系，经济基础和上层建筑，社会经济形态。此外，历史唯物主义利用了社会学中早就有的一些概念，同时赋予它们以新的内容：人们的历史共同体（氏族、部落、家庭、部族、民族）、社会政治组织形式（国家、阶级、政党等等）、社会意识的形式与水平、人民群众与个人等等。在以后的各章中将分析这些范畴和其他的一些范畴，不了解这些范畴，就不可能创造性地把握历史唯物主义的内容。

历史唯物主义作为科学具有一定的结构。它包括一系列全面发达的学说或理论，相应的一般社会学的规律是每一种这样的理论和学说的逻辑核心。首先应当把生产方式学说、社会经济形态学说、阶级和国家的理论、阶级斗争与革命（特别是社会主义革命）的理论等等包括到这种历史唯物主义理论中去。这些理论的每一条都是对社会科学的巨大贡献。这些理论在深入反映社会过程时经常以新

---

① 《列宁全集》，中文 1 版，第 1 卷，122 页，北京，人民出版社，1955。
② "作为整体的社会"的概念，在这里用它是为了表征普遍的物质运动的社会形式或在其具体历史的整体性中某些社会有机体。

的内容丰富自己，把现时代的社会经验吸收到自身中去。

对历史唯物主义的所有规律和理论问题的创造性发展，是马克思主义社会学的列宁主义阶段的特点，列宁及其学生和继承者对历史唯物主义的所有部分都做出了不可估量的贡献。列宁的社会学思想在今天得到了富有成果的发展。这不单是指出现了大量的社会学著作，其中包括教科书性质的东西，而在于创造性地解释了许多众所周知的问题，并提出了新的问题。历史唯物主义不是什么现成的、在所有的情况下都有用的真理的总和，而是生动的、不断发展的学说，它如果不以现代社会发展的经验丰富自己，就不能成功地完成自己的社会使命。

三、历史唯物主义的党性：现实人道主义和民主主义的科学的表现

大家都很熟悉马克思这句名言：无产阶级把新哲学当作自己的精神武器。① 无产阶级借助于这种哲学，意识到了自己的历史使命和阶级责任，促进了工人阶级在组织上团结一致，指明了通往新的、共产主义生活的道路。历史唯物主义是科学共产主义的理论基础。随着历史唯物主义和科学共产主义的产生，出现了无产阶级阶级斗争的新时期。它的组织由零星的分散的小组发展为能够领导本国和世界范围内的共产主义运动的政治组织，他们把社会主义的意识灌输到自发的群众运动中去，因为没有革命的理论，就没有革命的运动。②

历史唯物主义从它产生的那一天起，最重要的社会使命就是成为革命行动的理论和方法，成为制胜的科学。因此，不断有人企图伪造它，企图取消它的革命的辩证法，把它变成庸俗的、没有前途的经济唯物主义。

反共分子和修正主义分子至今还在指责共产党人的学说是"自相矛盾的"。他们认为，这种矛盾表现在，一方面承认社会向社会主义和共产主义过渡的客观必然性，另一方面又要求有意识、有目的地组织群众同资本主义作革命的斗争。他们指责共产主义者，既然共产主义不可避免，为什么还要流血牺牲？他们把自己装扮成不可避免地要流血牺牲的那部分劳动群众利益的"捍卫者"。发明的这一

---

① 参见《马克思恩格斯全集》，中文1版，第1卷，467页，北京，人民出版社，1956。
② 参见《列宁全集》，中文1版，第5卷，261~262页，北京，人民出版社，1959。

"矛盾",暴露了资产阶级秩序的辩护士和工人运动自发性的思想家的马脚。

问题的实质在于,为了实现社会主义和共产主义而对群众运动实施领导,是建立在历史唯物主义和科学共产主义的科学原则上的,它是这一过程的客观规律性的体现。何况,不仅是领导这一运动的司令部——共产党,就是这一运动的普通参加者——群众,也都应当理解运动的目的,他们取得成就的途径和手段,并在自己的实践活动中遵循它们。而为了做到这一点,就必须了解现代社会发展的规律及其起作用的机制,不仅需要知道作为客观必然性的规律,而且需要知道这种还只是可能的必然性通过怎样的社会行动才能给自己开辟一条道路,成为现实的必然性。

人类向社会主义和共产主义过渡的辩证法就是这样,必须为新的社会制度而斗争,必须以新的动力、刺激因素、组织形式和方法的形成为前提。在阶级对抗的社会里,自发产生的刺激因素和群众运动形式都不可能导致人类关系的新的体系的确立;自发的运动本身不能超出旧的私有制秩序的框框。在这里,问题不在于运动的期限和困难性,而在于它的客观逻辑。

苏联和世界社会主义体系的其他各国共产主义运动和社会主义建设的经验十分明显地表明,人们的自觉性、主观因素、客观规律和趋势在为社会主义和共产主义而斗争的人的意识中的正确反映,它们是这些规律起作用的机制的必要环节之一。社会发展的任何规律,尽管是客观的,离开了人们的活动也不能发生作用,因为它不能"生活"于社会的时间和空间之外,不能离开人们的利益和需求而存在。马克思写道:"革命不是靠法律来实行的"①,革命是靠人来实行的。

在社会主义方面,虽然存在社会发展的客观规律和群众的革命热忱,但是,为了给这些规律开辟广阔的道路,把群众的革命热忱引向并统一到先进思想上,使这些先进思想成为劳动人民的革命世界观,共产党的繁重的组织和政治工作仍然是必要的。历史已经以革命的马克思列宁主义者的胜利解决了他们同修正主义者关于工人运动的自发性与自觉性的长期争论。

在社会主义革命胜利以后,当共产党成了建设具有全新结构的

---

① 《马克思恩格斯全集》,中文1版,第23卷,819页,北京,人民出版社,1972。

社会有机体的领导与指引方向的力量时，历史唯物主义在改善主观因素方面的作用得到了特别迅速的增长。在这个时期，历史唯物主义成了管理这一复杂的建设性过程的科学的理论基础，成了党制定内外政策的科学基础。

历史唯物主义日益增长的世界观——意识形态方面的意义必然导致社会主义社会的全体成员对它的创造性的把握。在历史唯物主义的使命中，最明显、最充分地表现着它的党性。历史唯物主义的首要要求在于，在对社会生活的一切现象和过程的解释中，公开地、彻底地、毫不妥协地捍卫和发展辩证唯物主义立场。而这种立场是符合工人阶级和全体劳动人民的根本利益的。历史唯物主义在这一点上与资产阶级客观主义是根本不同的。

列宁在发展历史唯物主义的过程中专门分析了唯物主义立场与客观主义立场的本质区别。列宁在《民粹派的经济内容及其在司徒卢威先生的书中受到的批评》中指出："客观主义者谈论现有历史过程的必然性；唯物主义者则是确切地肯定现有社会经济形态和它所产生的对抗关系。客观主义者证明现有一系列事实的必然性时，总是不自觉地站到为这些事实做辩护的立场上；唯物主义者则是揭露阶级矛盾，从而确定自己的立场。客观主义者谈论'不可克服的历史趋势'；唯物主义者则是谈论那个'支配'当前经济制度、造成其他阶级的某种反抗形式的阶级。可见一方面，唯物主义者在运用自己的客观主义上比客观主义者更彻底、更深刻、更全面。他不仅指出过程的必然性，并且阐明正是什么样的社会经济形态提供这一过程的内容，正是什么样的阶级决定这种必然性。例如现在，唯物主义者不会满足于肯定'不可克服的历史趋势'（资本主义发展的趋势——作者注），还会指出存在着一定的阶级，这些阶级决定着当前制度的内容，使得生产者不自己起来斗争，他们自己就不可能有出路（跳出资本主义制度的框框——作者注）。另一方面，唯物主义本身包含有所谓党性，要求在对事变做任何估计时都必须直率而公开地站到一定社会集团的立场上。"[1]

我们完整地摘录了这一大段引文，以便指明，通过对现实的深刻的彻底的唯物主义的分析，怎样不可避免地得出了党性的结论。这种分析要求我们揭示现实的矛盾和由这些矛盾引起的工人阶级的

---

[1] 《列宁全集》，中文1版，第1卷，378~379页，北京，人民出版社，1955。

斗争，而这种斗争为向新制度过渡提供了可能性。

在辩证地和彻底——唯物主义地研究现实的基础上，反映并从理论上思考工人阶级和全体劳动人民的利益，构成了历史唯物主义党性的真正内容。

由此不难得出，历史唯物主义的党性是它的现实的人道主义和民主主义的真正科学的表现。现代资产阶级——唯心主义的社会学学说，没有一派是体现和捍卫劳动人民的利益的。不但如此，所有的资产阶级学说总是首先特别残酷地向分析或大或小范围内的社会现象的阶级——党性原则进攻。资产阶级社会学以大肆吹嘘的全人类的或相反民族的、仿佛是唯一正确的观点与这一原则相对立。他们把"善"和"恶"，"人民"和"政权"，"自由"和"专制"，"民主"和"专政"这些抽象的概念摆到首位，阉割了它们所有的阶级内容，把这些概念变成一种僵死的、毫无内容的图解，这种图解对于他们来说是对现代社会生活现象的一种方便的"定量包装"。

他们狂热地吹捧对社会现象所持的纯粹的民族的态度。当然，现时代所有的社会现象都不只具有全人类的内容，而且具有它所固有的民族的特点。但是，只有对历史和现代社会生活持阶级—社会的观点，才能在具体—历史的社会现象中揭示出永久的和全人类的东西，并科学地确定民族特点在人类发展中的地位与意义。

直接和公开捍卫劳动群众利益的马克思列宁主义社会学的彻底的唯物主义，不可避免地要求同唯心主义或公开地或隐蔽地，有意识地或无意识地表现并捍卫剥削阶级和统治阶级观点的一切不符合唯物主义的言行作彻底的斗争。列宁在《唯物主义和经验批判主义》中专门深入研究了历史唯物主义党性这一最重要的要求。他认为，马克思和恩格斯的天才在于，他们几乎在半个世纪的时间内彻底坚持了唯物主义，证明了如何需要把同样的唯物主义贯彻到社会科学领域，同时无情地揭露了那种夸大的、自视高明的胡说，和在哲学上"开辟""新的"路线、发明"新的"流派的无数企图，等等。在我们今天，在资产阶级社会学中，到处都能发现这类企图，而在工人运动和共产主义运动中，马克思主义的修正主义的"革命者们"往往都是拥护这些主张的。

而列宁是这样提出问题的："不是彻底的唯物主义，就是哲学唯心主义的谎言和糊涂观点"[①]，没有也不可能有第三条道路。当然，

---

① 《列宁全集》，中文1版，第14卷，357页，北京，人民出版社，1957。

这并不是说，包括唯心主义的卫道士们和其他"凌驾于党性之上的"学者们的历史学和社会学方面的著作在内的、资产阶级世界的所有的著作都是虚伪的谎言和混乱。不是，他们无论是在对自然科学的实际问题的研究方面，还是在对社会科学的实际问题的研究方面，在许多专门的领域，都作了有价值的工作。列宁坚决主张："无论在哲学上或经济学上，马克思主义者的任务就是要善于汲取和改造这些'帮办'所获得的成果（例如，在研究新的经济现象时，如果不利用这些'帮办'的著作，就不能前进一步），并且要善于消除他们的反动倾向，贯彻自己的路线，同敌视我们的各种力量和阶级的整个路线作斗争。"①

"同敌视我们的力量和阶级的整个路线作斗争"，善于贯彻自己的路线，这些都不意味在分析事情的实际情况时离开严格的科学性、客观性和真实性。我们不应当有任何武断的废话和对这些阶级和力量的漫骂。历史唯物主义对客观规律的反映，对它们起作用的机制和社会的动力和结构的揭示越充分、深刻、正确和符合实际，它就越能彻底表现和捍卫作为整体的社会和它所有的成员（社会主义）或大多数劳动人民的利益。真理永远是进步的社会力量手中的锐利武器。

总 体 框 架

第一章　历史唯物主义是马克思列宁主义哲学不可分割的一部分
　　第一节　历史唯物主义在马克思列宁主义哲学中的地位
　　第二节　历史唯物主义的对象
　　第三节　历史唯物主义的社会使命与党性
第二章　自然界与社会的相互作用
　　第一节　社会产生的自然前提
　　第二节　外部自然界是社会存在和发展的前提
第三章　社会规律及其特点
　　第一节　社会及其规律的概念，社会规律起作用与被利用的机制

---

① 《列宁全集》，中文1版，第14卷，362页，北京，人民出版社，1957。

第二节　社会学规律及其基本类型

第四章　社会存在决定社会意识的规律
第一节　"社会存在"与"社会意识"范畴的定义
第二节　社会存在与社会意识的产生
第三节　社会存在与社会意识的分化
第四节　社会意识的功能
第五节　资本主义的劳动分工和社会意识形态的专门化
第六节　社会意识在科学基础上的综合

第五章　社会发展的物质基础
第一节　物质生产在社会发展中起决定作用的规律
第二节　生产力与生产关系是社会生产方式的两个方面
第三节　生产力发展的联系与相互作用；生产关系与生产力相适应的规律

第六章　科技革命的哲学——社会学问题
第一节　科技革命的实质
第二节　科技革命与社会进步
第三节　资产阶级对科技革命的看法

第七章　经济基础决定上层建筑的规律
第一节　经济基础与上层建筑范畴
第二节　经济基础与上层建筑的相互作用
第三节　经济基础与上层建筑在社会主义社会条件下相互作用的特点

第八章　社会经济形态
第一节　概念的定义
第二节　社会经济形态是历史进步的阶段
第三节　超越前一个经济形态向更高的社会经济形态过渡的可能性
第四节　旨在反对社会经济形态理论的某些现代资产阶级学说

第九章　社会发展的基本动力
第一节　经常起作用的社会动力
第二节　原始社会的动力
第三节　对抗形态的动力，阶级斗争是历史的动力
第四节　社会主义社会的动力

第十章 社会革命是由一种社会经济形态向另一种更高的社会经济形态过渡的规律

第一节 社会发展中的进化与革命
第二节 进行革命的条件：革命的基本规律
第三节 革命过程的辩证法：革命与反革命的斗争
第四节 社会革命的历史类型：社会主义革命
第五节 现代世界革命的进程

第十一章 发达社会主义的方法论问题

第一节 社会主义的本质
第二节 发达社会主义的最一般特征
第三节 共产主义第一阶段的分期

第十二章 社会的政治体制

第一节 社会政治体制的概念
第二节 阶级对抗社会的政治体制
第三节 成熟的社会主义社会的政治体制

第十三章 文化及其在社会生活中的地位与作用

第一节 文化的定义
第二节 马克思列宁主义对以往文化遗产的态度
第三节 在精神文化中民族的与国际主义的东西的辩证法

第十四章 社会意识的结构

第一节 "社会意识结构"的概念
第二节 日常意识与理论意识；社会心理与社会意识形态
第三节 社会意识、集团意识与个人意识

第十五章 社会与个人

第一节 资产阶级社会科学中的人的问题
第二节 关于人的科学学说
第三节 个人与社会在历史发展中的相互关系
第四节 社会主义与个性
第五节 个人的全面发展是社会主义和共产主义的最高目标

第十六章 社会进步

第一节 资产阶级哲学中进行观念的进化
第二节 社会进步的实质与标准
第三节 社会进步的类型

第十七章　认识社会现象的方法论原则
　　第一节　认识社会现象的特点
　　第二节　辩证唯物主义方法对于认识社会现象的意义
　　第三节　认识社会过程的一般方法
第十八章　历史唯物主义与现代意识形态斗争
　　第一节　历史唯物主义是反对资产阶级社会发展理论的方法论基础
　　第二节　现代条件下意识形态斗争的特点

哲学原理

［苏］斯比尔金　徐小英等 译

求实出版社 1990 年出版

总　论：作为完整的马克思主义哲学的辩证唯物主义和历史唯物主义[*]

一、辩证和历史的唯物主义哲学：关于自然、社会和思维发展规律的完整学说

马克思和恩格斯作出了关于工人阶级进行解放的世界历史使命和从资本主义向社会主义的革命转变不可避免的结论。这是只有在对社会发展（首先是资本主义的发展）规律进行详细科学研究的基

---

[*] 本章内容选自《哲学原理》第二章第二节和第九章第二节。文中标题由编者所加。

础上才可能作出的结论,它要求以建立新的世界观和方法论为前提。

伟大的思想从来不是凭空产生的。它们有自己的形成过程。用恩格斯的话说,辩证唯物主义自然观在对马克思主义哲学的自然科学论证中有重大的意义,而自然科学的伟大发现——能量守恒和转化定律(М. В. 罗蒙诺索夫、Ю. 迈耶尔)、生物体的细胞结构(М. Я. 施莱登、T. 施旺)和达尔文的进化论——在辩证唯物主义自然观中起了首要的作用。马克思主义的奠基人认为,能量守恒和转化定律是对世界的物质统一性原理、物质永恒不灭的原理,以及各种物质存在形式相互转化原理的确证。在生物体细胞结构的理论中,他们看到了对植物界和动物界内在统一的证明。而达尔文的进化论则被他们看作是发展思想的胜利。

但马克思和恩格斯在创建自己的学说时所依据的不仅是自然科学的成就,而且首先是社会科学的成就。德国古典哲学、英国的古典政治经济学和法国的空想社会主义,是马克思主义的理论来源。黑格尔和费尔巴哈是对马克思、恩格斯的哲学观点产生了最强烈影响的直接先驱。被改造了的黑格尔辩证法思想是唯物辩证法形成的哲学来源。马克思指出:"辩证法在黑格尔手中神秘化了,但这决不妨碍他第一个全面地有意识地叙述了辩证法的一般运动形式。在他那里,辩证法是倒立着的。必须把它倒过来,以便发现神秘外壳中的合理内核。"① 马克思主义的奠基人在批判黑格尔的唯心主义观点时所凭借的是整个唯物主义传统,首先是费尔巴哈的唯物主义。辩证唯物主义也是在重新思考社会现实、自然现实的基础上对黑格尔和费尔巴哈从根本上进行创造性改造的成果。

杰出的英国经济学家、对资产阶级社会进行经济剖析的开创者、创立了劳动价值论的亚当·斯密(1723—1790)和大卫·李嘉图的思想推动了马克思和恩格斯创立彻底科学的社会哲学——历史唯物主义。

富人和穷人、劳动和资本之间的矛盾早已在企盼着社会公正的善良人的心中引起了愤怒的抗议。在社会思想史上,空想社会主义成了这种抗议的明确表达。空想社会主义最伟大的代表人物傅立叶(1772—1837)、A. 圣西门(1760—1825)、P. 欧文(1771—1858)深刻而尖锐地批判了资本主义的矛盾,对新的社会主义社会提出了

---

① 《马克思恩格斯全集》,中文1版,第23卷,24页,北京,人民出版社,1972。

一系列天才的猜测（尤其是关于生产资料公有制、消灭人剥削人的现象、劳动转变为娱乐的源泉等的猜测）。但是，他们没有看到能够完成社会改造的现实力量。

马克思和恩格斯证明了无产阶级只有摧毁旧世界，才能建设新社会，从而创立了真正科学的社会主义理论。关于自然和社会发展的客观规律和对社会现实的革命改造的科学观点体系被命名为马克思主义，辩证的和历史的唯物主义、马克思主义的政治经济学和科学社会主义理论是它的组成部分。

马克思主义哲学的产生标志着哲学思想的内容及其在科学知识和对现实的实践改造中所起的社会作用发生了质变。马克思和恩格斯把革命的理论和革命实践结为一体。"哲学家们只是用不同的方式解释世界，而问题在于改变世界。"① 这个简洁的表达包含着哲学中革命变革的核心。这个提纲决不是要贬低以往的进步哲学思想的巨大革命作用。它只是说，由于在解释历史时的唯心主义，没有一种哲学体系创建了揭示对人类社会生活进行革命改造的规律的科学。在科学思想史上，马克思主义首次揭示了社会实践在社会生活、认识以及人类整个物质文化和精神文化发展中的基础作用。马克思主义在从实践中得出理论的同时，又使理论服务于对现实的革命改造的需要。"……理论一经掌握群众，也会变成物质力量。"② 马克思主义哲学与革命斗争融成了一体，而它的创造者既是无产阶级的思想家，也是无产阶级的政治领袖。马克思和恩格斯创立了群众的哲学并科学地证明了人民在历史中的决定作用，同时他们也丝毫没有贬低历史上的个人的作用。

马克思主义的产生标志着形而上学唯物主义的破产。唯物主义的辩证法在哲学史上第一次创建起来并获得了创造性的应用。过去的唯物主义者虽然承认自然界、物质的第一性和意识的第二性、派生性，但他们是不彻底的唯物主义者，因为在理解社会生活时，他们仍然是唯心主义者。与唯心主义的社会历史观相反，马克思主义证明了人本身是历史的创造者，但他们的创造不是任意的，而是在从前辈人那里继承下来的客观物质条件的基础上按照客观规律进行的。人们的存在（即物质资料的生产和以这种生产为基础在劳动过程中形成的人与人之间的关系）决定人们的意识，这就是历史唯物

---

① 《马克思恩格斯全集》，中文1版，第3卷，6页，北京，人民出版社，1960。
② 《马克思恩格斯全集》，中文1版，第1卷，460页，北京，人民出版社，1956。

主义对社会生活领域中哲学基本问题的回答。

总之，马克思和恩格斯在总结无产阶级革命斗争经验和科学材料的基础上揭示了自然界和人类社会发展的辩证唯物主义性质。他们把唯物主义发展到了"顶点"，将其运用于对社会历史的解释，并从而创立了历史唯物主义。这无论是对社会科学，还是对整个社会实践，都有巨大的革命意义。马克思和恩格斯创立了关于自然、社会和思维发展规律的完整学说——辩证和历史的唯物主义哲学。

二、历史唯物主义的对象：社会机体的发展规律

马克思和恩格斯"将唯物主义建造至顶部"，即运用唯物主义的原理阐明了社会发展的规律和动力。做到这一点"所用的方法，就是从社会生活的各种领域中划分出经济领域，从一切社会关系中划分出生产关系，即决定其余一切关系的基本的原始的关系"①。同时，马克思主义不轻视个人在历史中的作用，不轻视他们的思想、兴趣、动机的重要性，但是真理在于：这些东西本身并不是历史过程中始初的原因，而是派生的原因，这些原因归根到底需要从物质生活条件中得到解释。这种解释就被确定为历史观中唯物主义的基本原理。"不是人们的意识决定人们的存在，相反，是人们的社会存在决定人们的意识"，就是说，物质生产的现实过程和生产关系构成精神生活的基础。而且，马克思和恩格斯所依据的是一个非常简单的、任何一个人都懂得的事实：人们在从事科学、哲学、艺术等等活动之前，首先必须吃饭、喝水、穿衣、有住所，而要有这些东西就必须劳动。劳动是社会生活的基础。没有劳动活动，社会既不可能产生，也不可能存在。这样就从一般的存在中划分出社会存在——社会的物质生活和历史形成的、客观的、不以某些人的意识和意志为转移的生产关系。马克思给唯物史观的实质做了一个简要的表述："人们在自己生活的社会生产中发生一定的、必然的、不以他们的意志为转移的关系，即同他们的物质生产力的一定发展阶段相适合的生产关系。这些生产关系的总和构成社会的经济结构，即有法律的和政治的上层建筑竖立其上并有一定的社会意识形式与之相适应的现实基础。物质生活的生产方式制约着整个社会生活、政治生活和精神生活的过程。"②区分出社会存在这个范畴，使人们有可能把社

---

① 《列宁全集》，中文1版，第1卷，118页，北京，人民出版社，1955。
② 《马克思恩格斯全集》，中文1版，第13卷，8页，北京，人民出版社，1962。

会辩证地看作物质运动的高级的（社会的）形式，一种实质上是主体—客体的形式。社会的存在好比是社会的实体，即是社会发挥功能和发展的所有其他方面的基础。马克思和恩格斯根据社会经济形态这一概念把历史看成为统一的世界过程。

马克思主义以前的思想家们，由于在历史观上是唯心主义者，因而不能找到区分社会生活中的始初的东西与派生的东西的客观标准。"唯物主义提供了一个完全客观的标准，它把生产关系划为……并使人有可能把……重复性这个一般科学标准，应用到这些关系上来。"① 用列宁的话说，这里包含着唯物史观的深刻的世界观和方法论的意义。

人类社会是一个实质和结构最为复杂的活的体系。社会这个概念不仅包括现今生活着的人们，而且也包括所有过去和未来的各代人，即历史上和未来的全人类。社会的生活基础是劳动，人们的劳动活动。社会历史和自然界历史的区别就在这里：前者是由人造成的，而后者是自行产生的。同时，人并不是作为盲目的工具进行活动的，而是从自身的需要、动因和利益出发，追求一定的目的，遵循各种思想，即自觉地进行活动。在社会中，经济关系、政治关系、意识形态关系、家庭关系及其他的关系十分巧妙地交织在一起。为了明显起见可以把社会看作一株枝叶繁茂的大树。每一个具体的社会学科研究它的某一部分：根、干、枝、叶等。虽然它们的总和也包括了社会生活的所有方面，但是它们所获得的知识的简单积累并不能提供社会的完整的图景；因为在社会中，除各个领域特有的发展规律发生作用外，与其一起发生作用的还有整个社会发展的最普遍的规律。正如只研究树的各个部分是不会了解树的生长规律一样，不从社会的多样性中看到统一性也是不会在整体上了解社会的。发现这种统一性，了解其形式多样的表现的规律性、弄清各代人可见的相互联系、文化和民族的多样性等的社会需要，引起了想对历史过程进行理论说明的许多的尝试，其最终结果是建立了历史唯物主义这一完全科学的社会哲学。

历史唯物主义是关于社会存在对社会意识的决定作用、关于社会发展的一般的和特殊的规律和动力、关于社会生活各个方面之间的联系原则的哲学理论。因此，历史唯物主义的对象是作为完整的

---

① 《列宁全集》，中文1版，第1卷，120页，北京，人民出版社，1955。

社会机体的社会的发展逻辑（规律性），它可使人们制定出正确的标准来分析和评价社会生活事件，了解历史事件的错综复杂的情况，弄清什么东西应算作是始初的、基础的，而什么东西是派生的。在历史唯物主义制定的那种特有的、用作社会历史的解释原则的范畴体系的基础上是可以进行这种研究的。这些范畴是：社会经济形态、物质生产与生产关系、基础与上层建筑、阶级与阶级斗争、民族与民族关系、社会革命、国家与法、社会意识诸形式、文化、个人与社会、社会管理，等等。总之，历史唯物主义是社会认识的理论和方法。

社会哲学理论具有两极性的特点：它的一极是知识，而另一极是旨在寻求新知识的活动。这就使它成为指导和组织研究探索的方法（方法论）。社会哲学的理论原则通过一般科学和具体科学的研究方法在社会科学中的折射而表现为研究活动中的方法论的范导。

作为方法论的历史唯物主义理论，如果本身在其一般世界观和一般方法论取向上不遵照比它更为广泛的概括性的理论——辩证唯物主义，它对各门具体社会科学的作用实质上就会不可思议。

历史唯物主义揭示出社会生活发展的普遍规律，从而有助于从解决社会生活领域中的哲学基本问题出发，即根据社会存在与社会意识的关系以正确地确定每一种社会现象的地位，看出历史中合规律现象与偶然现象之间、客观因素与主观因素之间、经济现象与政治现象之间等的辩证的相互作用。它使人对社会生活的多样性中的统一性有科学的了解。

当代社会生活、社会主义社会一切方面的完善化的实践表明，必须更加深刻地认识这样一些基本问题的意义，如加速社会经济的发展和科学技术的进步、在这一过程中人的因素的作用、根据对社会客观规律的进一步深刻认识论证社会管理的科学概念。没有对社会认识的方法论原则所作的基本研究，是做不到这一点的，在党的纲领性文件中，在马克思主义哲学家们的著作中都创造性地进行这方面的研究。任何轻视社会哲学的作用，对它的任务作狭隘实用主义的解释、忽视基本理论问题、看风使舵的坏影响，以及经院式的空谈无论在理论上或在实践中都是不容许的。

三、辩证唯物主义与历史唯物主义的相互联系

看起来似乎在唯物史观的原则中原已深刻和自然地存在辩证唯物主义和历史唯物主义的相互渗透，因而关于它们的相互关系问题

不会作为一个单独问题产生出来。然而我们的哲学实践的情况是，辩证唯物主义领域主要是取得了自然科学的取向，而历史唯物主义在研究社会问题时却忽略了一般哲学的取向，相应地没有足够地利用一般哲学的范畴。这就使得社会认识没有得到应有的研究，也没有以应有的方式对一般哲学认识层次和社会哲学认识层次加以对比。在某一阶段上已经显然可以看到，马克思列宁主义哲学的这两个领域的相对有成效的、独自的、孤立的发展，成了它进一步发展的障碍，使人们不能深入理解无论是社会认识或是自然科学认识的当前的问题。在自然科学中产生了一些不考虑科学研究的社会后果就不可能进行深入研究的问题，一般哲学认识的社会决定论问题尖锐地提上了它的议事日程，而反过来，不依靠一般哲学范畴去认识社会现实情况，就有可能使社会哲学的对象融化在其他研究社会的学科的对象之中。因此，需要弄清作为完整的马克思列宁主义哲学学说的辩证唯物主义和历史唯物主义的相互关系。

从历史上看，马克思主义也是首先以社会历史科学为基础，而后以自然科学为基础才制定出作为普遍的认识方法的唯物辩证法的。的确，如果没有唯物史观，我们能够理解诸如世界的物质统一性、发展、辩证矛盾、实践等等这样一些基本的哲学问题吗？没有唯物史观，就不可能形成统一的唯物主义的世界图景，因而也就不可能有辩证唯物主义。认识社会与认识自然界一样，都依靠辩证法的原则、规律和范畴，这一点就表现出整个人的认识的内在统一性，这种统一性是必须由世界的物质统一性得出来的。

但是，认识对象的特殊性也要求方法上的、理论认识的方式和手段的特殊性。例如，对真理问题的一般哲学上的研究不但不排除社会哲学，其中包括历史学对真理观的专门研究，相反要以这些研究为前提。

恩格斯把历史唯物主义看作辩证唯物主义哲学的一部分。Г. В. 普列汉诺夫也是这样思考的，他肯定地指出，"马克思和恩格斯的唯物主义世界观……既包括自然界，也包括历史。无论是在自然界或是在历史方面，这种世界观'都是本质上辩证性的'。但因为辩证唯物主义涉及历史，所以恩格斯有时将它叫做历史的。这个形容词不是说明唯物主义的特征，而只表明应用它去解释的那些领域之一。"[1]

---

[1] 《普列汉诺夫哲学著作选集》第2卷，311页，北京，三联书店，1962。

总体框架

导 论

第一章 什么是哲学

第一节 论哲学知识的对象和本性
哲学与现代时代。谈谈"哲学"一词的词源学。哲学的对象。论哲学知识的本性。哲学的科学性问题和唯科学主义的局限性。哲学思维的语言和风格。哲学及其人的尺度。

第二节 哲学——世界观的理论基础
世界观：实质和生动的含义。哲学的基础问题。唯物主义和唯心主义。哲学的党性。

第三节 作为一般方法论的哲学
方法和方法论理论。作为理论和方法的辩证法。辩证法和形而上学。

第二章 哲学史

第一节 马克思主义以前的哲学史
古代的哲学。中世纪的哲学。文艺复兴时期的哲学。17～18世纪的欧洲哲学。德国古典哲学。俄国哲学。

第二节 马克思主义哲学的产生和发展
马克思主义产生的历史条件。马克思主义哲学的理论来源。马克思主义在哲学中完成的革命变革的实质。马克思主义哲学的创造性。列宁对马克思主义哲学的发展。

第三节 20世纪的国外哲学
新实证主义。实用主义。存在主义。哲学人类学。人格主义和新托马斯主义。现代西方哲学中的新流派。

存在和意识

第三章 物质：统一性和表现形式的多样性

第一节 物质的一般概念
什么是存在。"物质"范畴的形成略史。辩证唯物主义的物质概念。世界的物质统一原则。现代科学论世界的物质统一性和多样性。物质不灭原则。
第二节　运动是物质存在的方式
运动概念、物质和运动的统一性。运动和静止的辩证法。围绕物质和运动统一性原则的哲学争论。运动形式的多样性及其相互关系，退化论：它的必然性和危险性。
第三节　空间和时间
空间和时间的一般概念。物质、运动、空间和时间的统一性。论空间的多维性。有限和无限的辩证法。自然科学中的无限和无穷的概念。

第四章　意识：本质和起源
第一节　意识的一般概念
意识的定义。意识和大脑。物质的和观念的映象和对象。意识的能动性。意识的结构。自我意识，反射。自觉的和不自觉的。
第二节　从动物心理到人的意识
反映是物质的一般属性。反映和信息。论动物心理。意识的起源。
第三节　意识、语言、交往
人具有语言才能。语言是交往手段。语言是思想工具，语言和意识的统一性。符号系统。

辩证法理论

第五章　联系和发展是辩证法的基本原则
第一节　论普遍联系和相互作用
联系和关系概念、哲学的普遍联系原则。相互作用概念。
第二节　发展思想和历史主义原则
关于发展的一般观念。发展和时间，历史主义原则和对它的一般方法论诠释。历史主义原则和对它的社会诠释。
第三节　因果性原则和客观合目的性
因果性概念和它同普遍联系和发展原则的相互关系。因果性和时间。因果性和相互作用。因果关系的形式。决定论和非决定论。客观合目的性。因果性和发展。
第四节　系统性原则
系统，要素，结构。结构和功能、整体和部分。本原因果性和系统的相关关系。系统性原则和发展原则的相互关系。对系统方法的形而上学诠释。

第五节 规律和规律性
规律概念。规律和哲学决定论。规律的分类，规律和规律性。

第六章 辩证法的基本范畴和规律
第一节 论辩证法范畴和规律的统一性和差别
范畴是认识世界的阶段和形式。辩证法范畴和基本规律的相互关系。

第二节 本质和现象
本质和现象概念。围绕本质和现象的辩证法的哲学争论。是和像是。现象和本质、外在和内在。

第三节 单一、特殊和一般
单一和一般概念。单一和一般的辩证法。

第四节 必然性和偶然性
必然和偶然的概念。必然性和自由。

第五节 可能性、现实和或然性
可能性和现实的概念。可能性的形式。或然性概念。

第六节 部分和整体。系统
历史上对"部分"和"整体"范畴相互关系问题的解决。整体和部分的辩证法。整体和系统。

第七节 内容和形式
内容和形式范畴的形成史。内容和形式概念。内容和形式的辩证法。

第八节 质、量和度
质、属性和状态的概念。量的概念。度。量变和质变的相互转化。

第九节 矛盾和和谐
对立面的统一和矛盾。矛盾的基本类型。矛盾是发展的源泉。

第十节 否定、继承和革新
否定是发展的合乎规律的要素。发展中的继承性。渐进性、进步性、螺旋性发展的标准。

认识和创造

第七章　论认识的本质和意义
第一节　"知"意味着什么？
　　认识论及其对象。反映客观实在是认识的基本原则。知识的统一性及其种类的多样性。论认识的可能性：乐观主义、怀疑主义、不可知论。认识的主体和客体。

第二节　实践——认识的基础和目的
　　论理论和实践的统一。知识发展的内在逻辑。

第三节　什么是真理？
　　美和真理的价值。真理、谬误和谎言。相对真理和绝对真理。真理的具体性。论真理性知识的标准。

第八章　思维哲学
第一节　理智—感性直观
　　感觉、知觉、表象。感觉印象的认识意义。

第二节　思维：本质、层次和形式
　　从感觉到思想的过渡。思维的特点。感性东西和理性东西统一。思维的基本形式。论思想的逻辑性：辩证逻辑和形式逻辑。

第三节　人的精神的创造积极性
　　什么是创造。想象的生产力量。自觉。创造和个性。

第四节　论思维的手段和方法
　　分析和综合。抽象化和观念化。概括和限制。抽象的和具体的。历史的和逻辑的。类推法。模拟法。形式化和数学化。

第五节　科学认识的经验层次和理论层次
　　经验东西和理论东西的概念。提出问题和研究大纲。观察和实验。仪器在科学研究中的作用。事实先生。叙述和解释。假设及其在科学知识发展中的作用。理论是完整科学知识的高级形式。论科学预见。

社会哲学问题

第九章　社会哲学思想史
第一节　马克思主义以前的社会哲学略史

西欧的社会哲学思想。俄国的社会哲学思想。对马克思主义以前社会哲学的总评述。

第二节 唯物主义社会观的实质
马克思主义社会哲学的形成和对象。辩证唯物主义与历史唯物主义的相互联系。社会发展是合乎规律的历史过程。历史过程中的客观东西和主观东西。社会决定论问题。历史中的自发的东西与自觉的东西。

第三节 20世纪国外的社会哲学
历史哲学。法兰克福新马克思主义学派。经验社会学。结构—功能分析社会学。资产阶级社会哲学思维的危机。

第十章 自然界和社会
第一节 社会和自然界的相互影响
社会的产生。自然环境是社会生活的自然条件。生态学问题。

第二节 人口学：社会哲学问题
社会人口体系的概念。世界的人口现状。

第十一章 社会生活的经济领域：社会哲学方面
第一节 物质生产：概念和基本要素
社会生产的一般特征。物质生产体系中的需要和利益。生产力。

第二节 技术和科学技术进步
技术概念。科学技术进步：实质和基本方向。

第三节 生产关系：实质和结构
生产关系概念。生产力和生产关系的辩证法。

第四节 社会经济形态
社会经济形态概念、基础和上层建筑。历史时代概念。

第五节 社会革命
社会革命概念。社会革命的类型。改革是对我国社会实行革命改造的特殊形式。

第十二章 社会生活的社会领域
第一节 阶级和阶级关系
社会的社会领域的一般特性，阶级的产生及其基本特征。列宁的阶级定义。社会的阶级和其他社会集团。

第二节 民族和民族关系
氏族、部落、部族、民族。民族主义和国际主义。社会主义下的民族。

第三节　家庭和日常生活
　　　　　婚姻和家庭。日常生活领域。
第十三章　社会生活的政治领域
　第一节　政治、国家、法
　　　　　政治：内容和功能。国家：本质和起源。法的概念。国家和法的基本历史类型。管理和国家结构的形式。政体。
　第二节　现代社会的政治体制
　　　　　资本主义社会的政治体制。从资本主义向社会主义过渡时期社会的政治体制。全民国家。苏联社会政治体制下的党。社会主义民主的发展。民主和纪律。
第十四章　社会管理
　第一节　社会信息和管理
　　　　　社会和管理问题。社会信息概念。社会管理概念。管理的主体和客体。
　第二节　管理的类型及其对社会发展的影响
　　　　　社会管理的类型。社会主义社会管理的原则。管理是社会发展的因素。
第十五章　哲学对人的看法
　第一节　人——个人——社会
　　　　　人的一般概念。人是生物心理社会实体。人及其居住环境；从地球到宇宙。
　　　　　作为个性的人。个人、集体、社会。
　第二节　历史潮流中的人
　　　　　个人的具体历史观。异化现象。活跃人的因素和个人的协调发展。
第十六章　社会生活的精神领域
　第一节　社会意识：实质和层次
　　　　　社会意识及其改造力量。社会意识和个人意识。社会意识的日常生活实践层次和理论层次。社会心理和意识形态。
　第二节　政治意识
　　　　　政治意识概念。政治意识层次。现代政治意识的基本类型。
　第三节　法律意识
　　　　　法律意识的概念。资产阶级社会和社会主义社会中的法律意识。

第四节　道德意识
道德意识和道德概念。道德与作为道德范畴的意志自由。道德意识结构和道德范畴。道德意识和道德的历史类型。

第五节　审美意识
审美意识形成史。审美意识的本性和功能。艺术：本质和社会功能。艺术的特点、艺术和科学。艺术和哲学。

第六节　宗教意识
宗教、宗教意识和无神论。宗教意识：产生和稳固的原因。宗教和哲学。

第七节　对世界的科学认识和科学世界
科学的概念。科学的社会职能、科学转变为直接生产力。科学、哲学和世界观。

第八节　文化哲学
文化的概念。价值世界。文化和自然界。文化和文明。文化和意识。文化类型学问题。

第十七章　历史进步和现代全球性问题

第一节　进步是历史上社会发展的必然方向
社会进步思想的发展史。马克思主义的进步观及其标准问题。进步的历史意义和理想。

第二节　现时代世界发展的辩证法
现代历史形势的特点。现阶段社会主义发展的辩证法。人类的全球性问题和社会进步的命运。

哲学导论

[苏] 弗罗洛夫　贾泽林等 译

莫斯科政治书籍出版社 1989 年出版

总　论：马克思主义哲学的宗旨和基本思想[*]

一、马克思主义哲学的最高目的：实现人类解放

　　马克思（1818—1883 年）在恩格斯（1820—1895 年）参与下创立的哲学，是对上自古希腊下至 19 世纪末至 20 世纪初的欧洲哲学思想先哲们的许多杰出成果的继承。马克思和恩格斯本人曾不止一次指出，费尔巴哈，特别是黑格尔，对他们的哲学观点的形成有着重大影响。然而，马克思所创立的哲学又根本不同于传统的理论、

---

[*]　本章内容选自《哲学导论》第三章第一、二、三节和前言，并略有删节。文中标题由编者所加。

体系和学说。这个差别就是哲学思想与马克思主义世界观的政治经济方面和科学—社会方面在内容上最密切的统一。马克思主义的完整性、"各个组成部分"的多方面的相互印证和普遍性基本上可以说明，为什么该学说在 19 至 20 世纪急剧变化的世界中，能够得到如此广泛的传播和发生如此重大的影响。

马克思主义的最高目的，是研究和从理论上论证被奴役的人类的解放问题。马克思主义证明，消灭一切奴役制度，消灭人的屈辱、异化和不自由，是不可避免的。哲学通过探讨、分析和研究人类**普遍的实践经验**和人类**普遍的精神经验**这两个方面，而使历史进程的这个最崇高的目的得以实现。或者，正如马克思不止一次地谈到的下述思想：哲学研究是在从世界历史角度解释现实的水平上开始的。这种观点必然十分概括，十分抽象，而且绝非始终都和当下的实践任务有关。

对根本性的经典问题的研究，构成了马克思主义哲学的核心和本质。这些问题都是围绕着人对世界和世界对人的关系、人们之间的关系和整个人的本性（或本质）而集中起来的。任何一种哲学的世界观"内核"都是如此。在马克思主义哲学中，一系列更加具体性质的观念（关于历史的规律、关于物质生产在社会生活中的意义、关于阶级斗争和社会革命等等），都要以解决这些问题为基础。而上述具体观念已经和经济学、历史科学，和政治、社会生活及文化中的实践行动纲领的制定，更紧密地联系在一起。

从人类未来的发展前景看，从哲学上解决马克思主义所提出的并已消除了教条主义的和庸俗化的杂质和解释的最重大的世界观问题，将具有以往的历史时期所无法比拟的重大意义和积极作用。与此有关的是，曾被马克思称作"世界历史"任务，而今天则被称作全人类的、全世界范围的或全球性的任务，还刚刚被提到历史进程的首要地位（遗憾的是，即使如此，这些任务也多是以自我毁灭的威胁和危险的形式，即以"恶"的形式提出的）。然而，马克思主义哲学的主要宗旨，过去是，现在仍然是要解决真正的全人类的任务和世界历史任务。

早在创作活动一开始（获得哲学博士学位后不久），马克思就已经意识到，他的使命是捍卫"政治上和社会上备受压迫的贫苦群众"[①]

[①] 《马克思恩格斯全集》，中文 1 版，第 1 卷，141~142 页，北京，人民出版社，1956。

的利益。哲学应当服务于这个目的。作为黑格尔的信徒，马克思当时接受了德国古典哲学的许多观点，其中包括关于哲学在社会中的作用的观点。哲学——"自己时代的精神精华"——的使命是：将智慧和理性带给社会，以此促进社会历史的进步。但是，传统的哲学活动形式——大学的教学活动和撰写学术论文——不能使马克思感到满意。他决定从事哲学政论的写作工作。在《莱茵报》的短期工作（1842—1843 年）——论出版自由和书报检查的文章、论等级选派代表制、论对农村贫民的压迫、论摩塞尔河谷农民的贫困状况和论官吏们的官僚政治等文章——使他遭致政府的迫害。马克思被迫放弃编辑职位，放弃在德国受检查的报刊里工作的希望。

马克思认为，他为解决实际问题而做的第一次尝试是失败的。他开始明白了，第一，国家（用黑格尔的话说，国家是理性的体现）为"享有特权的阶层的"利益所左右，绝没有心思认真听取哲学批判分析的呼声。第二，马克思得出结论，研究实际问题的水平本身也是不能令人满意的。黑格尔的辩证法把这些问题的深刻原因和根源搁在一边，而马克思已经看到，这些根源在于人们的物质关系和经济关系。光有哲学分析是达不到这个水平的。第三，社会对《莱茵报》上发表的东西的反响，当然是非常有限的。

马克思后来的想法，看来是至关重要的。就在那时，即在 40 年代初，青年黑格尔派（哲学家、马克思的同事和某种程度上的志同道合者们）开始积极反对一切宗教，特别是反对基督教的新教。年轻的激进分子把实行重大社会变革的希望，寄托于对无神论的宣传、对早期基督教史的研究、对宗教秘密和奇迹的揭露和关于基督的争论。然而，上述期望久久不能实现，时间逝去，而社会上并没有发生任何显著的变化。哲学启蒙运动在反对"麻醉人民的鸦片"上显得软弱无力；不论是官方的意识形态还是政治，全都依然故我。某些青年黑格尔派分子（如 Б. 鲍威尔）试图把对宗教的哲学批判失败的原因，归罪于"民众"的因循守旧、保守和愚昧无知。

马克思的探索则转向了另一个方面。从 1842 年起，他就开始研究对德国来说是新的社会运动——社会主义和共产主义，了解法国和英国丰富多彩的社会主义和共产主义传统，分析德国社会主义者和共产主义者首批发表的意见。在移居巴黎（1853 年）后，马克思与秘密的"正义者同盟"建立了联系，成了共产主义运动的参加者。为什么马克思成了共产主义者？是什么东西把他这个来自另一种社会环境的人、一个著名的政论家和学者，吸引到了无产者即教育和文化水平极低的人们一边的？马克思对他那个时代的无产阶级所处的现实状况，从来没有熟视无睹。回忆一下他对来自50年代移民圈子的"蠢货们"的著名驳斥，也就够了。他们曾经问道，既然马克思本人不是工人，那么是谁给他权利代表无产者讲话。马克思回答说，这个权利是他自己取得的，统治阶级对他怀有的极大仇恨就是证明。"我从不奉承无产阶级"这句自豪的话令人信服地证明，马克思跻身无产阶级运动并非出于激情或是贪图什么，而是出于对历史进程和自身的历史作用的深刻理解。

马克思把无产阶级看成是一个负有摧毁现存世界秩序使命的特殊阶级。无产者们为过于繁重的劳动、贫困、疾病和犯罪率上升所苦。正如后来恩格斯指出的，犯罪率上升是大工业发展和城市增多的必然结果。同上述状况作斗争是无产阶级的使命；消灭私有制则是通向解放之路。无产者在解放自己的同时，还要消灭对其他社会集团的压迫。因此，马克思把无产阶级视为哲学与之联盟即可完成自己使命的一种**实践力量**："哲学把无产阶级当作自己的**物质**武器，同样的，无产阶级也把哲学当作自己的**精神**武器；思想的闪电一旦真正射入这块没有触动过的人民园地，**德国人**就会解放成为人。"①（后面这句关于"德国人"的话，其含义是指：在《〈黑格尔法哲学批判〉导言》（1844年）一文中（这个提法即出自该文），马克思的论述主要是针对德国那种条件。）

马克思高度评价改造社会的乌托邦方案，但他也清楚地看到了这些方案的理论弱点，有时甚至看出了它们理论上的贫乏。乌托邦的作者们对未来面貌的描述，掺杂不少幻想的东西；这些描述缺乏严肃的历史根据，包含有古代基督教的宗教因素。这就阻碍了共产主义思想的发展及其传播。因此，必须对**共产主义的含义进行哲学论证**。

为此目的，马克思最初（即在1843至1844年）认为，40年代德国哲学泰斗费尔巴哈的思想是适用的。对于马克思的哲学探索来说，费尔巴哈思想的意义在于，除唯物主义的一般观点以外，费尔巴哈还把**人道主义**（人是最高价值）传统，同从**无神论角度对宗教幻想的否定**、同给人的感情因素恢复名誉、同关于人与自然界和人

---

① 《马克思恩格斯选集》，1版，第1卷，15页，北京，人民出版社，1972。

与人的关系人道化的思想结合起来了。在40年代的德国，许多人都把费尔巴哈的"未来的哲学"，当成是重新认识世界和人的基础。关于人的解放和关于人实现其自然能力（"类本质"）的思想，看起来好像是革命的，而且没给现存的社会污垢、"恶"、人们的不幸和屈辱留下任何开脱的余地。1844年夏，马克思致信费尔巴哈，谈了对他的后期著作的一般评价："在这些著作中，您……给社会主义提供了哲学基础……建立在人们的现实差别基础上的人与人的统一，从抽象的天上下降到现实的地上的人类概念，——如果不是**社会**的概念，那是什么呢！"① 换言之，马克思把费尔巴哈对人和人们之间关系的解释，看成是对社会主义者们（傅立叶、圣西门、路易·布朗等）当作自己理想的那个社会的哲学描述。

把费尔巴哈人道主义的哲学基础同对共产主义学说的批判分析结合起来，这就是1844年马克思为使哲学和无产阶级结合起来所选择的道路。不过，大约就在这个时候，这一研究纲领却大大地扩展了。1844年前已经独立地接受共产主义和唯物主义，同时又对费尔巴哈哲学感兴趣的年轻的恩格斯的影响是其动因。然而，和马克思不同的是，1842至1844年生活在英国的恩格斯，已经十分熟悉有组织的和群众性的工人运动——**宪章运动**，熟悉英国的社会主义和共产主义文献，最重要的是熟悉亚当·斯密、大卫·李嘉图等英国伟人的政治经济学。在《德法年鉴》杂志上，和马克思的文章一起刊登了恩格斯论英国政治经济学的批判性作品（《政治经济学批判大纲》，1844）。恩格斯从无产阶级利益捍卫者的立场批判了这门科学。对马克思来说，这篇篇幅不大的文章开辟了一个**新的知识领域**；他认为，掌握这门知识对创立新的世界观是十分必要的。

于是，马克思在1844年的创作中，就把几个对创立统一的和完整的哲学世界观观念至关重要的组成部分结合起来了。马克思把对现实的政治经济学分析，同德国古典作品的哲学传统及对乌托邦社会主义和共产主义理论的批判改造结合起来了。这样，马克思主义的三个来源就成了欧洲最先进的社会思想。马克思自觉地确定了创立国际性的和世界历史性的学说这一目标。

马克思主要通过哲学分析，实现了制定完整世界观的首次尝试；其相应的成果恰好是**哲学观念**②。这个观念是在1844年夏创立的。

---

① 《马克思恩格斯全集》，中文1版，第27卷，450页，北京，人民出版社，1972。
② 原文为"концепния"，亦可译为"学说"。——译者注

遗憾的是，马克思的手稿直到 1932 年才发表，书名是《1844 年经济学哲学手稿》。这部著作的主要内容是——**人在私有制占统治地位的社会里的异化思想和在共产主义未来的历史前景中克服异化的思想。**

人的异化思想本身，早在德国古典哲学中就已经得到了深刻而详尽的分析。在《1844 年经济学哲学手稿》中，马克思高度评价了黑格尔和费尔巴哈在搞清人的异化问题上所做的工作，同时也揭示了他们的异化观念的严重缺点。在黑格尔那里，消灭人的异化被描述为由哲学家（作为普遍理性的化身）完成的纯精神活动。费尔巴哈把宗教异化看成是恶的根源；而马克思则公正地指出，宗教异化是异化的次要的和派生的形式。在马克思看来，人的任何异化，其基础和根本，都是**经济异化或曰异化劳动**。

劳动异化是一种根本的、基础的和深刻的社会关系。在异化条件下，不仅工人丧失了自己的人的本质和类生活——其他一切人，包括资本家，也都是异化了的人。

异化劳动和私有制的存在是同义的。私有制是经济生活的基础。这正是政治经济学家们视为"自然前提"而不予讨论的实际基础。

与异化相反的过程。是由人来占有自己的真正人的本质。马克思将该过程同社会改造、同"全人类的解放"、同以消灭异化劳动为基础的解放联系起来。"假定我们作为人进行生产。"[①]——马克思关于这种社会制度的论述之一就是这样开头的。假如人开始"作为人进行生产"，即不是被迫地，不是为了一块面包、金钱、市场、国家等，那将会怎样？在马克思看来，这就意味着，人身上最重要的东西即他的"类本质"，将得到自由发展。或者换言之，劳动将变成人自我发展的手段，变成人实现其最好的个性方面，变成异化世界中只有儿童游戏或创造性职业才有所体现的自由活动。

马克思是根据探讨异化过程的参数，来探讨人"占有"自身本质的特征，或曰变强制劳动为"人的"劳动的特征的：（1）根据劳动对象及其结果的占有；（2）根据占有或解放活动本身；（3）根据劳动者对一般"类本质"的占有；（4）根据人与人，即"我"与"你"在活动中的关系的和谐化。

可见，异化的消灭和变劳动为人的自由地自我实现意味着，人及其对自然界和其他人的关系的完全"颠倒"。马克思出于人道主义

[①]《马克思恩格斯全集》，中文 1 版，第 42 卷，37 页，北京，人民出版社，1979。

激情，创作了一幅人的巨大图画，这个人是与自然界处在统一之中的、"按照任何一种的尺度"即依照自然界的规律改造着自然界的人。与外部自然界的和谐是在下述活动中实现的：人在这种活动中已经不是根据追求实利和掠夺自然界的规律，而是"按照美的规律"，实现自己的目的。人本身的内部自然界也要得到改造——代替受摧残的、异化了的和只求满足动物需要的人的，是其自然发展本身即为整个人类社会历史的和谐结果的人的出现。这就是说，迄今根本未在所有人身上实现的才能，如音乐感很强的"耳朵"、艺术鉴赏力高的"眼睛"等等，开始在一个人的身上迅速地发展。

与外部和内部自然处在和谐统一之中的全面发展的人，这就是作为共产主义理想"核心"，而展现在马克思面前的理想的哲学形象。马克思称这样的人是"完成了的自然主义"或"完成了的人道主义"。马克思认为，消灭私有制是实现这一理想的手段。但对人们占有人的本质来说，消灭私有制本身虽是必要的，但还不够。

二、马克思主义哲学主要的和基本的思想：实践是初始的和第一性的

关于异化的学说和关于人占有自己的本质即关于消除剥削人、奴役人的经济原因和可能性的学说，是创立完整世界观道路上迈出的一大步。然而，《1844年经济学哲学手稿》中描绘的未来前景和社会历史，却是概括的，是通过抽象的或形象的哲学形式加以描述的。也就是说，几乎没有探讨实践上的"通向未来之路"，而"摆脱过去之路"也始终没有得到说明，即没有说明异化劳动的原因、机制和根源。结果，没能给通过"完整的人"的哲学画面而明确和充分地确定的理想的实际实现，提供真正的**科学基础**，即没能认清怎样才能达到这些理想。这些问题的答案，是在制定和论证新的哲学世界观的过程中获得的。

马克思的哲学思想有哪些重大的创新？正如马克思主义创始人多次解释的那样，前马克思主义的哲学唯物主义（包括费尔巴哈的唯物主义），都是局限于确认人及其实践和认识活动对自然界的依赖性。人是自然界的一部分，"以自然界为生"，所以人不是"纯粹自我意识"或"精神"的中立的载体。在《1844年经济学哲学手稿》中，马克思不止一次地重复关于人的社会（社会性）本质的思想。这一思想的发展确定了马克思改造唯物主义的方向。早在《关于费

尔巴哈的提纲》（1845年）里就曾肯定过，使人的本质得以显露的人的生活，首先具有实践的性质。人不单纯"处在"自然界之中，他还以实践的方式改造和改变着自然界。正如我们记得的那样，马克思早在这之前就得出了结论：劳动活动对个人来说是类活动，即是真正人的活动。在异化社会里，这种活动被歪曲、颠倒和丑化了。异化劳动是对人的本质的诅咒，是人的本质的丧失。因此哲学家们——不论是唯物主义者还是唯心主义者——始终觉得，只有属于创造和文化的最高形式的精神因素，才是人身上的真正人的东西。而人们的实践生活则被看作是一种卑污的、反人性的和与理性及最崇高的哲学价值敌对的东西。

实际上，劳动是对自然界的改造，同时又是人们对自身的社会关系的能动的改造，因此恰恰是劳动构成了人在社会中的存在。所以，实践是人类世界最深刻的基础和特征。

马克思的主要的和基本的哲学思想在于，对整个精神世界和文化（甚至包括离实践最远的文化表现）来说，实践是**初始的**和**第一性的**。实践具有**社会的**性质，离开人们之间的交往和联系，就没有实践。实践是**历史的**，它是人对条件、环境和自身的不断改造。实践是**对象性**的活动，因为人不是在真空中行动，也不是在"纯粹的思维"中行动，而是在现实中行动，人们只能在现实中改造自然界提供的东西，改造其他人已经造出来的东西，即改造各种对象。人的意识的各种形式也包括在实践生活之中并遵循实践发展的一般进程。他们表达、思考、了解和反映的，全是已经以这种或那种方式归入实践问题之中的东西。思想家们以为纯属文明的哲学理性事业的那些理论问题，归根到底也都得在历史实践中加以解决。与此相应，一个理论家也只能通过其观点在实践中的体现，通过其观点对人们的实践领域和实际生活的历史发展起促进还是阻碍作用，来证实自己观点的正确性、真理性和有效性。

这样，马克思就大大地拓宽和发展了唯物主义的主要原理起作用的范围。唯物主义被扩展到社会现象和社会生活领域。人们的实践活动——对自然界的改造（生产）和人们对自身的改造——是精神创造、文化、艺术、哲学等等发生变化的基础。这是无所不包的哲学概括。这种概括正在整个世界历史范围内为一切时代和一切民族所确认。人们的存在和实践在这里被看作是**世界历史**现象。相应的精神文化、创造和社会意识，也是在全人类的范围内加以把握的。

人们的意识依赖于存在，依赖于实践活动及其主要形式——物质生产，这一发现使马克思有可能从根本上重新思考精神活动（其中包括哲学活动）在历史过程中的意义和作用。思想和观点，甚至是最激进、最革命的思想观点，都不能充当现实中的历史变化的根源和原因。任何世界观，包括哲学世界观，都不创造、不建立，而只能反映按自身的规律变化着的生活，而人则只能部分地了解和认识这些规律。马克思认为，意识只能间接地和部分地反映一定的现实和历史实践，这种状况是很典型的。也存在着关于现实的幻想和虚构的观念。一个理论家可能是某一社会集团自觉的辩护士，也可能是马克思称之为制造"时代的社会伪善"的人。然而，不论是虚幻的还是有社会倾向性的思想，都能反映社会的发展水平，即使是最歪曲的反映。

马克思和恩格斯在总括自己的结论时创立了意识形态学说。精神创造——哲学的、政治的、法律的、宗教的——是对现实的意识形态曲解，其曲解的程度视其想在社会生活中所起的独立的和第一位的（主导的）作用而定。这是不以其阶级取向（不管是激进的还是保守的）为转移而表现出来的。意识形态只能永远追随（促进或阻碍）现实；意识形态要服从现实并被纳入现实。现实生活洪流发生变化，人们的观点也要相应地发生变化，从而产生出了解和反映这些变化的相应的意识形态形式（往往是极不充分的）。

马克思和恩格斯在思考以往的历史、现在和未来的基本阶段的时候，把社会组织分成了若干主导类型，即几种社会形式或形态。因为在实践生活中，最基本、最重要的水平是**生活的生产**水平，所以社会制度的基本历史形式，是按照物质生产组织的主导类型决定的。结果，社会自"原始群落"起，经过古希腊、罗马（奴隶制的）类型、封建农奴制类型，到现代的、以工业生产中的雇佣劳动制为基础的类型这条历史道路，必然在没有雇佣劳动、没有资本主义私有制的生活的生产中，即在自由的个人自由联合的条件下继续下去。

对社会历史类型的分析，又得到了关于社会内部组织的重要结论的补充。物质生产决定着庞大的人群的基本结构，这些群体对劳动对象、劳动资料和劳动结果的关系各不相同，这就是阶级。所有制的类型创造着人们的不同群体之间关系和交往的社会结构——"市民社会"。这个结构受外在的、与之异化的力量——国家的调整和管理。由"市民社会"的基本关系给定并得到国家支持的生活制度，在政治的、法律的、宗教的、道德的和哲学的观念以及习俗、规则和条令中，得到反映和巩固。

对社会发展起推动作用的原因所做的哲学解释，是一项重大的创新。这些原因就是人们自己，即力求保证自己的需要、改善生活条件和状况的"经验个体"。人们的个人追求和意愿的表示，变成了行为和行动。实际努力根本不是为了追求人类的崇高目的。相反，这种努力带有局部的、个人的和具体的性质（往往局限在自身生活的范围内和个人需要的狭窄圈子里）。不过，既然人是社会存在物，且有大量其他的客观"交往形式"（关系），那么他们的个体发展和活动的实现，就有其若干共同的条件和方向。

人们在彼此联合、接触和进行活动及其结果的交换时，经常创造和改变自己的社会联系和关系。在这些关系变得不能满足而是妨碍生产的主要目的的情况下，人们就会改变它们并建立新关系。生活的、首先是生产活动的基本条件的改变，则会相应地导致人自身的变化。人在历史进程中的自我变化，成了马克思从理论上解决人和人的解放问题的基础。

现实地生活过和生活着的人们是无限多样的。但是，这种多样性并不排除根据马克思提出的社会参数，发现人们的相同之处即其共性的某些类型的可能性。第一，这是"经验个体"属于具有确定了的传统、秩序、交往规范等的特定活动领域即属于一个社会分工类型的属性。分工的最深刻的一般历史形式，是分成脑力劳动和体力劳动。也存在着工业劳动和农业劳动之间全球性的历史差别，存在着大量更为专业性的差别。分工意味着存在活动成果的交换，分工和私有制在历史上是同时出现的。第二，因此，人们在按有无财产而划分的集团——阶级中，也占有确定的社会地位。属于特定阶级这种属性，也是人们客观联合的（即共性的）一种形式。个人的阶级特征也贯穿于他们的个性特点（生活方式）。阶级特征能使个人及他们之间的关系一般化和类型化。马克思指出，人隶属于他们的阶级，但这不是个人—个体性质的隶属，而是一般性的隶属。阶级的个体是中间性的个体，因为阶级的生活条件是确定了的，这就造就了个人的某些特性。第三，人们要受民族文化条件的支配。人们的生活地位及占优势的某些职业、交换、民族传统（其中最重要的是语言、道德和文化价值），这一切都决定和限制着个人。

这样，在马克思那里就形成了关于现在生存着的和以前生活过的人们的具体的、基于现实研究的知识,从而取代了以前那种抽象的同时又是形象的关于"人"及其"本质力量"(见《1844年经济学哲学手稿》)的构思。哲学方面的问题实际上是经过重新解释的和以另一种方式提出的下述问题,即:对于这些个人来说,自由在现实中可能和应当是什么?他们怎样和通过什么途径才能够并应当摆脱现有的桎梏和负担?或者反过来说,他们自身应当力求成为什么样的人?对现实历史进行科学的和哲学的分析,定能回答这些问题。

根据唯物史观,个人摆脱压迫他们的环境和生活条件,乃至摆脱自身的局限和不自由的过程,是遵循客观的历史规律实现的。这些规律是人们为"安排自己的命运"以求得某些改善而进行个别尝试的结果的总和。人类的力量和强盛:工业、经济、贸易和文化的发展,是以个人的得失为代价而慢慢积累起来的。世界市场正在形成。这就是说,资本主义类型的社会分工(雇佣工人—资本家)正在变成全世界性的分工,无产阶级变成遍布世界的阶级,而无产者本身则成了具有世界意义的社会类型。工业和市场的威力正在消除民族生产、民族文化和文明的闭塞性和局限性。生活在世界各地的人们正在变成到处都是同一社会类型的无产者或资产者。在这种对于资本主义来说是最基本的局限性(基本的阶级、个人的基本类型)范围内,劳动成果、生活和消费品、个性自我发展的客观条件都在积累着。这也就是"自由"一词的含义所指的东西。在该种类型的社会制度里,"自由的可能性"或个人自我发展的有利条件的积累,对所有社会成员并非一视同仁。这种积累主要是在一个极端即在所有者阶级中实现的。他们拥有自由地自我发展的特权,而在另一个极端则只能是另一种表现,即表现为无产者没有自由的自我发展。人类生产(物质生产和精神生产)的成果越多,无产阶级争取获得自由和消灭这种类型的社会制度的基础——私有制和社会分工的斗争也就越有成效,其有效的程度和自由的条件积累增多的程度是一致的。然而,人们反对"现存关系注定个人所具有的"[①] 生理的、智力的和社会的缺陷和束缚的斗争,只有在社会高度发展的水平上,才有赢得胜利的前景。

这样,马克思就把人的解放问题,改变为有关个人和社会沿着建立共产主义的道路前进的历史发展问题。共产主义是"个人的独

---

① 《马克思恩格斯全集》,中文1版,第3卷,508页,北京,人民出版社,1960。

创的和自由的发展不再是一句空话的唯一的社会",在这个社会里,自我发展的自由"正是取决于个人间的联系,而这种个人间的联系则表现在下列三个方面,即经济前提,一切人的自由发展的必要的团结一致以及在现有生产力基础上的人的共同活动方式"①。

生活于现在的人们,即生活在分工和异化条件下的"局部的"、"抽象的"和"偶然的"个人(所有这些术语都是马克思为说明人们被贬低被摧残的"人的"因素而使用的)能够指望什么,追求什么?将来共产主义社会中"全面发展的个人"这一前景,是不是生活和活动的充实的纲领?这个问题不是空洞的。哲学也和所有世界观一样,应当焕发理性之光,论证并指导实际生活和精神生活。这实际上是指,在为社会向共产主义运动进行论证的唯物史观的哲学思想中是否包含着有关生活意义的和道德的核心?

唯物史观不仅向各个个人提供在未来的共产主义社会中使他成为多才多艺、全面发展的人的理想。人是行动着的实践存在物。相应地,共产主义就是"消灭现存状况的现实的运动"②。

这就是说,无产阶级运动本身随着其发展和扩大,会成为无产者不仅改造自己外部的生存条件而且也改造他们自身的直接途径。这第二个方面自然不如第一个方面明显,但却是十分必要的。无产者改造自己,是随着能动的认识和实际参与改变压迫和奴役人的外部环境和条件而消灭抽象性、局部性和偶然性。无产阶级运动愈是深刻全面地实现其历史使命(消灭"现存状态"),因此也就愈有更大的可能性,通过将其付诸实践的个人,来消灭他们内在世界即个人的自我之中现有的"偶然性"和"抽象性"等特点。个人正在实现消灭社会异化、分工、私有制和建立在这种所有制基础上的世界秩序,从而变成"摆脱奴性"的人即发展着的人。

可见,生活意义这个哲学问题的一般答案,就在于承认个人参加共产主义运动的必要性,并将这一运动视为消灭现存的生活条件和改造人自身本性的前提。但这恰恰是一般的和原则性的答案。显然,由这一答案再到使受贫困和剥削压抑的人——无产者获得"精神宁静",相距还十分遥远。

在1845至1847年的著作里,这个一般哲学答案得到了具体化。这个答案在《德意志意识形态》中探讨得最为详细。下面让我们看

---

① 《马克思恩格斯全集》,中文1版,第3卷,516页,北京,人民出版社,1960。
② 《马克思恩格斯选集》,2版,第1卷,87页,北京,人民出版社,1995。

看最重要的东西。克服社会分工、异化和私有制的统治，对以共产主义为目标的个人来说是可能的。第一，这是自觉地追求掌握整个文化世界和使活动领域普遍化的结果；是自觉追求尽可能更全面的交往和交换各种社会活动等的结果。第二，是彻底"走出"私有制动因和生活结构机制范围的结果，是排斥一切"旧的污垢"的结果。

个人发展的这种前景与哲学上的道德说教，自然没有任何共同之处。这种道德说教只会发出道德呼吁和进行精神安慰，它只不过是"对陷于贫困中的可怜的无能的灵魂的一点安慰"①。马克思主义哲学既不仿效哲学上的道德说教的范例，也不仿效宗教上的道德说教的范例。它的伦理立场在于，承认对不人道的世界进行实际社会改造和把行动着的能动的个人自我改造成全面发展的自由个性的统一。二者互相印证。当然，对于生活在现有的给定条件和具体的历史境域中的人们来说，不论是改造自己还是改造世界，其可能性都是有限的。在马克思的哲学中，不存在与这种现实妥协或接受它的幻想。相反，马克思的哲学的出发点是：清楚地认识到了一切现有的历史情况的局限性和其中包含的个人自由及全面发展的潜力。

在政治经济学著作（《资本论》的前几稿）中，马克思指出了提高人们的自由程度的现实基础。这就是消灭强制性的雇佣劳动，从而在整个历史规模上消除无产阶级，增加"自由时间"。这是精确的哲学—科学预测，其基础是客观的经济研究和历史研究。

在克服自身的本性及其固有的中介性和局限性，达到理解自己的世界历史解放使命的同时，无产者会变成共产主义者，变成一切活动领域的"普遍代表者"。这就是说，作为共产主义者的个人，理当成为消灭一切社会局限性的实际体现者。

三、马克思哲学中的辩证法学说

在马克思的早期著作，即在准备博士论文的事记中，已经包含对辩证法的研究。马克思一方面十分内行和熟练地掌握了进行辩证的哲学思考的复杂技巧，另一方面又批判地分析和认清了这种技巧的优点和弱点。马克思对40年代的黑格尔辩证法所持的批判态度，和费尔巴哈是一致的。费尔巴哈在黑格尔的学生中，第一个对这位伟大思想家的方法感到失望，并对这种方法进行了严肃认真的批判。

---

① 《马克思恩格斯全集》，中文1版，第3卷，517页，北京，人民出版社，1960。

摆脱黑格尔的辩证法,是费尔巴哈从唯心主义转向唯物主义的最重要的环节之一。但是,费尔巴哈只对黑格尔辩证法的唯心主义的根据即基础作了批判,却不曾研究方法本身。

问题在于,黑格尔已经对辩证思维的大多数方法、公式和规律,作了描述,编了目录,归纳成了许多等级系列和顺序。他的《逻辑学》一书阐明了这一点,该书是一本充满最富有成果的观察和说明的教科书,也是论述辩证思维技巧的论文。黑格尔发现的辩证的方法论的研究效果如何?这是马克思批判研究的一个主要问题。

在获得共产主义世界观的同时,马克思越来越多地面向以往和当前历史的实际现象和过程的研究。为了弄清实际问题——生产、政治事件等等——黑格尔的方法论就显得无济于事了。问题不仅仅在于唯心主义的出发点(如费尔巴哈认为的那样),还在于对现实所作的抽象的哲学解释,这种解释和在事实基础上进行科学分析的要求是矛盾的。马克思和恩格斯在《德意志意识形态》中批判青年黑格尔派的方法论时指出,他们对任何社会现象都套用黑格尔辩证法的"最简单方法"。一切社会对抗,现实生活中各方面的任何差别,他们都能在黑格尔的"矛盾"观中轻而易举地为其找到根据,然后就通过对立因素的"高度综合"而把矛盾解决了。例如,40年代的黑格尔派哲学家并不认为,研究贸易自由的拥护者们和保护关税派在经济科学和经济实践中的斗争是必要的。有了关于争论的实质的最一般、最寻常的观点,以便按黑格尔"通过高度综合扬弃对立面"的药方轻松地解决这一争论,这对黑格尔派哲学家来说也就够了。然而,假如在经济关系史上延续不止一个世纪的这场保护关税派与自由贸易论者的斗争依然如故,那么这样解决问题又有多大价值呢?

马克思还揭露、说明和讽刺挖苦了黑格尔的辩证法技巧的其他不少缺点。但是在他看来,这种技巧的主要缺陷恰恰在于:它不能在对社会现实的科学研究方面和在解决现实生活的实际问题方面起到应有作用。

50年代下半叶,马克思对政治经济学进行了集中的科学研究。此外,政论性著作——论述国际政治和欧洲各国经济状况的文章,抨击性的文章——在他的创作中也占有重大地位。(其中大部分发表在报纸上。马克思与《纽约每日论坛报》合作的时间最长。)60—70年代,对国际工人协会(即第一国际)活动的理论指导和帮助德、法、英等国正在发展的工人党,在马克思的创作活动中占有很大地位。

马克思在这些年里所写的文章、抨击性的小册子、宣言和党纲，其中有许多都是对马克思主义的社会哲学基础发展的重大贡献，如《路易·波拿巴的雾月十八日》(1851—1852年)、关于不列颠在印度的统治的几篇文章（1853年）、《福格特先生》(1860年)，等等。还应当指出马克思致恩格斯、Ф. 拉萨尔、Л. 库格曼等的书信的理论意义。

在马克思的创作中，特别令人感兴趣的是他关于俄罗斯。关于它的未来历史发展前景的思想。在马克思的论述中，俄罗斯的课题的分量逐渐增加，这是符合俄国革命运动的发展情况的。马克思和 М. А. 巴枯宁的争论（在有关巴枯宁的《国家机构与无政府状态》一书的笔记中）特别重要，特别需要专门的研究。马克思后来致《祖国纪事》杂志编辑部的信、与 Н. Ф. 丹尼尔逊的通信、著名的致 В. И. 查苏利奇的信等等，也是如此。在马克思撰写的第一国际的纲领性文献中，理论上最重要的是论1870年普法战争的材料和论巴黎公社的材料。近年来，由于就社会主义的本质问题展开争论，人们对马克思的《哥达纲领批判》这部名著的兴趣大增。在第一国际的文献中，马克思论巴黎公社的著作等，具有重大意义。

研究资本主义社会内在生活规律即该社会的"解剖学和生理学"的研究成果，马克思在《资本论》第一卷（1867年）里阐述得最为充分。《资本论》成了无产阶级认识自己的历史使命及其斗争意义的主要理论源泉。

商品和货币、劳动与资本、剩余价值的构成和剥削的本性、分工的意义、机器工业对工人状况的影响和生产的发展，"劳动力"的商品性质、工资的特点、资本的积累和增殖的规律及其历史趋势——所有这些问题的解决，就成了马克思得出下述结论的根据：私人资本主义生产必然变成社会生产、资本主义制度和资本自行灭亡的不可避免性、社会向社会主义社会关系转变的必然性。

《资本论》第一卷（后来的第二、第三卷是在马克思逝世后由恩格斯出版的）里阐述的经济学理论，是对以前的政治经济学进行全面批判改造的结果。在研究过程中，越是接近基本的理论概括，马克思对方法问题也就考虑得越多。他50年代所写的书信，尤其能证明这一点。未完成的《〈1857—1858年经济学手稿〉导言》(《资本论》的最初草稿)，对此作了严肃的和原则性的概括。在为1858年出版的马克思著作《政治经济学批判》第一版所写的评论中，恩格斯阐述了关于黑格尔辩证方法论最重要原理的种种想法。60年代，马克思本人不止一次地谈到（即在《资本论》第一卷中以及在当时的书信和手稿中）对黑格尔辩证法的态度问题。

人们没有找到马克思有关方法研究的专门著述（尽管马克思曾经打算撰写这样的著作，而恩格斯在马克思去世后也在他的文献资料中寻找过名为《辩证法》的手稿）。不过，马克思在撰写《资本论》的过程中，已经自觉地和充分地运用了他的辩证法思想，留下了一系列有关这种观点的确切说明。在马克思的影响下，成熟年代的恩格斯也很重视对辩证方法的研究。

正如马克思所指出的，黑格尔既发现了辩证法，同时又把它神秘化了，因为他把它看成是脱离现实领域的辩证法，是纯粹的抽象理性规律。马克思把他对黑格尔辩证法基础的修正，说成是把在黑格尔那里头足倒置的辩证法"颠倒"过来。这是对辩证方法进行实际上的重新解释和根本改造这种做法所做的一种形象化的表述。马克思以及后来的恩格斯都注意到了，主要的和基本的辩证依存性和辩证关系（黑格尔指明的并进行过逻辑分析的），就存在于自然界和社会的现实生活过程之中，存在于现实生活的日常实践之中。再者说，这些依存关系，学者和实践家们在现实生活中也能发现，尽管他们从来也不曾是黑格尔主义者，也没有掌握辩证的技巧方法，也不会确定抽象概念之间的辩证依赖关系。在研究数学、化学、经济生活和政治生活史、文化和工艺史时，马克思和恩格斯在这些关于现实的不同知识领域里，经常发现辩证规律性的鲜明表现。对马克思来说，结论已经通过平平常常的、精确的理论形式作出了："我的辩证方法，从根本上来说，不仅和黑格尔的辩证方法不同，而且和它截然相反。在黑格尔看来，思维过程，即他称为观念而甚至把它变成独立主体的思维过程，是现实事物的创造主，而现实事物只是思维过程的外部表现。我的看法则相反，观念的东西不外是移入人的头脑并在人的头脑中改造过的物质的东西而已。"[①] 在政治经济学中，"也像在自然科学上一样，证明了黑格尔在他的《逻辑学》中所发现的下列规律的正确性，即单纯的量的变化到一定点时就转化为质的区别"[②]。

[①] 《马克思恩格斯选集》，1版，第2卷，217页，北京，人民出版社，1972。
[②] 《马克思恩格斯全集》，中文1版，第23卷，342~343页，北京，人民出版社，1972。

在《反杜林论》（1876—1878年）一书中，恩格斯全面、系统、通俗地说明了，辩证法的规律和范畴在非生物界、生物界、社会发展和精神创造中是如何表现的；指明了，这些规律和范畴对马克思主义世界观具有多么重大的意义。特别是，他指出了辩证的世界观作为一种反教条主义的、与任何抽象的和终结历史的认识和实践结果水火不容的世界观所具有的重大意义。

19世纪下半叶的主要标志是自然科学的蓬勃发展。对自然科学的种种发现进行哲学提炼的是恩格斯。

恩格斯在撰写《自然辩证法》时所面临的主要任务就是："确信……在自然界里，同样的辩证法的运动规律在无数错综复杂的变化中发生作用，正像在历史上这些规律支配着似乎是偶然的事变一样……"[①] 换言之，恩格斯在分析他那个时代的自然科学成就和问题时，力图证明，辩证法的规律对自然界也和对社会一样适用。这项理论任务是崭新的，因为在黑格尔哲学中，自然界被理解成在时间上没有发展，而是只有相同变化的周而复始的循环。自然科学家们本身不仅对辩证法而且对任何一般的哲学，基本上都持否定态度。一般自然科学观念认为：关于自然界的科学，讲究的是自然界的本来面目，这种看法实际上使学者们无法发现：他们在一般理论概括水平上是在那里完全随意地解释任何事实，而且在这样做的时候他们使用的是哲学早已研究过的理论公式和范畴。例如，生物或非生物界的同样一些过程，似乎既可以解释为必然性和规律性，或者相反，也可解释成偶然性。由描述事实转向分析和概括是根本无法察觉的，而自然科学家很容易陷入抽象的理论空谈，因而常常得出片面的和简单化的结论，看不到他依据的已经不是事实，而是关于必然性、偶然性等先入为主的哲学观点。

在《自然辩证法》里，恩格斯论证了下述思想：从文艺复兴时代起，自然科学的发展所走过的道路是，在19世纪中叶前，科学本身已经接近于得出辩证的自然观，尽管它没有意识到这一点。恩格斯认为，19世纪自然科学中的三大发现——有机细胞的发现、能量守恒和转化规律、达尔文的进化论——就是这方面的证明和证据。恩格斯认为，这些发现也和那个时代的自然科学的其他成就一样，都是对自然界本身的辩证法（即客观辩证法）的科学证明。这种辩

[①] 《马克思恩格斯选集》，1版，第3卷，51页，北京，人民出版社，1972。

证法的内容是：物质世界各个层次的相互联系，自然界的变动性和矛盾性。

恩格斯就物质运动形式的（以及研究特定运动形式的科学的）分类所作的尝试，对马克思主义哲学的发展也具有重大意义。不应对"分类"一词产生误解。实际上，恩格斯已经提出了**物质世界普遍联系和发展的假说**，并试图描述**自然界的一般图景**的简略草图。在这里，恩格斯运用了形成这类假说的一个屡试不爽的辩证方法——由低级的东西向高级的东西运动，这里的任何低级形式都可通过"飞跃"被改造成高级形式。结果就得出了一个等级系统，在该系统中，任何一个"高级的东西"都包含有"低级的东西"（作为一个受支配的和个别的因素），但又不能归结为低级的东西（这个辩证的思维过程也被马克思和恩格斯用来再现社会形态的历史运动）。在恩格斯看来，物质运动的最高形式是思维，最低形式是简单的位移。其中每一种基本形式都有一门特定的自然科学加以研究——力学、物理学、化学和生物学。对于由物质运动的生物形式向社会形式的转化，也就是由生物界向人类社会的转化，恩格斯是通过人的起源的劳动理论来加以阐明的。

19世纪，特别是20世纪，自然科学的发展已经带来了那么多新东西，致使恩格斯关于物质运动具体形式的观点已经过时，这是理所当然的。但是，理解科学发展成果和解释自然现象的一般辩证法观点，则至今仍有其意义。

四、《哲学导论》所要完成的任务

哲学常常被人们理解为某种离日常生活现实极为遥远的抽象知识。没有比这种看法更远离真理的了。相反，最严肃最深刻的哲学问题恰恰来源于生活，哲学志趣的主要用武之地也正好在这里；其余的一切，包括最抽象的概念和范畴：包括最玄妙的思维体系，归根结底都不过是理解各种相互联系的、丰富多彩、深奥莫测而又矛盾重重的生活现实的手段。在这种情况下，重要的是要指明，从科学的哲学观点出发了解现实，决不意味着只是安于现状和一味顺应现实。哲学必须以批判的态度对待现实，对待陈旧过时的东西；同时，哲学必须在实实在在的现实生活中，在现实生活的重重矛盾中，而不是在关于现实的思维中，探索改变和发展现实的各种可能性、手段和方向。只有在改造现实的过程中和在实践中，哲学问题才能够得到解决，人类思维的现实性和威力方能显示出来。

这本教科书取名《哲学导论》，这当中蕴涵着特定的意义。问题在于，在一部教程的范围内（不管它的篇幅有多大），当然不可能阐明全部丰富多彩的哲学问题、流派和思潮。作者的意图是要帮助那些学哲学的人，对哲学的问题和语言、哲学研究的手段和方法、概念和范畴，对哲学史和当代的哲学问题，有个初步的了解，从而使他们能在这纷繁复杂的事物中，独立地确定研究方向。

这本教科书也和其他任何一本教科书一样，自然要讲述每一个学习哲学的人都应掌握的一定数量的知识。但同样重要（或许更重要）的是，学习哲学也是提高理性思维素养的过程——能使人善于得心应手地运用概念。提出、论证或批判某些见解，分清主次，阐明现实中的纷繁复杂现象之间的相互联系，以及揭示和分析周围现实中的种种矛盾，即是说，能使他看清变化和发展中的现实。理性思维是有充分根据的、严谨准确的、有条有理的思维，不允许主观臆断；它善于捍卫自己的正确性，同时它又是一种敏锐的、自由的和创造性的思维。

但是必须指出，如果违背一个人的意志、愿望和志趣，而硬要使他具备哲学所需的理性思维素养，这是办不到的。譬如一个只知机械地死记硬背辩证法规律和用以说明这些规律的实例的人，不仅不能获得这种素养，甚至不能理解这种素养之为何物。为了踏上这条通向理性思维之路，一个人自己应当做出努力，他必须殚精竭虑，尽其所能。否则他就不可能挣脱常理俗念的羁绊，而对他来说，所有丰富多彩的哲学问题，将始终是百思不得其解的东西。

关于哲学与现实生活相联系的思想，往往被表述为下面这句话：每个时代都会有与其相应的哲学。这句话有其深刻含义。例如，可以说，已经过去了的停滞时期，在我国的社会生活中也留下了与其相应的教条主义哲学。马克思、恩格斯和列宁都把唯物辩证法看成是对社会进行革命的批判改造的武器。但过去唯物辩证法却以令人难以置信的方式，发挥了它完全不应有的作用：为现存的那些远非理想的事物进行辩护和颂扬，它与其说是被用来揭露，不如说是用来掩盖现实生活的矛盾。早在30年代，斯大林就按自己的口味"勘正"了唯物辩证法，从而助长了上述势头。那时，全部丰富多彩的马克思列宁主义哲学，全被塞进了《联共（布）党史简明教程》第四章的几个死板公式之中。在几十年的漫长时间里，哲学教学出版物中就是这样叙述辩证法的。结果，就连那些正确的和重要的东西的表现形式，也成了毫无生命力的、单调乏味的死板公式。而官方愈是给这种教条主义哲学树立威信，它在现实的社会生活中愈是威信扫地。遗憾的是，出于上述原因，致使我们的哲学所取得的不少实际成果，也难以在社会意识中得到确认。

上述情况可以使读者对本书作者要完成的任务有所了解。这本教科书在许多方面有别于以往的教科书。本书之所以能够问世，决定于我国社会发生的革命变革；没有这些变革，则该书的出版也就无从谈起。一方面，改革使人们有可能对社会生活及其严重问题和矛盾（不论是过去遗留给我们的，还是今天在社会复兴过程中出现的），进行开诚布公的和直言不讳的哲学分析。另一方面，今天人们特别深切地感到，有必要对社会各领域的深刻改革以及今天整个人类文明所面临的大量尖锐的新问题，进行哲学思考。正是这一点事先就大体上决定了本书的内容和结构，即本书必然要写一些以前的教科书里没有的题目，对传统课题的阐述也要相应变化。与此同时，也应当保留经受住了时间检验的一切东西，这是不言而喻的。

有人可能会对下述情况感到奇怪，即本书作者一面声称他们要着力研究当代的新问题，但同时却又让哲学史的课题占据了大量篇幅。其实这并不矛盾。因为作者不同意把哲学（尤其是马克思列宁主义哲学）理论和哲学史对立起来的狭隘宗派主义观点。写作组的基本立场是：哲学思想史在一定限度内可以成为哲学理论的一个有机组成部分（在其他许多科学中也有类似的情况）。因此，处在历史发展中的哲学呈现为一个统一的整体，尽管它被分成了几个截然不同的阶段。

问题还在于，每当人类历史处于具有决定意义的危急关头（今天就是如此），人类总是习惯于求助以往的经验，以便从中汲取教训，力求不重蹈曾经犯过的错误的覆辙，而能以最集中、最深刻的理性形式反映上述经验之瑰宝的，恰恰是哲学。

问题还在于，哲学最感兴趣的问题有一个特点。人们常常把其中的许多问题，称作"永恒的问题"。每一代新人，每一个人，都不得不在自己的一生中，一再面对这些问题寻求它们的答案。这些问题每次都以特殊的和独一无二的形式呈现在人们面前。这些形式既是由变化莫测的历史潮流决定的，又是由一个人的特殊的、同时又包含着全人类内容的个人经验决定的。对一个人来说，这些问题并不是什么与己无关的、无足轻重的东西，它们触及到他的存在的真正实质。每个人都必须独立地回答这些问题。但是决不能因此而得出结论，说每一个人都得自己得出解决这些问题的办法。人类文化的各个不同领域——神话学和宗教、科学、文学艺术、道德观和法规条令，一直都在提供上述办法。至于说哲学，那么它不仅发掘这类办法，而且用理性来批判审查业已提出的解决这些问题的各种方案。

最后，问题还在于下面这一点，即不管马克思主义哲学多么新颖，多么富有独创性（作者将尽力揭示和证明这一点，但决不是大肆宣扬！），也决不会抛弃以前的哲学。自从马克思主义哲学作为人类知识发展的总结而产生之后，从未离开世界文明发展的康庄大道，而是成了社会思想和哲学思想巨匠们的学说的直接继续。因此不能说马克思、恩格斯和列宁奉献给哲学的新东西，是在他们对以往的哲学发展一无所知的情况下得出的。从理性的辩证思维的角度看，以往的杰出哲学家不仅是我们的先辈，而且也是我们的"同代人"，因为我们可从他们那里学到许多东西，可以同他们进行平等的对话和辩论，同意他们的一些观点，而驳斥另一些观点。哲学思维仿佛每次都能以新的面貌重生，因此永远都要以现实的态度对待古典的遗产。换言之，以往的每一位大哲学家，都是一个值得重新认识的、具有独创性的思想家。假如我们只从他"没弄清"什么和对什么"考虑不周"的角度研究他的遗产，那我们恐怕不仅会贬低他，也会贬低马克思主义。

因此不能不说，马克思主义继承和发展了以往哲学的各种人道主义趋向，阐明了将人道主义理想付诸实现的途径、使人获得解放的途径和建设无愧于自由的人的社会的途径。遗憾的是，在我国哲学发展中，马克思主义的这个方面长期被排斥为次要地位；不仅如此，社会实践在某些阶段上虽也提出过关心人的口号，但实际上却常常把人看作生产机器上的"螺丝钉"，在很大程度上使人发生了异化，背离了劳动者的真正利益，无助于人的真正提高、个性的全面发展和人的创造积极性的发挥。

现时的情况迫切要求全面恢复和发展马克思主义最崇高的人道主义理想，以适应新的条件。这是由社会发展和科学技术进步的客观逻辑本身决定了的；也只有通过作为创造者的人的努力，才能够实现社会的发展和科学技术的进步,而这样的人则是能在劳动和生活中实现其全部真正人的志趣、才能和禀赋的人。党的政策就是为此目的而制定的,苏共中央1985年4月全会和苏共27大以后,党为反对以专横跋扈的官僚主义态度和技术至上主义态度对待人、为争取尊重人的权利和尊严、争取使国民经济和文化的发展首先满足人的各种物质和精神需要,而开展了斗争。最后,这样做也是出于对保护世界文明的关心:因为许多东西——从热核战争的威胁到制造影响人的遗传和心理的强有力的手段——都给人和人类在地球上的存在本身带来了危险。

在当代的条件下,马克思主义的现实人道主义和以其为基础的新的政治思维,都应以捍卫和确认全人类的价值为己任。这也使人们在很大程度上要以新的眼光,看待马克思主义哲学与当代其他哲学流派的相互关系。在以批判的态度对待它们并捍卫马克思主义立场的同时,我们也必须和这样一些外国哲学和社会政治思想流派建立联系:它们在肯定人道主义理想和价值方面是我们的盟友,它们能表达当今世界的众多社会阶层和集团的利益与志向——为争取社会平等和公正、为争取民主、为使人类能继续生存下去而斗争。当代非马克思主义哲学的许多代表人物,为认清人类在本世纪所经受的多种多样的、而在特定意义上讲又是绝无仅有的考验,提供了不少有价值的东西。因此,把我们的哲学和当代的其他各种哲学流派和思潮隔绝起来,这决不是一种最好的做法。

长期以来,我们就非马克思主义哲学开展的讨论,最后总是认定它已经陷于危机和没落之中,同时又视而不见现阶段的非马克思主义哲学特有的许多新表现和新过程。举出下面这个例子,也就足以说明问题了。除了那些直接为资本主义社会进行辩护的哲学流派外,在20世纪也有过,而且现在仍有不少一针见血地深刻批判资本主义文明的哲学家,因为它对人类存在具有破坏性;也出现过一些极其尖锐地提出关于威胁当代人类的全球性危险问题的人。今天马克思主义哲学的发展,必然要求与这样的思潮和流派的代表人物,进行开诚布公的和令人感兴趣的对话。正如实践所表明的那样,尽管我们时时以马克思列宁主义哲学为依据,但这一事实决不会使我们在任何问题上,都能自然而然地成为终极真理的拥有者。我们再次提醒大家注意:马克思主义之所以强大有力,主要就是因为它善于批判地改造和吸收世界哲学思想的优秀成果。

总之，对话和争论是哲学存在和发展的正常形式。许多世纪以来，哲学通过自身的经验已经清楚地认识到，那些一时被当作绝对真理而接受的真理，都有其相对性。但是，哲学问题的这种对话性和争论性，同时又会给教科书中对这些问题的阐述，造成一定的困难。要知道，教科书往往被人们当成是只需死记硬背的现成真理和不易之论的汇集。但对哲学来说，这就意味着死亡，因为这是和哲学的真正本质背道而驰的。因此，这本教科书中所探讨的课题和问题，有许多都是远非最终解决了的问题；我们也把人们在这些问题上的不同看法，提供给大家，希望读者自己也能加入这些问题的讨论。其实，一个人只有通过积极地和认真地参加关于那些对他本人有所触动的问题的讨论，才能使他的理性思维素养得到锻炼。

总体框架

上　卷　哲学的形成和发展

第一章　哲学及其使命、意义和功能
一、世界观——初涉哲学。世界观概念。对世界的感觉和对世界的认识。日常生活中对世界的认识和理论上对世界的认识。
二、哲学的起源——神话、宗教、爱智慧、哲学家的沉思。
三、哲学世界观——世界和人、哲学的基本问题。哲学认识、认识与道德。
四、哲学的使命——哲学的社会历史性质。文化系统中的哲学、哲学的诸功能。哲学问题的本性。
五、哲学世界观的科学性问题——关于哲学的认识价值的争论。科学的哲学世界观的概念。哲学与科学：功能的相似和差异。科学的客观性和社会立场。

第二章　哲学的产生及其历史类型
一、哲学的起源。
二、古代东方哲学——印度的"智性激荡"时代和中国的"战国"时代。存在与非存在：它们的本质和相互联系。认识：其界限和方法。古代东方哲学和文化中的人。
三、古希腊哲学：宇宙中心论——早期希腊哲学的宇宙论。古代经典著作的本体论主义。无限性问题和古代辩证法的发展，芝诺的疑难。对存在的原子论解释：存在是不可分的物体。对存在的唯心主义解释：存在是无形的理念。对理念学说的批判，存在是实在的个体。亚里士多德的本质（实体）概念。物质（质料）概念。智者：人是万物的尺度。苏格拉底：意识中的个体的和超个体的东西。苏格拉底的伦理学唯理论：知识是美德的基础。柏拉图论灵魂和肉体问题。柏拉图的国家理论。亚里士多德。人是具有理性的社会动物。亚里士多德关于灵魂的学说，理论和意志。斯多亚主义者的伦理学：古代晚期的贤人理想。世上无幸福，但却安宁，无拘无束。伊壁鸠鲁的伦理学：物理的和社会的原子论。

四、中世纪哲学：神学中心论——自然界和人是上帝的创造物。中世纪哲学是两种传统——基督教的天启和古代哲学的综合。本质和存在。实在论同唯名论的论战。托马斯·阿奎那是把中世纪经院哲学系统化的人。唯名论对托马斯主义的批判：意志高于理性。中世纪经院哲学的特征，中世纪对自然界的态度。人是上帝的形象和相似物。灵魂和肉体问题。理性和意志问题，意志自由。记忆和历史，历史存在的神圣性。拜占庭哲学（4~15世纪）。

五、文艺复兴时代的哲学——文艺复兴时代的人文主义和独一无二的个体性问题。人是自身的创造者，对艺术的赞颂和对艺术家—创作者的崇拜。人类中心论和个性问题。泛神论是文艺复兴时代自然哲学的特点。文艺复兴时代对辩证法的解释。库萨的尼古拉和对立面一致的原则。哥白尼和布鲁诺无限宇宙，日心说。

六、17世纪的科学革命和哲学——Φ.培根：唯名论和经验论，知识就是力量。归纳法的制定。意识的主观特点是错误的根源。笛卡儿：明晰性是真理的标准，"我思故我在"。笛卡儿的形而上学：实体及其属性，天赋观念论。T.霍布斯的唯名论和唯物论。斯宾诺莎：关于实体的学说。莱布尼茨：关于多个实体的学说。关于无意识的表象的学说。"理性真理"和"事实真理"，17世纪哲学中的认识论和本体论的联系。

七、启蒙主义哲学和形而上学唯物主义——启蒙主义意识形态的社会历史前提。反对形而上学的斗争。启蒙主义的社会—法权理想，"私人利益"和"普遍正义"的冲突。偶然性和必然性。启蒙主义对人的解释。

八、康德：从实体到主体，从存在到活动——康德对科学知识的普遍性和必然性的论证。空间和时间——感性的先天形式。知性和认识的客观性问题。知性和理性。现象和物自体。必然和自由。

九、康德以后的德国唯心主义，辩证法和历史主义原则。费尔巴哈的人本学唯物主义——历史是主体存在方式。费希特的主观唯心主义。"自我"的活动是一切存在物的本原。费希特的辩证法。谢林的自然哲学。黑格尔的辩证方法。黑格尔的体系。费尔巴哈的人本学唯物主义。

十、苏联各民族哲学思想发展的特点——11～19世纪俄罗斯哲学的传统和特点。苏联各民族的民族哲学文化：基本发展阶段、流派和问题。

第三章 马克思主义哲学的形成和发展

一、马克思哲学立场的形成：创作生涯的开始，"为历史服务的哲学"对政治经济学的哲学分析。异化劳动和异化了的人的社会。异化的消除，全面发展的人。对"兵营共产主义"的哲学批判。

二、新哲学世界观的基本思想——唯物主义的实践观。意识和意识形态理论。新的历史观，社会结构。作为历史主体的人。个人解放自由问题的解决。

三、马克思和恩格斯创作中的辩证法学说——40年代马克思对待黑格尔辩证法的态度。马克思在50～70年代对辩证法的发展。对方法的改造——揭示辩证法的唯物主义基础。恩格斯的哲学创作，《自然辩证法》。恩格斯论把马克思主义哲学庸俗化的危险。

四、列宁对马克思主义哲学的发展：《唯物主义和经验批判主义》。对辩证方法的研究。历史发展规律与现实的历史。国家学说。道德学说，"文化至上"和道德的简单因素。

五、列宁逝世后的马克思列宁主义哲学——"机械论者"与"辩证论者"之间的论战。30年代的几次辩论。1947年的辩论。苏共20大和苏联哲学的发展。从新思维的角度看哲学改革。国外马克思主义哲学中的学说的多样性。

第四章 20世纪的非马克思主义哲学

一、非古典哲学的形成和发展——古典哲学的基本原则。古典哲学的批判者和捍卫者。19世纪末20世纪初俄国非马克思主义哲学的特点。

二、非理性的东西问题，反理性主义——意志"取代"理性。新的世界图景和"创造性进化"的思想。透过感觉的"棱镜"看到的世界。无意识的东西与精神分析学派。20世纪的反理性主义和神秘主义。

三、对科学技术理性的崇拜及其反对者——唯科学主义和反科学主义。

四、世界中的人和人的世界——向人的新转变。社会危机时代的异化了的人。人的存在和人的本质。人的存在和世界的存在。作为唯一无二的存在物的人。生与死之间的存在，边缘情境和现代人类。

五、20世纪的宗教哲学：墨守成规与更新的尝试——宗教哲学的"经典作家"和他们产生影响力的原因。宗教哲学的取向与转向。关于上帝存在的"证明"问题。"向人的转变"：宗教哲学中的经典的与非经典的东西。善与恶。

六、哲学的特点和命运。知识和语言问题——围绕形而上学展开的争论。"可检验的"哲学的构想。可证实原则。新实证。

下　卷　理论和方法论问题概念原理

第五章　存　在

一、存在问题的生活根源和哲学含义。世界存在着、存在过并仍将存在。世界存在是世界的统一性的前提。世界是现实的总和。

二、哲学上的存在范畴。哲学中的存在范畴。有关存在的种种思考有何特点。

三、存在的基本形式和存在的辩证法。作为普遍、个别和特殊事物的存在。自然界的物、过程和状态的存在。人所生产的物（"第二自然"）的存在。人在物的世界中的存在。人的存在的特点。个性化了的精神的东西的存在。客观化了的精神的东西的存在。

第六章　物　质

一、列宁的物质定义。辩证唯物主义的物质观和形而上学的物质观。列宁的物质定义的方法论意义。

二、现代科学关于物质构造，世界的物质统一性。无生物界的组织层次。关于生物层次和社会层次上的物质构造的观念层次。

三、运动。运动概念，运动与物质的联系。运动的基本类型。物质的运动形式。各种运动形式的质的特点和相互联系。

四、空间与时间。空间和时间概念。空间和时间的相对性观念和实体性观念。空—时和运动着的物质的相互联系。空—时的维数问题及空—时的无限性问题。非生物界中空间和时间形式的质的多样性。生物空—时的特点。社会空间和时间。

第七章 辩证法

一、辩证法的含义。创造性辩论的艺术。理解变化的困难。发展思想。通向唯物主义辩证法的道路。辩证法与教条主义。

二、存在的普遍联系。辩证法的诸范畴。个别与一般。现象与本质。辩证的规律性。

三、结构联系，系统性原则。部分与整体，整体性原则。形式与内容存在的有序性。要素与结构系统概念。系统客体，系统性原则。

四、决定性联系，决定性原则。因果联系，因果性原则。偶然性和必然性，可能性和现实性。决定论理论。

五、量变和质变的辩证法。质和属性。质和量。度，向新质的转化。飞跃。

六、存在和认识的矛盾性，辩证的否定。辩证法和逻辑矛盾。辩证的否定和综合。变化的"矛盾性"。辩证的对立面。对立面的"统一和斗争"。辩证的矛盾。"否定之否定"，变化的循环性和前进性。

七、发展和进步。辩证法和各专门科学的发展理论。发展的概念。历史主义原则。进步和退步。

第八章 自然界

一、作为哲学思考对象的自然界。自然界和文化，在文化史中把握自然界的形式。自然环境和人造环境。

二、生态问题：科学的、社会—哲学的和伦理—人道的方面。人与自然界的相互作用。生态问题的实质是什么？寻求摆脱生态困境的出路。科学技术进步与生态。生态问题的全球性质。

三、生物界与非生物界，人与生物界的关系，作为价值的生命。生物和非生物。生物学和哲学在认识生物中的地位。现代的生物概念。地球上的生命会终结吗？

第九章 人

一、人是什么？人类社会起源的奥秘。作为对象性实践活动主体的人。人类社会起源问题。使用工具的活动，劳动本身的起源。语言的社会创造功能。婚姻关系的调整和原始氏族公社的产生。作为人类社会起源之动因的社会道德禁忌。原始公社的劳动组织和劳动的逐渐成熟。我们都来自史前史。

二、生物因素与社会因素的统一。人的自然方面和社会方面。对人的各种观点中的生物遗传决定论和社会遗传决定论。科学技术革命时代的人类生物学。

三、人的精神体验中的生死问题。生命的含义是什么？问题的提出。关于生命的含义以及人的死与永生的哲学。人能活多久？怎样生活？为什么而生活？"死的权利"。

四、作为世界共同体的人类和进步的人道主义尺度问题。全球统一体和全球性危险。进步的人道主义尺度。

第十章 实 践

一、实践是人类对待世界的特殊方式。人与世界的初始关系。实践的起源。动物的适应性行为和人的实践改造活动。

二、实践是人的社会生命活动全部形式的基础。行为和活动。实践对其他生命活动形式的一体化功能。

三、实践活动的结构及其基本形式。实践是主体方面和客体方面的统一。实践活动的形式。技术和技术活动。

第十一章 意 识

一、意识问题在哲学中是怎样提出来的。

二、反映形式的发展是意识的发生前提。列宁的反映原理对辩证唯物主义认识论的意义。信息反映的产生。生物界的反映，心理反映的本质。

三、人类意识的产生，意识是人类文化再生产的必要条件。意识的社会本性。意识与语言。

四、自我意识。自我意识的结构和形式。自我意识的对象性和反思性。

第十二章 认 识

一、认识是哲学分析的对象。

二、知识的结构，理性认识与感性认识。知识是一个系统。知识、反映、信息。感性认识及其要素。社会人的感性认识的特点和作用。认识中感性与理性的统一。概念是理性认识的基本形式。创造与直觉。解释与理解。
三、真理理论。客观真理，实践是认识的基础和标准。真理是一个过程，绝对真理与相对真理的辩证法。真理、评价、价值：激发真理的因素与歪曲真理的因素。

第十三章 科 学

一、现代世界的科学。科学的社会功能。
二、科学认识及其特征。科学是客观的和对象性的知识。科学与日常认识的主要区别。
三、科学知识的结构及其动力学。"经验知识"和"理论知识"范畴同"感性知识"和"理性知识"范畴的相互关系。区分理论知识和经验知识的标准。知识的经验层次和理论层次的结构。科学知识的基础。科学认识的标准和规范。科学的世界图景。科学的哲学基础。
四、哲学和科学的发展。
五、科学认识的逻辑、方法论和方法。认识的一般逻辑方法。经验研究的科学方法。理论研究的科学方法。历史的和逻辑的研究方法。
六、科学伦理学。科学的伦理规范和价值。科学探索的自由和科学家的社会责任。

第十四章 社 会

一、唯物主义是分析社会的初始方法原理。理论与现实的相互关系。对社会生活的理解和研究从唯心主义向唯物主义的转变。"社会存在"和"社会意识"范畴及其方法论作用。物质生产是社会发展的基础。
二、基础和上层建筑。社会和社会关系。物质关系和意识形态关系。上层建筑对基础的能动作用。经济和政治：相互作用的辩证法。
三、社会意识的结构。理论意识与日常意识。意识形态和社会心理。划分社会意识形式的若干标准。
四、社会的历史类型和分析现实历史过程的方法论。探索划分历史过程基础的哲学。社会经济形态概念。社会革命。对社会现实进行形态分析的方法论。

五、历史过程的动力和主体。利益是行动的推动力。将个体事物归结为社会事物是一项方法论原则。历史过程的主体问题。人民是历史的创造者，群众和个人。

第十五章 进 步

一、生产力和生产关系的辩证法。适应规律。氏族—部落制，公社。奴隶制和农奴制。工业革命和资本主义。资本主义的基本矛盾。资本主义发展的阶段。科学技术革命。社会主义的生产关系。社会主义条件下生产力与生产关系之间的矛盾。改革和更新社会主义，根本的经济和政治革新。

二、社会进步的客观标准和类型。社会进步的矛盾性。进步的客观标准。社会进步标准在具体历史中的运用。社会进步的类型。自由是社会进步的产物。

三、世界历史的统一性和多样性。区域文化和文明的观念。揭示历史统一性的历史前提。对于历史统一性的唯心主义解释。对历史统一性的唯物主义态度。历史过程统一性的表现形式。历史多样性的原因。

第十六章 文 化

一、文化是人的发展的尺度。哲学上的文化概念。文化中的传统与革新。对文化的工艺学解释。文化与文明。

二、社会与文化。文化的内在和外在决定。分工与文化。文化中的阶级因素与全人类因素。文化的社会功能。各种文化的统一性与多样性。文化革命。

第十七章 个 性

一、个人、个人特性、个性。社会个人（个体）。个人特性（个体性）与个性。能力的多样性是个人（个体）特色的标志。个性概念。个性的道德基础。阶级的和社会的选择。社会与个性的潜能。

二、人同社会的相互关系的历史类型。人的依赖关系。个性和物的依赖关系。自由的个人特性（个体性）。个人的权利与义务：理论与现实。法制国家中的个性。

三、历史的必然与个性自由。必然与自由。资本主义和社会主义条件下的民主和个性自由。

第十八章 未 来

一、最近的、不远的和遥远的未来：认识方法和认识手段。未来的阶段划分。预见的科学标准。预测的方法。
二、科学技术和未来的选择。当前的工艺时代。科学技术革命的新阶段。未来的选择。
三、人类面临全球性问题:核时代的新思维。全球性问题和社会进步。全球性问题的由来。各种全球性问题的相互联系和轻重缓急。全人类价值的优先地位。
四、人类的未来和现实的历史过程。进步的不可逆转性,历史节奏的加快。增长的极限和发展的动因。预测的人道主义使命。从史前历史到真正的历史。

结束语　探索和发展中的哲学:新问题与新任务

中 篇

历史唯物主义

（马克思主义社会学基本问题导论）

[南] 伊·科桑诺维奇
南斯拉夫维塞林·马斯列夏出版社 1958 年出版

总　论：辩证唯物主义与历史唯物主义是马克思主义的世界观[*]

一、辩证唯物主义和历史唯物主义的关系

我们在《辩证唯物主义》[①]一书中阐述马克思主义哲学的基本问题时，就已经在相应的地方，特别是在导论各章中，提到了历史唯物主义的某些原理。其所以要这样做，是因为马克思学说的各个部分是一个整体，它们之间有着紧密的联系，特别是因为马克思主义

---

[*] 本章内容选自《历史唯物主义》导论（概论），并作了删节。文中标题由编者所加。
① [南] 伊·科桑诺维奇：《辩证唯物主义（马克思主义哲学基本问题导论）》，南斯拉夫维塞林·马斯列夏出版社1956、1958年第一、二、三版。

的世界观——辩证唯物主义和历史唯物主义——有着密切联系，是一个整体。

我们在这里则将着手系统地阐述历史唯物主义本身的基本原理，这些原理是一切科学的社会学的共同理论前提。但是在阐述历史唯物主义时，我们对于辩证唯物主义不能仅限于部分地涉及它的某些原理，就像我们在阐述辩证唯物主义时对于历史唯物主义所作的那样。阐述历史唯物主义必须牢牢地依据辩证唯物主义的原理，或者说，必须从辩证唯物主义出发，因为辩证唯物主义是认识世界上的一切现象（既包括自然现象，也包括社会现象）的哲学基础。

历史唯物主义是马克思主义哲学即完备而彻底的唯物主义世界观——辩证唯物主义的具体贯彻。唯物主义世界观之所以能这样完备而彻底，正是由于而且仅仅是由于它把以前局限于自然界的唯物主义世界观扩大到了人类社会本身。列宁说："马克思加深和发展了哲学唯物主义，使它成为完备的唯物主义哲学，把唯物主义对自然界的认识推广到对人类社会的认识。马克思的历史唯物主义是科学思想中的最大成果。"① 因此，把历史唯物主义同辩证唯物主义割裂开是不正确的，因为后者是前者的更广泛的哲学理论基础和赖以建立的条件。但是，把两者等同起来同样也是不允许的。

辩证唯物主义，是关于整个世界和生活的总的完整的哲学观点。它是一切自然科学和社会科学的一般理论和普遍适用的方法（虽然每一门科学都有着由其研究对象的性质所决定的特殊方法和理论）。历史唯物主义对辩证唯物主义来说，是一种专门科学，即马克思主义的社会学，它是在辩证唯物主义的方法和一般哲学理论的基础上建立起来的。由此可见，历史唯物主义并不等于辩证唯物主义（虽然两者的产生和存在是分不开的）。因此，历史唯物主义不但不能归结为社会学（即关于社会的一般科学）的方法，而且也不能归结为它的一般哲学理论。辩证唯物主义是关于自然界、社会以及人类思维发展的最一般规律的科学，而历史唯物主义则是关于人类社会发展的一般规律的科学，它本身也是其他专门社会科学的方法和理论基础，是人们解决社会任务的实践活动的方法和理论基础。因此，研究世界上的一个专门领域（人类社会）的历史唯物主义，对于概括整个世界的辩证唯物主义说来，是一种专门科学；而对于研究某

---

① 《列宁全集》，中文1版，第19卷，5页，北京，人民出版社，1959。

一社会领域的其他社会科学（如政治经济学、历史学、法学、语言学等等）说来，则是它们的一般理论基础，它总结这些科学的成果，同时指导它们进一步发展。

历史唯物主义在社会科学体系中的地位以及它同辩证唯物主义的关系，与根据辩证唯物主义建立起来的普通生物学（理论生物学）在各专门生物科学中的地位很相似。普通生物学对于哲学说来也是一门专门科学，而对于其他关于生物界和生物的科学（动物学、植物学、生理学等）说来，则是它们的一般理论，因为它研究生物产生和发展的一般规律。

德国当时处在资产阶级革命的前夜。但这次革命，是在国内和国际条件都较半世纪以前的法国革命更为进步的情况下成熟的。当时资本主义生产方式已有很大的发展，工人阶级已经形成并成为独立的力量，同时资产阶级革命所产生的国家的阶级本质也已经暴露无遗了。因此，德国就成了马克思主义产生的肥沃土壤。但是，马克思主义也不可能仅仅根据德国的情况，仅仅在总结德国一国的社会事件和工人运动的基础上完整地建立起来。为此还必须考察并利用政治上和经济上比较发达的国家如英国和法国的历史经验。马克思主义的更进一步的发展，是总结了19世纪末已经席卷全欧洲的整个国际社会主义运动的社会实践和经验的结果。此后，在马克思和恩格斯逝世后，对马克思主义的发展作出最大贡献的是列宁。现阶段的马克思主义思想，则首先是总结工人阶级已经取得政权并自觉地建设着社会主义的各国（苏联、中国、南斯拉夫等）的革命实践的结果。

马克思和恩格斯没有按照资产阶级教授的各种哲学"大纲"和哲学"体系"写一部专门的哲学著作。但他们透彻地阐述了自己的哲学——辩证唯物主义和历史唯物主义——的各个主要问题，因为他们的著作，几乎没有一本不论述了他们的唯物主义历史观和哲学世界观。鉴于以前的唯物主义的不彻底性，他们特别注意辩证法，特别注意把唯物主义扩大到社会观中。列宁说："因此，马克思和恩格斯在他们的著作中特别强调的是辩证唯物主义，而不是辩证唯物主义，特别坚持的是历史唯物主义，而不是历史唯物主义。"①

马克思和恩格斯在创立工人阶级的世界观——辩证唯物主义时，把认识自然界的唯物主义观点推广去认识人类社会及其历史。这样，

---

① 《列宁全集》，中文1版，第14卷，348页，北京，人民出版社，1957。

唯物主义就成了完整的世界观，它不仅在解释自然现象方面，而且在解释社会现象以及人类思维本身的现象和发展方面，都与唯心主义截然对立。马克思和恩格斯把哲学提到了具有质的区别的最高阶段，即把唯物主义扩展到社会现象领域，从而建立了历史唯物主义即关于社会的一般科学。但是，他们只有在使唯物主义摆脱形而上学的束缚并具有辩证性质的情况下，才能做到这一点。恩格斯说："只有借助于辩证法，才能建立唯物主义历史观，并把它特别运用于当前无产阶级和资产阶级之间的阶级斗争。"① 这样，唯物主义就成了辩证唯物主义而与形而上学的唯物主义相对立，辩证法则成了唯物主义辩证法而与唯心主义辩证法相对立。正是辩证法和唯物主义的这种统一使得马克思不仅能克服以往各种唯物主义的局限性，首先是它们的唯心主义历史观，而且能在清算黑格尔的辩证唯心主义（唯心主义的最高形式）的同时，也在原则上清算了一般的唯心主义和形而上学。黑格尔的唯心主义虽然是辩证的，但包含着形而上学的意向——即企图创立一个关于世界和生活知识的永恒不变的最终体系。

马克思和恩格斯创立了历史唯物主义，从而也就解决了自然观和社会观之间历来存在的矛盾。这个矛盾曾使以前的唯物主义不能坚决地、彻底地同唯心主义作斗争。列宁说："马克思认识到旧唯物主义的不彻底性、不完备性和片面性，因此确信必须'使社会科学适合于唯物主义的基础，并根据这个基础加以改造'。"② 恩格斯在指出费尔巴哈没有能够从历史观中排除唯心主义时说："我们不仅生活在自然界中，而且生活在人类社会中，而人类社会也同自然界一样，有它自己的发展史和自己的科学。因此，关于社会的科学，即全部所谓历史科学和哲学科学，都应该适合于唯物主义的基础，并根据这个基础加以改造。"③ 马克思和恩格斯肯定，物质生产的发展，生产力和与之相适应的生产关系的发展，是整个社会生活的基础，是整个社会变化和运动的基础；这样，他们就排除了在解释社会现象中的主观猜测和任意武断，并代之以关于社会事件的历史必然性和规律性的科学观念。使"关于社会的科学"适合于"唯物主

---

① 《马克思恩格斯文选》两卷集，第2卷，37～88页，南斯拉夫文化出版社（以下均简称为文化出版社），1950。这段引文在中译本中找不到。——译者注
② 《列宁全集》，中文1版，第21卷，36页，北京，人民出版社，1959。
③ 《马克思恩格斯文选》两卷集，第3卷，373页，北京，人民出版社，1958。南斯拉夫文译本与俄文有出入。——译者注

义基础",不仅有可能创立出具有新质的科学的社会发展理论即历史唯物主义,而且有可能正确地确定它的对象即它的研究客体。

二、历史唯物主义的科学哲学来源

马克思和恩格斯在吸收、批判地改造和进一步发展以前的科学和哲学思想的最高成就的基础上,创立了自己的唯物主义历史观。正如恩格斯在谈到科学社会主义时所说的,历史唯物主义也和任何新理论一样,"必须首先根据已有的思想资料出发,虽然它的根源是深藏在物质经济事实中"[①]。

以前的人类先进思想、特别是18世纪末和19世纪初的先进思想所达到的发展水平,已经使得它们能成为整个马克思主义(其中包括唯物主义社会观)的思想历史来源了。这些先进思想已经提出了一系列的问题,对于这些问题,若不站到唯物主义社会观的立场上来,就不可能得到满意的解决。以前的思想家,由于当时社会关系还不够发展,同时也由于他们自己的阶级局限性,谁也不能对社会发展作唯物主义的理解,谁也不能解决这些已经提出的问题,因为要解决这些问题,就非要承认阶级社会的暂时性不可。列宁说:"马克思的全部天才正在于他回答了人类先进思想已经提出的种种问题。"[②] 他的学说,是以前的哲学和哲学思想全部发展的结果,尤其是人类在18、19世纪所创造的一切最优秀成就(即法国的唯物主义,德国的唯心主义哲学,英国的政治经济学,空想社会主义和复辟时期资产阶级历史学家的著作)的结果。列宁说:"由于古典经济学家发现了价值规律和社会的基本阶级划分,创立了这门科学(指关于社会的科学——作者注),由于18世纪的启蒙运动者同前者一起在反封建反僧侣主义的斗争中进一步发展了这门科学,由于19世纪初的那些历史学家和哲学家,尽管他们抱有反动观点但进一步阐明了阶级斗争的问题,发展了辩证法,并把它用于或开始用于社会生活,从而把这门科学推向前进,所以说,在这方面获得许多巨大成就的马克思主义是欧洲整个历史科学、经济科学和哲学科学的最

---

① 《马克思恩格斯文选》两卷集,第2卷,117页,北京,人民出版社,1958。南斯拉夫文译本与俄文本有出入,"已有的"应为"在它以前已经积累起来的"。——译者注
② 《列宁全集》,中文1版,第19卷,1页,北京,人民出版社,1959。

高发展。这才是合乎逻辑的结论。"①

18世纪的法国唯物主义者着重指出,人以及他通过受教育而获得的思想,首先是社会环境的产物。这是他们社会观中的一个正确的唯物主义的因素。但同时这里又提出了一个问题:什么东西决定社会环境本身的性质?法国唯物主义者在回答这个问题时,硬说社会环境是由人们的思想、人们的教育、国家立法等决定的。这样,他们不仅转到了唯心主义的立场上,同时又陷入了自相矛盾的境地。人是环境的产物,环境培育了人,而环境却又是人的产物。法国启蒙运动和唯物主义的代表人物不能跳出"思想——社会环境"这个两难推论的圈子,也不能指出,作为对个人的教育者的环境,又是由谁教育的。他们不理解"教育者本身必须受教育"②,因此尽管他们对社会现象的观点包含着一些唯物主义因素,但总的说来,他们仍然站在唯心主义的立场上。不过他们的这种自相矛盾的"二律背反的"社会学说,却推动人们去寻找一种正确的、不自相矛盾的、"不二律背反的"社会运动观。因此,这种学说是创立唯物主义社会运动观的出发点之一,是历史唯物主义的理论来源之一。

历史唯物主义的另一个理论来源,是以前的政治经济学(即关于社会生产发展和人们之间的生产关系即经济关系发展的条件和规律的科学)的成果。政治经济学分析了资本主义生产方式,并对资本主义社会的阶级作了经济解剖。英国早在16世纪就已经开始逐步发展成一个典型的资本主义国家。英国的配第在17世纪就已经指出,人们的劳动决定商品的价值。这样,他就奠定了劳动价值论和整个资产阶级政治经济学的基础。资产阶级政治经济学随着亚当·斯密和大卫·李嘉图的出现而达到了最高发展阶段,并得到了古典政治经济学这个名称。但是,这种英国古典资产阶级政治经济学,却把资本主义生产方式和在它的基础上建立起来的社会关系,看作是永恒不变的、符合事物本性和人的"本性"的东西。因此,马克思在这里也必须完成一个像在哲学中所完成的那样的具有伟大意义的变革。

马克思由于指出了人们把他们相互之间的关系即社会关系误认

---

① 《列宁全集》,中文1版,第28卷,198页,北京,人民出版社,1958。南斯拉夫文译本与俄文本略有出入。——译者注
② 参阅《马克思恩格斯文选》两卷集,第2卷,402页,北京,人民出版社,1958。——译者注

为物与物之间的关系（商品和货币的关系），因而能够解决以往的政治经济学中的一个最大之谜——剩余价值之谜。列宁说："凡是资产阶级经济学家看到物与物之间的关系的地方（商品交换商品），马克思都揭示了人与人之间的关系。"[1] 马克思正是通过这种方式揭示了资本主义剥削工人阶级和劳动人民的实质、途径和方式——即在生产资料私有制的基础上占有无偿的剩余劳动产品。他分析了资本主义发展的规律，并进一步看到摧毁阶级社会和建立无阶级社会的可能性和必然性，同时还看到了无产阶级作为这一变革实现者的世界历史使命。的确，马克思对以前的经济思想所作的这种富有成效的批判，给他（和恩格斯一起）从前已经发现的一般哲学原理补充了生动而具体的内容，从而大大地推动了社会主义从空想到科学的发展。

熟悉空想社会主义（它希望在变私有制为公有制的基础上对社会进行社会主义改造）的经验，是创立历史唯物主义的一个重要条件。空想社会主义在法国大革命后，有了异常蓬勃的发展。劳动群众很快就了解到，资产阶级的"自由"观，只不过是在占有生产资料的人和丧失生产资料的人的形式上和法律上平等的掩饰下，使新的压迫方式和剥削方式理想化而已。于是，反映劳动群众愿望、利益和要求的社会主义思想，便猛烈地发展起来了（如圣西门、傅立叶、欧文等），而从更早来说，随着资本主义生产方式最初萌芽的出现，这种思想就已经开始在莫尔、康帕内拉以及18世纪某些法国社会主义者（马布利、摩莱里，在法国革命时期则是巴贝夫）的著作中有所表现。

空想社会主义者给自己提出的任务是消除资本主义的缺陷并建立美好的社会主义社会制度。但他们没有从唯物主义历史观出发，不理解资本主义生产方式和剥削方式的实质，因而既不能了解社会主义产生的客观必然性，也不能了解工人阶级在实现社会主义中的作用。正如列宁所说的，他们"既不会阐明资本主义制度下雇佣奴隶制的本质，又不会发现资本主义发展的规律，也不会找到能够成为新社会的创造者的社会力量"[2]。在他们看来，工人阶级只是一个受苦受难的阶级，而社会主义只是一种道德理想和正义要求。因此，他们的学说只不过是一种对美好社会制度的向往，而不是对实现这

---

[1] 《列宁全集》，中文1版，第19卷，5～6页，北京，人民出版社，1959。
[2] 同上书，7页。

一制度的途径的科学研究和预见。所以他们向有钱有势的个人（资本家、统治者）的理智呼吁，希望他们接受建立这种社会制度的方案。这种情况是阶级关系还不够成熟的结果，是资本主义还不够发达的结果，因为当时资本主义只是刚刚进入其机器工业阶段。马克思说："在无产阶级尚未发展到足以确立为一个阶级，因而无产阶级反对资产阶级的斗争本身尚未带政治性以前，在生产力在资产阶级本身的怀抱里尚未发展到足以使人看到解放无产阶级和建立新社会必备的物质条件以前，这些理论家不过是一些空想主义者，他们为了满足被压迫阶级的需求，想出各种各样的体系并且力求探寻一种革新的科学。"① 在资本主义社会的生产力已经发展、资本主义的阶级矛盾已经加深、工人阶级解放的现实可能性已经越来越明显的时候，就没有必要再从头脑中来寻找解决社会问题的办法了，而应当借助头脑在客观现实中发现这种解决办法。

空想社会主义只是作为社会主义思想发展的一个阶段，只是作为科学社会主义产生的一种准备活动和出发基地，才有其历史地位。后来，它也如同一切陈旧没落的思想一样，成了传播科学社会主义思想的一个障碍。但这一点并不能贬低它作为科学社会主义思想出现的必要条件而具有的历史意义。空想社会主义中包含着不少天才的推测，它推测了对社会进行社会主义改造的必要性和可能性，也在某种程度上推测了社会主义社会制度的形式。空想社会主义对资本主义的尖锐批判，以及在某种程度上看到阶级斗争是理解社会事件的关键（如圣四门），都大大地促进了马克思的学说以及他的唯物主义历史观的产生。

资产阶级历史学家（梯叶里、米涅、基佐等）看到了阶级斗争对于理解社会事件的意义，资产阶级经济学家（斯密和李嘉图）分析了社会阶级结构的经济基础。这两者是历史唯物主义的两个理论来源。德国古典哲学，特别是黑格尔的哲学，是历史唯物主义和整个马克思主义的第三个重要的理论来源（从时间上说是第一个来源）。黑格尔把历史的发展理解为一个受一定的规律性制约的过程。尽管他使这些规律的作用披上了唯心主义和神秘主义的外衣，但他的这个观点却引导社会思想去对社会现象和社会事件作唯物主义的理解。甚至黑格尔本人有时也指出物质因素在社会发展中的作用。

---

① 《马克思恩格斯全集》，中文1版，第4卷，157页，北京，人民出版社，1958。南斯拉夫文译本与俄文本略有出入。——译者注

他说：“人们的行动产生于他们的需要、他们的热情、他们的兴趣、他们的个性和才能，而且人们的行动是这样产生的，在这个活动场所中，需要、热情、兴趣只不过是那种表现为动力、表现为主要活动的东西。"① 根据黑格尔的唯心主义观点看来，绝对精神本身包括了整个历史的发展，正如同幼芽中包含了大树的全部属性以及果实的味道和形状等一样。② 尽管黑格尔的历史发展观是抽象的，然而正如恩格斯所说的，他毕竟是第一个"试图证明在历史中存在着发展和内在联系的人……这种划时代的历史观是新的唯物主义观点的直接理论前提"③。

费尔巴哈抛弃了黑格尔的唯心主义，并寻找唯物地解释世界（其中包括人类社会）的途径。但是单单他的唯物主义的形而上学和直观性质，就已经决定了他在这方面不能够贯彻到底。他对社会的考察是极端抽象的，把社会看作是社会"一般"，而忽视了各该社会产生和发展的具体历史条件。他对人本身的考察也是很抽象的，把人看作是一种生物，而没有同一定的社会物质关系即经济关系联系起来。他不了解人的本质在于他的社会实践活动，不了解"人的本质"——正如马克思所指出的——不是某种抽象的属性，而是"社会关系的总和"④。

由此可见，以往社会思想的全部发展，都在导致唯物主义社会发展观的产生。这些思想已经充实了如此多的唯物主义内容，以致它的唯心主义形式不过是"头脚倒置的唯物主义罢了"⑤。历史唯物主义的出现，使得人类有可能在认识了整个历史发展的规律以后，成为自己命运的主人。他们掌握了历史唯物主义，就等于掌握了一件有力的精神和理论武器，从而能自觉地影响社会事件的进程，这正如同他们掌握了科学的唯物主义自然观，从而能影响自然事件的

---

① [德]黑格尔：《历史哲学》，58～59页，北京，三联书店，1956。南斯拉夫文译本与俄文有出入。——译者注
② 同上书，54页。
③ 《马克思恩格斯文选》两卷集，第1卷，350页，北京，人民出版社，1958。恩格斯原文中为"……试图阐明历史发展进程和内在联系……"——译者注
④ 《马克思恩格斯文选》两卷集，第2卷，403页，北京，人民出版社，1958。
⑤ 同上书，369页。

进程，并使自然力量和自然规律的作用符合于自己的需要一样。①

三、历史唯物主义是马克思主义社会学

资产阶级理论家总是千方百计地企图推翻历史唯物主义的真理性，或至少是贬低它的科学意义。只要有可能，他们就否定历史唯物主义的存在本身。他们这样做是完全可以理解的，因为历史唯物主义是科学社会主义的基础。因此，确定历史唯物主义的对象和它同各专门社会科学的关系这一工作，首先而且几乎只有马克思主义者才能担当起来。但是在这个方面，马克思主义者之间也存在一定的理解上的分歧。这种分歧产生的原因，是这个问题在马克思主义的文献中没有得到充分的理论上的论述。如果撇开伯恩施坦之类自觉的修正主义者不算，那么这种分歧与其说具有长期的实践和政治的性质，不如说具有暂时的理论的性质。

在我们国内以及在国外有一些马克思主义者，他们认为历史唯物主义仅仅是科学地认识社会现象的方法，或者说，首先是社会学即关于社会的最一般的科学的方法，而社会学似乎又是处在历史唯物主义和各种专门社会科学之间的中介人。这种观点是不正确的。把历史唯物主义仅仅理解为方法，就会把它变成毫无内容的空洞公式和规则。齐赫尔同志在指出这种观点的片面性和主观性时说："如果历史唯物主义因此而失掉内容并被局限为几条抽象的公式，那么它在内容上就会大大贫乏于任何资产阶级历史哲学。"② 其实，历史

---

① 19世纪俄国启蒙运动者和革命民主主义者（赫尔岑、别林斯基、车尔尼雪夫斯基、杜勃罗留波夫等）生活在比较发展的历史条件下，他们不仅受到法国和英国的科学和哲学思想的影响，而且受到德国的、特别是黑格尔和费尔巴哈的科学和哲学思想的影响，他们还受到1789—1848年间西欧革命事件的影响，因而在许多问题上比他们的西方前辈更前进了一步，甚至已走到辩证唯物主义跟前，只是在历史唯物主义面前停住了。

他们已经发现了社会运动的规律性，群众和个人的作用，阶级的存在，革命运动的意义等。但他们却没有能发现工人阶级的历史作用和历史发展的动力，而是同一切唯心主义者一样，在思想和教育的领域中寻找出路。他们的学说对马克思主义产生的影响是微不足道的，因为他们不是生活在马克思和恩格斯之前，而是与他们生活在同一个时代。他们的学说，按其性质来说，是辩证唯物主义与历史唯物主义所已经超过的前一阶段。它的重要意义更多的在于：它首先以革命的唯物主义思想清扫了场地，使得马克思主义思想在俄国易于传播，使得列宁主义即马克思主义发展的新的更高阶段易于出现。

② [南] 鲍·齐赫尔：《论生存主义和现代其他思想颓废现象》，93页，北京，文化出版社，1954。

唯物主义不仅是认识的方法，而且是理论，是有关社会事件的经验的科学概括。方法和理论犹如形式和内容一样，始终处于辩证的统一之中。任何方法，实际上也就是理论，反之亦然。绝不能把对现象的理解和解释（理论）同认识现象的方式（方法）割裂开来。

历史唯物主义总结了各专门社会科学和人类实践的成果，提供了关于社会发展规律性的新知识；掌握这种知识，就能指导人们去探求新的社会发展规律，加速社会科学的发展，从而使人们的实际活动成效卓著，因此，在历史唯物主义和其他社会科学之间，不存在某种一般科学，即所谓社会学。历史唯物主义实际上就是马克思主义社会学的别名。它同时也是唯物主义历史观的简称。因此，正如齐赫尔同志正确指出的，"尽量巩固和加强各专门社会科学同历史唯物主义之间的联系和相互作用，是有利于整个科学的"[1]。

由此可见，历史唯物主义是关于社会运动和发展的最一般规律的科学。这也就是它的研究对象。它是科学地认识社会现象及其在人们实践活动过程中的变化的理论和方法。历史唯物主义是理论、方法和行动指南的辩证统一。齐赫尔同志说："它既是历史发展的理论，又是研究社会问题的方法，也是行动的指南。"[2]

总的说来，历史唯物主义和各专门社会科学的研究对象都是人类社会。但是，除了这种共同性之外，这些科学相互之间是有区别的，因此不仅需要确定历史唯物主义和各专门社会科学应有的地位，而且需要确定它们之间的相互关系。

人类社会是人们之间一切其他关系赖以建立起来的物质关系即生产关系的总和。人类社会总括了人们之间的各种关系（如经济关系、政治法律关系、道德关系等等），这些关系由各专门社会科学加以研究（如政治经济学、历史学、法学等等）。几乎没有一个社会领域或社会活动领域，不被专门的社会科学所研究着。因此，在逻辑上就出现了历史唯物主义在其他社会科学体系中的地位问题，以及它同这些科学的关系问题，就像曾经出现过哲学同各专门科学的关系问题一样。

历史唯物主义同各种专门社会科学的关系，大体上与辩证唯物

---

[1] ［南］鲍·齐赫尔：《论生存主义和现代其他思想颓废现象》，94页，北京，文化出版社，1954。

[2] ［南］鲍·齐赫尔：《辩证唯物主义与历史唯物主义》，第1、2篇，307页，南斯拉夫劳动出版社（以下简称为劳动出版社），1952。

主义（马克思主义哲学）同各种专门科学的关系是一样的。我们已经讲过，历史唯物主义研究社会发展的一般规律。它不探索这些规律在社会各个领域内的具体表现。它与各专门社会科学不同，不是研究社会生活的这个或那个领域，而是研究那些具有普遍意义的、以特殊方式在一切社会领域中发生作用并同整个社会有关的社会发展规律。因此，历史唯物主义揭示社会现象和社会过程的普遍的、共同的规律和动力，它主要研究社会生活各个领域间的关系和相互作用，而不是研究这些社会领域内部的关系和联系。它使人们有可能把错综复杂的矛盾重重的社会现象及其发展，理解为统一的合乎规律的过程，而不再看作是一堆毫无内在联系的偶然事件。

各专门社会科学根据历史唯物主义的基本原理去研究某一社会领域，研究它的成分间的内在相互联系及其规律的具体表现形式。历史唯物主义和各专门社会科学在认识社会现象和社会事件过程中的相辅相成的关系，就在于此。历史唯物主义作为认识社会现象的科学方法和一般理论，使各专门社会科学在错综复杂的矛盾重重的整个社会现实中便于有所遵循，并在揭示社会运动规律性的工作中易于辨明方向，而不至于由于没有这个总的指针而像看不到社会发展规律性的资产阶级社会学（实证主义社会学）那样，只是积累一些社会生活表面现象的记录。

各专门社会科学的存在和发展，并不会降低历史唯物主义的意义，也不会使它成为多余，正如同历史唯物主义的存在不会使这些专门社会科学成为多余一样。社会生活中的具体事实和具体现象，需要在历史唯物主义的基础上进行系统的整理和概括，而历史唯物主义则为理解越来越多的新事实和新现象，为今后的科学研究工作和实践活动指出了方向。可见历史唯物主义并不是单纯的一堆科学知识，而是在总结社会现象间的联系和关系的经验材料的基础上揭示社会发展和社会历史一般规律的科学。因此，它不仅加速并指导各专门社会科学的发展，而且把它们联结成一个科学体系，并确定它们在这一体系中的相互关系。任何忽视历史唯物主义的偏向，也如同忽视它的更广泛的哲学基础——辩证唯物主义——的偏向一样，会使得人们不仅在理论上而且在实践活动中丧失前景和迷失方向。因此，历史唯物主义的发现，对于社会意识的发展和人们的社会实践活动，具有决定性的意义。

历史唯物主义是马克思理解社会现象的理论基础，它使社会主义从空想变为科学，从而为工人阶级争取本身和全人类摆脱剥削制度的解放斗争，提供了最有力的思想武器。由此可见，它是工人阶级的实际政治活动的理论基础，是工人阶级在摧毁阶级社会和建立无阶级社会的斗争中的政策、战略和策略的基础。

四、历史唯物主义和资产阶级社会学

历史唯物主义是资产阶级和资本主义社会科学所不能接受的学说，因为它指出了资产阶级社会灭亡的可能性和必然性，指出了它将被无阶级的共产主义社会所代替。历史唯物主义教导说，阶级社会制度并不是永恒的，而是暂时的，它只是生产力发展的一定阶段所固有的，资本主义由于生产力的发展，必不可免地要让位给更进步的共产主义社会。因此，资产阶级社会学竭尽全力企图推翻或至少是回避和抹杀那些按照逻辑必然从历史唯物主义中得出的理论结论和实际政治结论。它所从事的工作，正如马克思所指出的，不是肯定"这种理论还是那种理论符合真理，而是确定它于资本有利还是有害，便利还是不便利，政治上值得怀疑还是不值得怀疑"[①]。

为了同历史唯物主义相对抗，资产阶级创立了自己的社会学，它的主要任务正在于否定历史唯物主义的科学性和真理性。但是，由于它不能通过在历史唯物主义中找漏洞的办法来证明这一点，于是它几乎只用一种统计方法来研究社会现实，并力求在这一基础上得出一些结论，只要这些结论愈是不符合历史唯物主义的原理，它便认为它们愈是客观和愈是正确。因此，如果把社会学理解为社会科学的一般理论的话，那么资产阶级社会学的本质正在于背离这种一般理论，因为能成为这种理论的只有历史唯物主义。

资产阶级社会学几乎是与历史唯物主义同时，即在19世纪前半叶出现的。它的创始人奥古斯特·孔德，第一个提出了"社会学"这个名称。它产生于资产阶级、特别是法国资产阶级（孔德就是法国人）已经不再起进步作用的时期，因而也不能对社会的进步和社会思想的发展起资产阶级哲学当年所曾经起过的作用。资产阶级在反对封建主义及其意识形态（宗教）的斗争中，主要是依靠了自然科学，并且主要是根据自然科学建立了自己的世界观。只是在无产阶级已经登上历史舞台的时候，只是在无产阶级的利益和要求已经把发现社会发展规律、改善社会和变现有社会为无阶级社会的问题

---

① 马克思：《资本论》第1卷，11页，北京，人民出版社，1957。南斯拉夫文译本与俄文和中文译本有重大出入。这里的最后一句应为："违背警章还是不违背警章。"——译者注

提到了首位的时候,资产阶级对社会和社会科学的态度才发生决定性的转变。由此可见,资产阶级社会学首先是资产阶级改变方针的一种表现;资产阶级已经把方针改变为解决对资本主义生存有迫切意义的社会问题,也就是无产阶级革命运动通过自己的思想表现——马克思主义——工业。前一种观点之所以产生,是因为它企图根本不考虑经济生活条件对社会历史发展的意义,同样,后一种观点之所以产生,是因为承认不同的社会经济形态(这些社会经济形态不是根据生产什么来进行区分的,而是根据怎样生产和具有什么样的生产方式来进行区分的)在逻辑上必然会导致承认这些形态的暂时性,从而承认资本主义的暂时性。而资产阶级社会学的目的正是要竭力否定得出这种结论的可能性。所以它不对社会发展进行客观分析,因为从客观分析中会得出这样的结论。

最后,资产阶级社会学标榜自己在评价社会事件和社会现象时采取公正无私的态度。它吹嘘自己的关于社会的科学的"无党性",说这种科学似乎指出各种事实在现实中存在的真实面目而不受到"阶级眼光"的歪曲。其实,这只不过是虚伪地掩饰其资产阶级党性的一种手段,因为在存在阶级划分的社会里,没有也不可能有超阶级的社会意识,特别是超阶级的社会学,因为它最直接地涉及各社会阶级的利益。但资产阶级却想轻而易举地证明自己的社会学的"无党性"。它只是简单地一口咬定说根本没有阶级,特别是没有那种一方剥削另一方的阶级。它把无产阶级的觉性看作是一种非法的"不能实现的"妄想,说它企图对那些用自己"诚实的"劳动和"才智"挣得财产的人实行不公正的剥夺。

资产阶级社会学的"客观性"是它的资产阶级党性的一种表现形式,是它受到反动的阶级性的制约和决定的一种表现形式。这种客观性、特别是对它进行大吹大擂的宣传,是资产阶级阶级局限性的表现,是它害怕承认资产阶级统治和资产阶级社会制度只是暂时的现象这个客观真理的表现。因此,对于资产阶级吹嘘的这种客观性,马克思主义者总是称之为"客观主义",而把客观性这个术语保留给真正的科学。科学只有在它符合于真理、能够揭示社会的真正动力和社会产生和发展的真正规律性的情况下才是客观的。科学应当毫无顾虑地抛弃一切害怕真理的东西。无产阶级和进步社会力量没有理由害怕真理,因为只有真理才有助于进步。

列宁在指出资产阶级客观主义同历史唯物主义客观性之间的本质区别时说:"客观主义者谈论现有历史过程的必然性;唯物主义者

则是确切地肯定现有社会经济形态和它所产生的对抗关系。客观主义者证明现有一系列事实的必然性时,总是害怕陷入为这些事实做辩护的立场上;唯物主义者则是揭露阶级矛盾,从而确定自己的立场。客观主义者谈论'不可克服的历史趋势';唯物主义者则是谈论那个'领导'当前经济制度、造成其他阶级的某种反抗形式的阶级。可见一方面,唯物主义者运用自己的客观主义比客观主义者更彻底、更深刻、更全面。他不仅肯定过程的必然性,并且指出正是什么样的社会经济形态提供这一过程的内容,正是什么样的阶级决定这种必然性……另一方面,唯物主义本身包含有所谓党性,因为它要求在对事变做任何估计时都必须直率而公开地站到一定社会集团的立场上。"① 历史唯物主义包含着最高度的客观性和党性。它强调自己的党性和阶级决定性。因为它的这种党性并没有限制它的客观性,恰巧相反,由于否定了一般科学、特别是社会科学的资产阶级党性和局限性。这种党性便使历史唯物主义具有最大限度的客观性。工人阶级的阶级利益,是同社会发展的客观进程相一致的。工人阶级没有任何足以妨碍它追求客观真理的利益。

  关于社会的科学的阶级性,不仅表现在它的发展中和它对社会现实的不同态度上,而且表现在它产生的时刻和要求上。由于资产阶级和无产阶级具有不同的社会历史生活条件、不同的要求和不同的利益,因此它们对社会科学的发展不可能有一致的态度。资产阶级社会(以及从前的封建社会)是随着生产力发展本身而自发地产生的。生产力的发展还在封建主义内部就已经引起了新的资产阶级生产关系的建立,从而也产生了改变社会上的政治法律关系和其他关系的必要。因此,在资产阶级社会产生的过程中,资产阶级所更多关心的,首先是自然科学的急剧发展,为的是要更好地认识自然现象和发展生产力。资产阶级实际上只是在社会事件已经表明资产阶级制度不稳固的时候,才开始更多地研究社会现象。但是这个时候,资产阶级已经不能创立出一种能用某种崭新原理来丰富马克思和恩格斯当时已经达到的社会知识的社会科学了。资产阶级对待社会现象的态度的这种转变,是它本身没落的表现,是对历史唯物主义的一种反动,因为历史唯物主义为工人阶级摧毁阶级社会和建立

---

① 《列宁全集》,中文1版,第1卷,378～379页,北京,人民出版社,1955。南斯拉夫文译本和中文译本颇有出入。"害怕陷入"应为"不自觉地站到","领导"应为"支配"。——译者注

无阶级社会的斗争照亮了道路。因此,关于社会的科学的产生,是同工人阶级密切联系着的,工人阶级与资产阶级不同,在其产生时它的利益就要求尽量深刻地认识社会现象和社会事件。这种情况是由资本主义向共产主义过渡的特点所造成的。共产主义是第一个早已被预见到的、并要靠自觉地指导工人阶级和社会进步力量的实际活动和斗争来实现的社会制度。

特别是在当前的条件下,有一些资产阶级思想家在表面上也承认社会学、哲学等具有党性。但是他们往往把这种承认党性说成是资产阶级思想具有普遍意义。这样地承认党性,以及接受马克思主义的个别其他原理,一方面说明了马克思主义影响的扩大,另一方面表明了资产阶级思想在反对马克思主义的实质及其革命结论的斗争中所具有的特点。资产阶级思想家只要深入地掌握马克思主义,就会走向自己的反面,即自觉地或不自觉地不再成为资产阶级的思想家。因此,接受马克思主义的某些无关紧要的原理,并不会否定资产阶级社会学、哲学、艺术等的一般性质,也不会改变它们的任务。由此可见,关于社会的科学,也如同社会意识的各种其他形式和人们的实践活动一样,在阶级社会中具有阶级性。党性,即阶级社会中人们全部实践活动和思想活动的阶级制约性和阶级决定性,既贯穿在资产阶级社会学中,也贯穿在马克思主义社会学中。区别只在于:资产阶级掩饰自己的社会科学的党性,以便用这种方法来掩饰其非真理性;而工人阶级却自觉地公开地承认党性,因为党性并不会限制它去追求尽可能接近于真理的知识。

根据上述一切可以得出下列结论:第一,历史唯物主义是科学思想的最大成果,它把关于社会的理论提高到科学的水平;第二,在历史唯物主义即马克思主义的社会学产生以前,占统治地位的是唯心主义历史观;第三,历史唯物主义是关于社会发展最一般的规律的科学,它指导其他社会科学的发展;第四,作为历史唯物主义研究对象的社会,是人们之间一切其他关系赖以建立起来的物质生产关系的总和;第五,历史唯物主义同各专门社会科学的关系,是与辩证唯物主义同各种专门科学的关系基本上相同的;第六,历史唯物主义是马克思主义哲学——辩证唯物主义即全面而完整的唯物主义世界观的完成;第七,工人阶级的出现及其解放斗争的发动是历史唯物主义产生的主要社会经济条件;第八,历史唯物主义这种具有新质的社会学说,在社会思想的以往全部发展中,有它的思想和理论来源；第九，历史唯物主义按其特性与资产阶级社会学有着本质区别；第十，历史唯物主义是具有严格党性的科学，它揭露了资产阶级"无党性"的虚伪性，这种"无党性"丝毫也不意味着客观性，而只是意味着客观主义，即掩饰其反动党性的一种幌子。

总体框架

导论（概论）

第一章　历史唯物主义是关于社会的科学
　一、历史唯物主义的对象和定义
　　1. 历史唯物主义和各专门社会科学
　　2. 辩证唯物主义与历史唯物主义
　二、历史唯物主义产生的社会经济条件和科学哲学条件
　　1. 历史唯物主义的社会经济根源
　　2. 马克思和恩格斯是科学社会主义的创始人
　　3. 历史唯物主义的科学哲学来源
　三、历史唯物主义和资产阶级社会学
　四、关于社会的科学的阶级性
第二章　社会和自然界
　一、人和社会产生的自然历史条件
　　1. 劳动在人和社会产生的过程中的作用
　　2. 意识和语言对于社会产生和发展的意义
　二、社会发展的自然历史条件
　　1. 社会发展的自然地理条件
　　2. 社会发展的生物学的条件
　三、物质生产是人类社会生活和社会发展的经常的条件

历史唯物主义的基本问题
（关于基础和上层建筑的学说）

社会的经济基础和阶级结构

第一章　社会的经济基础
　一、社会的经济基础的概念
　二、生产力和生产关系的辩证统一

1. 生产力的决定性质
　　　2. 生产关系的历史类型
　　　3. 生产力和生产关系的相互作用
　　三、社会的上层建筑及其作用
　　　1. 社会上层建筑的制约性及其结构
　　　2. 社会上层建筑的作用
　　四、社会经济形态是马克思主义社会学的基本范畴
　　　1. 社会经济形态的概念
　　　2. 社会经济形态发展的普遍规律和特殊规律
第二章　社会的阶级结构
　　一、马克思主义关于阶级和阶级斗争学说的特征与实质
　　二、阶级和阶级斗争产生的社会历史条件
　　三、阶级的定义
　　四、阶级和社会结构
　　　1. 等级和种姓
　　　2. 职业划分和知识分子
　　五、阶级斗争是阶级社会发展的动力
　　　1. 资产阶级以前诸社会形态的阶级和阶级斗争
　　　2. 资本主义社会中的阶级和阶级斗争
　　六、消灭阶级和阶级斗争的历史条件

<h2 style="text-align:center">社会的上层建筑</h2>

社会的政治法律上层建筑

第一章　政党与个人的作用
　　一、政党的概念和实质
　　二、政党的阶级性
　　三、工人阶级政党的产生和发展
　　四、现代条件与工人阶级的政党
　　五、个人在历史上的作用
第二章　国家和法
　　一、国家和法的定义
　　二、国家和法产生的社会历史条件
　　三、国家和法的阶级性和社会作用
　　四、国家的基本类型和形式

第三章　马克思主义论社会革命
　　一、社会革命的概念和实质
　　　　1. 社会革命和政权问题
　　　　2. 社会革命的内容和形式
　　二、社会革命的基本类型
　　三　马克思列宁主义的社会主义革命理论
第四章　无产阶级专政——社会主义民主制
　　一、过渡时期的概念和实质
　　二、无产阶级专政的实质和历史作用
　　三、社会主义民主制是过渡时期的国家形式
　　四、国家的消亡
第五章　国家和民族
　　一、民族形成的历史条件
　　二、民族的概念和定义
　　三、民族运动的实质和历史发展
　　四、社会主义革命时期的民族问题
　　五、社会主义的爱国主义和国际主义
第六章　战争和军队的实质与性质
　　一、战争是一种社会现象
　　二、战争的性质
　　三、经济和道德在战争中的作用
　　四、战争和现代条件

　　　　　　　社会的思想上层建筑

第七章　社会存在和社会意识
　　一、社会存在是社会意识的根源
　　二、社会意识的相对独立性
　　三、社会意识的阶级性
　　四、社会意识的作用
第八章　社会意识的各种形式
　　一、宗教是社会意识的一种形式
　　　　1. 宗教的产生和社会作用
　　　　2. 工人阶级对待宗教的态度
　　二、道德是社会意识的一种形式
　　三、哲学和科学是社会意识的形式
　　四、艺术是社会意识的一种形式

辩证唯物主义与
历史唯物主义

[南] 普·弗兰尼茨基

克罗地亚马提查出版社 1958 年出版

总　论：辩证唯物主义与历史唯物主义的产生和特征[*]

一、人的解放是马克思主义哲学的中心问题

只要我们注意到，人的解放是马克思在理论上和实践中力求解决的中心问题，同时德国还不具备解决这一问题的充分的前提，那么就不难理解，单单是比较发达的法国这一点就已经对马克思观点的形成具有重要的意义。法国人的长处，就是他们具有发达的社会

---

[*] 本章内容选自《辩证唯物主义和历史唯物主义》第一章和第三章，并作了删节。文中标题由编者所加。

和政治环境。而马克思的长处在于他拥有一个昌盛的哲学时期的全部丰富的遗产及其基本成果——辩证法，同时他还具有一个天才的人物和坚强的性格所必备的不可动摇的决心：即一定要解决人的问题，以及他的历史和解放的问题。

法国的现实立即向马克思提供了足够的材料，证明根据资产阶级的公民民主来解决人的问题，只是一种局部的解决。法国生活中的新的矛盾清楚地表明，必须克服这种关系（这种关系在德国实际上还刚刚开始成为现实）。法国的资产阶级社会已经对无产阶级展开了尖锐的斗争。在工人队伍中已经开始传播各种社会主义思想（其中有一些是马克思在德国就已经熟悉的），但基本上都是空想社会主义的思想。其中流传最广的是圣西门（1760—1825）和傅立叶（1772—1837）的空想社会主义。

他们是天才的思想家，还在资产阶级社会胜利地预告蓬勃进展的时候，他们就已经发现了它灭亡的先兆。他们对资产阶级社会矛盾的分析是很出色的。如果再考虑到他们力图创立一种有关历史发展及其规律的统一的观点（在这方面他们往往接近于对这些问题作唯物主义的解释），那么我们完全有理由肯定，他们对马克思思想的发展，起了重要的作用。

但是，他们的唯物主义在解释历史时，是不彻底的。这特别清楚地表现在他们试图解决当代社会矛盾的各种方案中。在这里，法国启蒙运动的思想仍然表现出了有力的影响。他们不是把阶级关系看作当代社会发展的杠杆，却幻想会出现个别的慈善家，他在认识到这个世界的一切罪恶之后，会用自己的力量把它拯救出来。因此，他们的学说的空想性是毫无疑义的。

马克思很快就发现，近代史的实质在于资产阶级和无产阶级的斗争；由于他始终是一个深刻的辩证的思想家，因而力图具体地解决这些矛盾，而不抱任何历史的幻想。例如他在和卢格一起出版的"德法年鉴"第1期（也是唯一的一期）上发表的文章"黑格尔法哲学批判导言"中，就已经宣布无产阶级是这样的阶级，它必将实现社会的复兴，即实现社会主义，实现没有人压迫人和人剥削人的无阶级的社会。

马克思在这篇著名的论文中写道："哲学把无产阶级当作自己的物质武器，同样地，无产阶级也把哲学当作自己的精神武器；思想的闪电一旦真正射入这块没有触动过的人民园地，德国人就会解放成为人。"

根据上述一切，可以得出如下的结论：

德国唯一实际可能的解放是从宣布人本身是人的最高本质这个理论出发的解放。……这个解放的头脑是哲学，它的心脏是无产阶级。哲学不消灭无产阶级，就不能成为现实；无产阶级不把哲学变成现实，就不可能消灭自己。①

恩格斯在英国也得出了同样的结论。在英国，贵族、资产阶级和无产阶级之间的阶级斗争表现得十分明显，这一情况提供了足够的材料使他能得出结论：阶级斗争是发展的杠杆（至少在当时的英国是如此）。他还根据经济的分析断定这个社会不可避免地要灭亡，并看到无产阶级是将把这一过程进行到底并建立无阶级社会的历史力量。恩格斯的这一思想表述在《政治经济学批判大纲》一文中（载于马克思和卢格合编的上面已经提到过的"德法年鉴"上）。他在这篇著名的文章中写道："如果你们是像人那样有意识地进行生产，而不是像那些连类意识也没有的分散的原子那样，那么你们就会摆脱所有这些人为的无根据的对立。但是只要你们继续照目前这样无意识地毫不思考地全凭偶然性来进行生产，那么危机就会继续下去；而且其后果一定是一次比一次更普遍，因而也一次比一次更严重；这样就必然会使更多的小资本家破产，使专靠劳动为生的阶级人数剧增，因而也必然使急待就业的人数显著地增加（这是我们的经济学家必须解决的一个主要问题），最后，所有这一切势必引起一次社会革命，这一革命是经济学家凭他的书本知识连做梦也想不到的。"②

这样，马克思和恩格斯两人分别独立地得出了关于社会主义（作为一种理论）必须同工人运动相结合的历史结论。这就大大超过了以往流行的关于无产阶级只是一个受苦受难的阶级的思想，也超过了那种认为不经过工人阶级的斗争也可以建立社会主义的幻想。

可见，马克思和恩格斯与空想社会主义者及其在德国的同道，以及费尔巴哈不同，他们在当时就已经以完全不同的方式来解决社会问题了。由此就完全可以了解，马克思在这一基础上对人的宗教异化问题的理解（这个问题是由费尔巴哈首先着手解决的），也远为深刻得多。

---

① 《马克思恩格斯全集》，中文1版，第1卷，467页，北京，人民出版社，1956。
② 同上书，614页。

费尔巴哈正确地看出，宗教是人自我异化的一种形式。他确凿地肯定，一切宗教观念无非是人的观念，这些思想的产物（神）的一切特性无非是人的特性，人从自我本身中把它们异化出来，并赋予它们以自己创造的观念。人没有意识到他自己就是这一切的创造主，是无限的自然界的最高主宰，于是就贬低了自己，在他自己所创立的假说面前匍匐为奴。

可见，创造活动不是起源于上帝，而是起源于人本身，因为他是所有这些幻想的第一个创造者。

但是马克思并不仅仅满足于这些结论。因为从这些宗教观念中发现世俗的基础，毕竟只完成了这个重大任务的一部分。而下一个更为困难的问题，却是费尔巴哈根据他的心理人本主义原则所无法解决的。这个进一步提出的问题就是：为什么人要去实现这种自我异化？为什么人要去制造这种幻想？

马克思差不多把1844年逗留在巴黎的全部时间都用来研究这个问题，并把它扩展为经济、政治、法和哲学之间的依赖关系的问题。从直到这个世纪才出版的著名手稿（"经济哲学手稿"）中，可以看出马克思的见解的广度和深度。

人是社会关系的总和，人们的活动和生活的各个方面是相互交织着的；因此，若不全面地理解人们的各种关系的总和，就几乎不能去探讨意识形态这一领域。不过马克思在当时就已经看到了经济关系的首要地位，并已经把它理解为人类生活和历史发展的"实体"。他在阶级剥削关系所产生的矛盾中，发现了人经常不断异化的基础。

马克思发现经济的异化是宗教和思想异化的基础。在阶级剥削的制度下，例如在工人生产商品的制度下，工人在这一生产活动本身中，使自己的力量异化，从而创造了商品的价值。可是，这一产品本身却归另一个人所有，这样，那个人由于具有经济权力实际上也成了政治权力本身的"占有者"。因此，工人在这种关系中感到自己是被异化了的。由于生活条件的艰难和没有力量来自己支配自己的生活和历史，他们必然要在其他方面寻求慰藉。因此，群众的贫困是形形色色宗教幻想得以滋长的现实的肥沃土壤。马克思在1844年初写道，宗教的苦难是现实苦难的表现。另一方面，它又是对这种现实苦难的抗议，因为要求实现某个美好的彼岸世界的幻想，同时也就是对这个逐渐使人失掉最低限度生存条件的世界的一种抗议。

因此，共产主义作为人类解放的社会，它的目的应当是使人从他的各种各样的异化中，即从经济的、政治的、意识形态的异化中解放出来。在这里，新的社会主义人道主义问题，具有自己的现实的基础。

二、历史唯物主义的创立及其与辩证唯物主义的关系

除了这个有关人的重大问题之外，马克思当时还解决了哲学上的一个实质性的问题——逻辑认识论的问题，特别是在《关于费尔巴哈的提纲》中对它作了简要的论述。关于这一点，我们在另一个地方还将谈到。

虽然马克思当时已经看到，经济是人类历史的基础，同时也是作为个体的人本身发展的基础，但他，以及恩格斯，都还没有在揭示历史发展规律方面得出明确的结论。为了使共产主义本身终于能获得科学的基础，这一工作也是必须完成的。

马克思和恩格斯合著的"神圣家族"（1845）和恩格斯的"英国工人阶级状况"（1845），标志着他们朝这个方向迈进了一步。

1844年8月底，恩格斯在路过巴黎回德国时，在马克思那里逗留了几天。他们再一次共同得出结论：他们的观点和愿望完全一致。他们决定，首先要对以前的朋友布·鲍威尔及其伙伴给予答复，因为这一帮人反对他们在"德法年鉴"上发表的文章。恩格斯逗留在巴黎的这几天里写了将近二十页手稿，接着便前往德国，在那里他完成了自己的关于英国工人阶级的著作。马克思把手稿扩充到二百多页，这部著作在1845年初出版，书名叫"神圣家族，或对批判的批判所做的批判。驳布鲁诺·鲍威尔及其伙伴"。

尽管这本书在批判思辨方法、分析思辨哲学和自我意识等方面有许多引人入胜的重要的地方，但是，具有最重大意义的却是：书中表明，马克思已经达到了对历史发展的唯物主义解释。

鲍威尔认为，体现在杰出人物身上的自我意识——批判的批判，是历史的推动者。马克思在反驳鲍威尔的这一唯心主义观点时，在有一处地方得出结论说："难道批判的批判以为，只要它从历史运动中排除掉人对自然界的理论关系和实践关系，排除掉自然科学和工业，它就能达到即使是才开始的对历史现实的认识吗？难道批判的批判以为，它不去认识（比如说）某一历史时期的工业和生活本身的直接的生产方式，它就能真正地认识这个历史时期吗？诚然，唯

灵论的、神学的批判的批判仅仅知道（至少它在自己的想象中知道）历史上的政治、文学和神学方面的重大事件。正像批判的批判把思维和感觉、灵魂和肉体、自身和世界分开一样，它也把历史同自然科学和工业分开，认为历史的发源地不在尘世的粗糙的物质生产中（着重点是我加的——作者注），而是在天上的云雾中。"①

马克思发现了历史发展的规律不应当在思想领域中寻找，而应当在"尘世的粗糙的物质生产"中，即首先在经济本身的发展中寻找，他在同一著作中还研究了劳动和资本、工人阶级和资产阶级之间的基本矛盾。他发现这一矛盾是现代历史发展的现实基础，而这一矛盾的必不可免的解决则是未来的基本前途。

恩格斯在"英国工人阶级状况"一书中也得出了类似的结论。他看出，英国经济的产业革命是英国现代发展的真实基础，也是阶级对立的真实基础，它为今后的革命变革提供了一切必要的因素。但是，这一新观点（它本身标志着人类思想发展的革命）在理论上的形成和深化，主要是马克思的功绩。这一点，恩格斯自己在以后谈到共产主义者同盟历史的一篇文章中也曾加以确认。1845年春，恩格斯回到比利时，当时马克思也正好被迫侨居在这里。

马克思在"德意志意识形态"（1845—1846）中，对社会历史及其规律的这一新观点，作了系统的论述。这部著作是他同恩格斯合写的，有些部分是同赫斯合写的。书中打算首先对德国的意识形态问题，然后也对欧洲各个方面的意识形态问题作坚决的清算。因为马克思在这里所要解决的问题，是一切空想社会主义者力图解决的问题，是法国唯物主义最优秀的思想家（爱尔维修、霍尔巴赫）、法国复辟时期的历史学家（梯叶里、米涅、基佐）、德国唯心主义的主要代表人物（费希特、谢林、黑格尔）以及以往的许多其他思想家所解决过的问题。

马克思在"德意志意识形态"的一处地方论述了上述观点的实质。这一论述同他在十多年后在"政治经济学批判"一书的著名序言（1859）中的论述是很相似的。他在"德意志意识形态"中写道："由此可见，这种历史观就在于：从直接生活的物质生产出发来考察现实的生产过程，并把与该生产方式相联系的、它所产生的交往形式，即各个不同阶段上的市民社会，理解为整个历史的基础；然后

---

① 《马克思恩格斯全集》，中文1版，第2卷，101页，北京，人民出版社，1957。原文加重点而引文未加重点的地方有："从"，"开始"，"神学的"等处。——译者注

在国家生活的范围内描述市民社会的活动，同时从市民社会出发来阐明各种不同的理论产物和意识形式，如宗教、哲学、道德等等，并在这个基础上追溯它们（在不同阶段上）产生的过程。这样做当然就能够完整地描述全部过程（因而也就能够描述这个过程的各个不同方面之间的相互作用）了。这种历史观和唯心主义历史观不同，它不是在每个时代中寻找某种范畴，而是始终站在现实历史的基础上，不是从观念出发来解释实践，而是从物质实践出发来解释观念，由此还可以得出下述结论：意识的一切形式和产物不是可以用精神的批判来消灭的，也不是可以通过把它们消融在'自我意识'中或化为'幽灵'、'怪影'、'怪想'等等来消灭的，而只有实际地推翻这一切唯心主义谬论所由产生的现实的社会关系，才能把它们消灭；历史的动力以及宗教、哲学和任何其他理论的动力是革命，而不是批判。这种观点表明：历史并不是作为'产生于精神的精神'消融在'自我意识'中，历史的每一阶段都遇到有一定的物质结果、一定数量的生产力总和，人和自然以及人与人之间在历史上形成的关系，都遇到有前一代传给后一代的大量生产力、资金和环境，尽管一方面这些生产力、资金和环境为新的一代所改变，但另一方面，它们也预先规定新的一代的生活条件，使它得到一定的发展和具有特殊的性质。由此可见，这种观点表明：人创造环境，同样环境也创造人。每个个人和每一代当作现成的东西承受下来的生产力、资金和社会交往形式的总和，是哲学家们想象为'实体'和'人的本质'的东西的现实基础，是他们神化了的并与之作斗争的东西的现实基础，这种基础尽管遭到以'自我意识'和'唯一者'的身份出现的哲学家们的反抗，但它对人们的发展所起的作用和影响却丝毫也不因此而有所削弱。各代所面临的生活条件还决定着这样一些情况：历史上周期性地重演着的革命震荡是否强大到足以摧毁现存一切的基础；如果还没有具备这些实行全面变革的物质因素，就是说，一方面还没有一定的生产力，另一方面还没有形成不仅反抗旧社会的某种个别方面，而且反抗旧的'生活生产'本身、反抗旧社会所依据的'综合活动'的革命群众，那么，正如共产主义的历史所证明的，尽管这种变革的思想已经表述过千百次，但这一点对于实际发展没有任何意义。"①

---

① 《马克思恩格斯全集》，中文1版，第3卷，42~44页，北京，人民出版社，1960。原文"唯一者"加有重点。——译者注

由此可见，马克思和恩格斯的新的历史观已经基本上形成了。以后的许多著作只是进一步发展了其他一些社会问题，并论证了他们以前的原理。这些著作有：《哲学的贫困》、《共产党宣言》、《〈政治经济学批判〉序言》、《资本论》、《反杜林论》、《家庭、私有制和国家的起源》，《费尔巴哈和德国古典哲学的终结》。

历史唯物主义的这些标志着人类理论发展的深刻变革的基本思想，第一次彻底地揭示了历史事件的根源和基础，因而作为一种富有成果的指导思想而为马克思和恩格斯以后的全部事业服务，同样也为现代人类进步力量的美好事业服务。

这些思想不受陈规俗套、呆板教条的束缚，而以马克思和恩格斯在创立历史唯物主义的同时所发展和创立的新的哲学世界观为基础。同时，由于这一系列的社会学问题是当时（即十九世纪四十年代）的主要问题，并关系到当时人们的历史意向和历史前景，所以马克思和恩格斯首先明确地形成了自己在这方面的原理，而唯物辩证法实际上已经不言而喻地包括在历史唯物主义之中了。

马克思只是在这一早期对逻辑认识论问题作较多的研究，而且他也是以辩证唯物主义的观点来解决这些问题的。关于这一点，我们以后将会谈到。

由于马克思以后的科学研究工作主要限于经济领域，他力图在自己的不朽巨著"资本论"中给工人阶级提供一种有切实根据的观点，以观察资本主义经济结构、规律和矛盾，从而认识到通过斗争和建立社会主义社会来克服这些矛盾的必要性，因此恩格斯就负起了更多地从事哲学和自然科学研究的任务。所以恩格斯后来的《反杜林论》、《费尔巴哈论》和《自然辩证法》等著作就成了这一新的世界观——辩证唯物主义——的主要的源泉。

总 体 框 架

第一章　辩证唯物主义和历史唯物主义的产生
第二章　历史唯物主义
　　历史发展的基本规律
　　阶级斗争的规律
　　国家的产生、本质和消亡

    意识形态和个人的问题
    道　德
    宗　教
第三章　辩证唯物主义
    物质和运动
    空间和时间问题
    量和质
    量转化为质的规律
    整体和部分
    因果性问题
    一般、特殊和个别的关系
    必然性和偶然性
    必然和自由
    对立的统一和斗争的规律
    否定之否定的规律
    辩证唯物主义和专门科学的关系
    思维和实践的问题

第四章　第一国际和第二国际时期

第五章　列宁

第六章　第一次世界大战后的时期

第七章　南斯拉夫的实践和理论中的马克思主义

马克思主义哲学·教科书

[德] 柯 辛

柏林出版社 1967 年出版

总　论：东德马克思主义哲学体系的论争与马克思主义哲学·教科书的特征[*]

一、柯辛和赛迪尔的"体系论争"

以克劳斯、维蒂希的论文为中心展开的"实践论争"暂告平息后的两年，也就是 1966 年 10 月，在《德意志哲学杂志》上，发表了赛迪尔的论文《人对现实的实践和理论的关系》。以这篇论文为发

---

[*] 本章内容选自《当代哲学思潮述评》（求实出版社 1984 年版）中的《社会主义建设和实践唯物主义哲学：德意志民主共和国的马克思主义哲学》一章，并作了删节。文中标题由编者所加。

端，在以后数年中，再次开展了一系列的争论。① 这场新的争论的内容是什么呢？

早先的"实践论争"的主题是何谓实践。可以说是对传统的实践概念重新进行了探讨。那么，新的争论，其中心课题则是，在马克思主义哲学体系中，实践概念应处于什么样的地位问题。也就是说，把实践规定为人的感性的物质的活动，在这基础上，在同实践范畴的联系上，探讨了围绕马克思主义哲学的对象、构造、叙述方法、体系等一系列的问题。在这一意义上说，这次争论是在以前的"实践论争"的各项成果的基础之上，争论的内容，从理论上看，又前进了一步（以下简称这场争论为"体系论争"）。②

从时间上看，"体系论争"是在"实践论争"（1961年至1964年）的两年后进行的，也就是在《教科书》（1967年）发行的前后进行的。在这场"体系论争"中，最难能可贵的是，《马克思主义哲学——教科书》摆脱了一般教科书的框框，对于围绕实践及其他的理论问题，发表了具有很高理论水平的见解③，从而引起了人们的关注。

赛迪尔在他的论文《人对于现实的实践和理论的关系》中，首先责备"历史唯物主义落后"，究其落后的原因，在于"马克思主义哲学整个体系具有的不明确性"。在赛迪尔看来，传统的体系的叙述方法有以下四点主要缺陷：

第一，在传统的体系的叙述中，没有充分地反映人作用于外界的实践活动。也就是说，没有阐明"人的行动的意义"的根据，轻视了马克思主义哲学对"行动的指导"作用。

第二，正如在"把辩证唯物主义扩展到人类社会和人类历史的这一公式"中所看到的那样，这种缺陷表现在"从辩证唯物主义导

---

① 严格地说，这次论争中，最初提出问题的是在1964年柯辛撰写的论文《马克思主义哲学的对象、结构、叙述方法》（收录在《现代的马克思主义哲学论争》一书中）。至少，赛迪尔的论文是继承柯辛论文的观点，并根据它而写成的。

② 把这次论争称为"体系论争"，其理由是赛迪尔提出问题时指出"整个马克思主义哲学体系具有某种不明确性"。赛迪尔把实践的范畴看成是"整个体系"的"出发点"，想以此来克服这种"不明确性"。争论是以这点为中心展开的。

③ 关于"体系论争"的全部详细情况，请参照芝田进午编译的《现代的马克思主义哲学论争》。笔者也参加翻译了其中的一部分。这本介绍性的书对于想了解德意志民主共和国马克思主义哲学近几年来动向的人来说，我想是一本具有必读价值的书。此外，在书末，芝田进午所做的"解说"，对于东德的马克思主义哲学作了若干饶有兴味的考察。在我执笔写"体系论争"时，承蒙芝田进午先生的帮助。谨利用此机会表示谢意。

出历史唯物主义"这一点上。在这里，辩证唯物主义和历史唯物主义两者的整体性遭到了破坏。因为"把辩证唯物主义叙述在扩展到人类社会之前"，所以，辩证唯物主义被限制在自然的范围之内，总觉得给人以"自然哲学"的"印象"。由于完全在客体的形式下，直观地把握各种对象，因而更加加深了这种印象。这是因为，"在历史唯物主义中第一次研究实践"。这不是把唯物主义"本体论化"又是什么呢？

第三，只要看一下认识论在体系中所处的地位，就可以清楚地看出传统的体系在叙述方法上的缺陷。一般说来，认识论是"属于"辩证唯物主义的，其理由尚说不清楚。毫无疑问，实践是认识论的基础，可是实际上，实践不过是"历史唯物主义最初分析的对象"。反之，历史唯物主义分析实践时，丝毫也没有考虑到实践的"理论的重要性"。于是，"历史唯物主义和认识论之间的活生生的联系"就被忽视了。

第四，历史唯物主义同辩证唯物主义的分离以及历史唯物主义沿用了辩证唯物主义的"考察方法"，这本身也给"叙述"历史唯物主义带来了"否定性的影响"。这种影响表现在"片面的、纯客观的、几乎不反映主体性的考察方法"之中。

不可否认，今日的马克思主义哲学受到"斯宾诺莎主义的影响"。斯宾诺莎主义把"形而上学地改装了的、脱离人的自然"作为体系的出发点。其实，马克思主义哲学的"体系的出发点""既不是实体，也不是自我意识，而是人的感性的对象的活动，是劳动、社会实践"。也就是说，实践这一范畴不仅是"处于历史唯物主义的中心地位"，而且还是"整个马克思主义哲学的中心范畴"。

以上是赛迪尔论文的核心。首先要指出的是，赛迪尔的这种主张，乍看起来，同《教科书》的基调极为接近。然而，实际上，《教科书》和赛迪尔之间有着本质的分歧。也就是说，《教科书》主张，实践是哲学问题的产生和解决的基础，而不像赛迪尔那样，把实践看成是"整个马克思主义哲学的中心范畴"。换句话说，《教科书》丝毫没有把实践概念捧到物质概念之上。不可否认，赛迪尔的观点超越了《教科书》的新观点，他迈出了勇敢的一步。

当然，赛迪尔的论文遭到了许多人的批判。虽然他在一些问题上正确地指出了传统的苏联型哲学体系的弱点，但是却把实践看成是"体系"的"出发点"、"中心范畴"。因为，他的提法有导致否定和轻视唯物主义的出发点——物质的倾向，所以，对他的批判都是相当锋利的。批判者的基本论点如下：

第一，赛迪尔主张实践才是马克思主义哲学体系的"出发点"，因而就不难否定从自然、物质出发的这一唯物主义的根本原理。因为对实践这一范畴，既可作唯物主义的理解，也可作唯心主义的理解。

第二，把实践同唯物主义割裂，并过分加以强调的结果，必然会导致赛迪尔的这种观点，即"对于人来说，自然如果脱离了人，它不过是单纯的抽象物"。因此，他完全把马克思主义哲学中的自然降低成为一种自在之物。

第三，如果说脱离了人的自然，不过是"单纯的抽象物"那就必然模糊了不依赖于人的意识、实践而独立起作用的自然的客观的规律性，尤其是模糊了辩证法的规律性。事实上，这就否定了自然辩证法。

第四，从这种对自然的理解出发，必然导致这样的结论：自然只有同人联系在一起时，才具有现实意义。总之，不得不在主体—客体关系上把握自然。其结果，主体—客体辩证法取代了自然辩证法，马克思主义哲学被修正成卢卡奇之流的"主体—客体的哲学"。

正如人们所看到的那样，轻视唯物主义、否定自然辩证法、向主体—客体哲学的转化，这些从赛迪尔的观点中表现出的各种缺陷，显然是通向"唯物主观主义"的修正主义哲学的货色。

赛迪尔受到上述的批判，他于1967年10月撰写论文《实践和马克思主义哲学》① 进行反驳："我决不是否定、回避哲学的根本问题，而且相反，是给哲学的根本问题以具体的基础，这才是问题的核心。对于哲学的根本问题的马克思主义的解答……是哲学和自然科学长期发展的结果，这种发展……主要靠生产、社会实践的总体来推动。为了科学地解决哲学根本问题，其起跳点在于，从概念上把握人的感性的、对象的活动对于意识、人这一主体性的生成和发展所起的重要作用，在于从概念上把握这种活动的社会本性。我们不应忘记，'不仅是自然'，只有劳动才能第一次构成思维和存在的总体关系，并能不断地维持这种关系。当然，这都是以自然为前提的。"

---

① 收入《现代的马克思主义哲学论争》中。

实际上，赛迪尔主张，在哲学根本问题的范围之内，劳动、社会的实践才"第一次构成了思维和存在的总体关系"。他的这一观点是他建立马克思主义哲学新体系的极为重要的论点。正如我们已指出的那样，对于实践既能相应地作唯物主义的解释，又能相应地作唯心主义的解释。只要是马克思主义的实践，它就不可能脱离从自然和物质出发的这一唯物主义的根本原理。实践是体系的"中心范畴"这一命题，只有在它以唯物主义为基础时，才能具有积极的意义。

赛迪尔反驳后，时过两年，也就是1969年8月，柯辛的论文《马克思、列宁主义的世界观和哲学的根本问题》（第二篇论文）发表在同一《德意志哲学杂志》上。严格地说，柯辛早在1964年就最早提出问题，发表了论文《马克思主义哲学的对象、结构和叙述方法》（第一篇论文），挑起了"体系论争"。数年后，出版了他执笔的《教科书》一书，这时，可以看出他的叙述方法有以下四点：

第一，在涉及哲学的整个领域内把握马克思主义哲学的对象。

第二，把马克思主义哲学作为统一的世界观，作为辩证唯物主义的自然理论和社会理论的统一加以展开，而不是把马克思主义哲学看作个别侧面（例如唯物主义和辩证法）和各个部门（例如历史唯物主义、认识论、逻辑学）的简单的总和。

第三，自始至终坚持唯物主义和辩证法两者相互统一并相互渗透的观点。

第四，不把认识论同历史唯物主义割裂开来，而是以历史唯物主义为基础，展开认识论。

毋庸赘言，赛迪尔提出问题的论文在基本内容上，一定是全面依据柯辛的上述第一篇论文的。可是，如果说柯辛和赛迪尔的见解完全相同，这也不对，因为柯辛在第二篇论文中，相当严厉地批判了赛迪尔的观点。从这个意义上说，而且从时间上看，柯辛的第二篇论文《马克思、列宁主义的世界观和哲学的根本问题》，事实上成了整个"体系论争"的总结性论文。

在柯辛看来，从根本上说，各种修正主义的理论根源就在于"对哲学根本问题的简单化的理解"。如果哲学根本问题的全部命题仅仅是物质第一性、意识第二性问题的话，那么，就不能理解恩格斯为什么把它称为"全部哲学的最高问题"。实际上，哲学的根本问题与极其"复杂的世界观上的问题"相联系。在这个意义上，对于马克思列宁主义的哲学来说，理解哲学的根本问题具有"决定性的重要性"。特别是，正确规定物质、意识、实践这些"辩证的、历史的唯物主义"基本范畴间的相互关系就成了重要的课题。

接着，柯辛谈到哲学的根本问题和实践的关系，他的主张如下：马克思主义哲学比起资产阶级的唯物主义来说，其"优越性"离不开"对人类社会及社会实践所作的唯物主义的解释"。因而，需要彻底探明哲学的根本问题和物质、意识、实践这些范畴的相互关系。必须反对一切表现修正主义哲学特征的企图，诸如降低，乃至抹杀哲学的根本问题，用实践这一范畴取代物质这一范畴，等等。

关于这一点，尤其应该注意的是，柯辛在叙述了物质和意识的相互关系的唯物主义的一般命题之后，规定所谓实践"不外乎是人类社会——物质最高运动形态的物质的存在方式"。因此可以说，柯辛从自然史的角度出发，阐明了物质、意识、实践三者之间辩证的相互联系。也就是说，物质是不依赖人的意识的、运动的、原始的"自我原因"，实践不外乎是这种"物质的最高运动形态——社会的物质存在方式"，意识只有在这种实践（劳动）的媒介下才能发生、发展。①

这样一来，柯辛认为，只有物质、意识、实践这三个范畴"在马克思列宁主义哲学上才是根本性的、规定体系的范畴"。赛迪尔的错误在于，把实践规定为马克思列宁主义哲学的"中心范畴"，过低评价物质、意识这一对根本范畴，降低了哲学根本问题的价值。马克思列宁主义认为，只有社会实践才是"哲学问题产生和解决的基础"。然而，并不能由此得出这样的结论：应该把实践范畴置于物质、意识范畴的"上位"。为了把"辩证的、历史的唯物主义的出发点和基本命题格式化"，"物质"、"意识"、"实践"这三个"根本范畴"是绝对必要的。

在柯辛的总结性论文中，我们尤其要注意下列三点：

第一，采用"辩证的、历史的唯物主义"一词代替了传统的苏联型体系所用的"辩证唯物主义和历史唯物主义"的表述方法。

第二，强调理解哲学根本问题的重要性，同时又从自然史的角度，把实践定义为"物质运动的最高形态——人类社会的物质的存

---

① 严格地说，这种观点还不过是一种自然史的观点，还没有上升到概括性的自然史的世界观。为了达到自然史的世界观，必须进一步从自然史的角度分别研究自然—社会—思维的全过程。依我所见，柯辛没有说到强调自然史的世界观的程度。

在方式"。

第三，为了把"辩证的、历史的唯物主义的出发点和基本命题"格式化，物质、意识、实践这三个范畴被认为是"根本的范畴"。

柯辛的总结性论文，一方面有其积极的方面，他强调理解哲学根本问题的重要性，他拥护并发展了马克思主义实践概念的唯物主义的性格，从而给抛弃唯物主义的修正主义的"实践哲学"以强有力的打击；另一方面，又有其消极的方面，他没有把自然史的世界观作为基本的观点充分地加以贯彻，因而把物质、意识、实践这些范畴简单地、并列地加以理解。值得注意的是这一事实，即在东德，身处领导地位的哲学家柯辛，他的这些理论弱点，也充分地体现在《教科书》中了。前面，我们把《教科书》的体系规定为实践的唯物主义，指出了它对于传统的苏联型体系的优越性。但是，这并不意味着在《教科书》的体系中没有什么值得探讨的问题。

第一，在《教科书》中，实践的唯物主义和自然史的唯物主义没有充分地统一。也就是说，《教科书》的实践唯物主义，从物质、自然出发，把实践置于体系之前，这种做法未必是成功的。实际上，把自然史的世界观作为基础，才能立体地把握物质、意识、实践的范畴，才能建立把实践的范畴置于中心地位的真正科学的实践唯物主义体系。

第二，在《教科书》中，使人感到把逻辑和历史统一起来加以把握显得不足。也就是说，《教科书》在体系的叙述方法上，逻辑的展开未必同时反映历史的过程。《教科书》的叙述方法突然从"哲学的根本问题和根本流派"说起，便足以说明这个问题。

第三，《教科书》以阐明实践的唯物主义为目标，但是在第五部认识论中才谈到实践的定义，显得略微不够协调。"实践论争"为撰写《教科书》奠定了理论基础。在"实践论争"中，在认识论的范围内来规定实践，是过于狭窄了。正因为这种格式化的概括，更加加深了这种不协调的感觉。不能说这种暧昧性同《教科书》没有充分实现逻辑的和历史的统一毫无关系。

第四，《教科书》强调必须把握社会辩证法的特殊性，可是这项任务并没有完成。这点我们可以从下列情况看出，在历史唯物主义中固有的"主体—客体"的范畴以及它的辩证法，仅仅在第五部认识论中才专门论述了一点点。看来不能有效地批判卢卡奇所代表的，"主体—客体"哲学的修正主义理论。

第五，在促进马克思主义哲学的发展上，贯彻列宁的"辩证法、认识论、逻辑学的统一"的观点是不可缺少的。可是在《教科书》中，这种思想不够自觉，不够明确。因此，没有充分阐明辩证法、认识论、逻辑学在体系中应有的地位和相互间的关系。特别是关于逻辑学，几乎没有言及。并且，把逻辑学全部理解为形式逻辑学，也是个很大的问题。

二、辩证唯物主义和历史唯物主义的"一体性"

六十年代前半期，东德马克思主义哲学的新动向主要表现在《马克思主义哲学·教科书》（1967年出版）这一具体的成果上。那么，这部《马克思主义哲学——教科书》（以下简称《教科书》）的新特征是什么呢？关于这一点，我们准备对照迄今一直被作为马克思主义哲学范本的苏联《马克思主义哲学原理》（以下简称《哲学原理》），来进行探讨。

贯串整个《教科书》的最新颖的特征是，辩证唯物主义和历史唯物主义的"不可分割的一体性"。也就是说，全书不仅强调了"辩证唯物主义与历史唯物主义的不可分割的一体性，并且主张把它作为结构原理来加以运用"，这一观点成为《教科书》"体系叙述"的基础。

众所周知，过去在构成马克思主义哲学体系时，辩证唯物主义与历史唯物主义是各自作为独立的哲学部分被分别叙述的。但是，在东德的《教科书》里，不存在两者的这种机械的分离。于是，可以说，《教科书》的新颖之处首先表现在叙述体系的方法上。在那里，辩证唯物主义与历史唯物主义的统一"被强调为结构原理"，这一点从而也被理解为体系叙述的原理。

毫无疑问，这里重要的是两者的"一体性"，特别是被作为"结构原理"来把握。据《教科书》说，本来"马克思和恩格斯的新的世界观、马克思主义的唯物主义是把人类和人类活动，即社会生活过程作为出发点和中心点的。……因此，辩证唯物主义如果撇开这个内容，是完全不可能的"。人类和人类社会的实践才是马克思主义哲学的最中心的内容。正因为"这一理由，恩格斯总是把新的世界观称作历史唯物主义"。当然，辩证唯物主义从其内容来说，本来应该把历史唯物主义包括在其自身之中。但是，在这点上，以往的马克思主义哲学破坏了两者的"不可分割的一体性"。也就是说，"到了斯大林时代，便产生了这样的观点，即辩证唯物主义是马克思主义本来的世界观，而历史唯物主义作为把辩证法应用于社会的学说，不过是构成马克思主义哲学的一个特殊学科。这就使辩证唯物主义只同自然界发生关系，因而，一方面造成自然哲学复活的假象，另一方面又导致自然科学和社会科学的分离"。

这里所说的批判性的意见，虽未点名，但显然是针对斯大林的著作《辩证唯物主义与历史唯物主义》中所表述的马克思主义哲学体系，以及保留了斯大林哲学体系原型的苏联哲学体系的。众所周知，在斯大林的著作中，辩证唯物主义完全以自然界为对象，而历史唯物主义则被理解为把辩证唯物主义应用于社会方面的学说。也就是说，把辩证唯物主义和历史唯物主义分割开来加以把握，似乎存在两个唯物主义，并被分别独立地加以叙述。但是，"实际上，抛开历史唯物主义就不存在辩证唯物主义。两者在马克思主义的世界观中是融为一体的"。

由此可见，"辩证唯物主义与历史唯物主义的不可分割的一体性"这一观点，可以说是《教科书》的第一个特征。

这点在苏联的《哲学原理》中，是按照"第一卷"辩证唯物主义、"第二卷"历史唯物主义，这样一个顺序来构成体系的。两者是被作为马克思主义哲学的独立的两个部门来加以叙述的。但是，在东德的《教科书》里，辩证唯物主义和历史唯物主义却是被完全融为一体来加以把握的。譬如，历史唯物主义的主要范畴——生产力和生产关系是在"世界的物质统一性"这一"部"中的"物质和世界的统一性"这一"章"中叙述的。但是，"物质和世界的统一性"问题在以往的马克思主义哲学体系中不外乎是辩证唯物主义的主要内容。总而言之，在《教科书》中，辩证唯物主义和历史唯物主义不是作为各自独立的项目存在的。

值得注意的是，《教科书》的这种立场决不排除这样的可能性，即把历史唯物主义作为"它自身已经统一了的辩证的、唯物的社会理论"来详细地展开和叙述。迄今为止，我们所指的是始终把马克思主义哲学作为统一的世界观，从体系上来加以叙述。这决不是否定这种可能性，即把历史唯物主义作为有关社会的唯物主义的学说，以独立的形式加以展开。

显而易见，《教科书》的基本立场始终是把"人类的社会生活及其历史"置于"客观实在的一个领域"，即置于"世界的物质统一性"中来加以考察的。人类社会也不外乎是自然、物质运动的各种形式之一，这个观点也始终贯串在体系的叙述方法之中。

总之，《教科书》在"不可分割的一体性"上来理解和叙述辩证唯物主义和历史唯物主义的这一观点，是极其值得重视的。可以说它提出了一个与马克思主义哲学本质相关的深刻的问题。

《教科书》的第二个特征就是与马克思主义哲学对象有关的问题。

据《教科书》讲，全部哲学的问题，它的合理解决都存在于"社会实践和从概念上把握社会实践"之中。按照字面理解，这是一个基本立场。同时，由此可以得出结论：从马克思主义立场出发来理解人的本质，具有十分重要的意义。马克思主义哲学的对象首先必须从这里出发来加以规定。

关于马克思主义哲学对象的规定，在这里，我们可以看出，在东德《教科书》和苏联《哲学原理》之间存在着明显的差异。苏联《哲学原理》说，马克思主义哲学的对象是研究一切运动和发展的最一般的规律。在苏联的《哲学原理》中，虽不能说轻视人及人的社会实践，但是人及人的社会实践完全被看作是历史唯物主义的对象。考虑到上述这些情况，关于这个问题，东德《教科书》的新颖之处也就显而易见了。

《教科书》说，"笛卡儿以来的近代哲学主要关心的事情"是，"阐明人的活动的本质，特别是阐明社会实践的本质，阐明人的活动同客观世界的关系"。虽说如此，近代资产阶级哲学始终只不过是建立了阐明这些问题的"各种重要的前提"。马克思和恩格斯才第一次揭示了"人的劳动和社会实践的本质和作用"，成功地把哲学的对象同人的活动联系起来。

这样，从哲学史的角度，说明了近代资产阶级哲学同马克思、恩格斯的关系之后，《教科书》对马克思主义哲学的对象作了如下规定："人对于世界的关系是通过人的能动的活动的各种形式来实现的。处于对世界的这种关系中的人，才是马克思主义哲学的主要对象。马克思主义哲学最重要的是研究人在革命实践中如何变革自己的周围世界和他们自身"。

这里，我们可以看到，阐明人及人的社会实践正是贯串整个《教科书》的基本观点。在这种情况下，所谓人，不外乎是现实的、社会的人。就是说，他们不是脱离客观现实的、唯心主义哲学所主张的抽象的人，而是通过自己的劳动和革命实践不断地变革物质世界，同时在变革物质世界的过程中也不断地变革自己自身的人。因此，把人置于哲学的中心，同把人的社会实践以及社会实践的对象——客观世界，也当作哲学的对象是不可分割的。正是在这种意义上，马克思主义哲学的对象除了处于对客观世界的关系（特别是实践的关系）之中的人以外，别无其他。《教科书》说道：

"马克思和恩格斯揭开了'人的本质'之谜。那是……通过具体地、历史地分析现实的人的社会存在方式而得到的。然而，对于马克思和恩格斯来说，理解人的关键是当时历史所规定的人对世界的关系。因为这种关系把人的一切活动方式、人的活动的各种成果，同时也包括人的活动的客体都联系在一起，使它们变成一个统一的整体。"

从上述引文中，我想就可以清楚地知道，为什么人是马克思主义哲学的最高对象？因为马克思主义哲学的对象必须从人以及人对世界的各种能动的关系出发并受它的规定。

不言而喻，人对世界所具有的关系是"受当时历史所规定的"，它的最根本关系是"实践的＝对象的关系"。也就是说，这种关系是在劳动（这种劳动决定、规定人的活动形式）这一形式中展开的，并由此产生"其他一切活动方式"的，人对世界的"根本关系"。

以这种"实践的＝对象的关系"为基础，产生了"在意识活动中表现出来的，人对于世界的理论的＝认识的关系"。"因为人的劳动一开始就把意识的要素孕育在其中"，所以，这种关系"必然从实践的关系中产生"。作为这样一种东西，这种理论的＝认识的关系除科学外，还包含法律、道德、宗教等等"人类从精神上占有世界的各种形式"。

最后，以上述人的实践的和精神的活动为基础，人对于世界的审美关系也就应运而生。

这样，我们就回到了前面所说的公式：处于同世界发生各种关系之中的人，才是马克思主义哲学的最高对象。

现在，"因为人处于马克思主义哲学思维的中心，所以哲学的一切方面只有从人这一关系点出发，才能被正确地理解"。也就是说，"只有人的实践活动才给我们介绍一切科学的各种对象，才给我们介绍哲学的对象"。并且，"只有从这一点出发，自然和社会在其一体性和相互作用中，社会的实践在理论和实践的相互关系中……才能成为马克思主义哲学的对象,同时,科学、政治、道德和艺术……也才能成为马克思主义哲学的对象……马克思主义哲学自己研究的对象就是这样的一切领域同人、人的活动之间的联系,以及规定一切领域特征的各种普遍规律和本质的特征"。

显而易见,《教科书》关于马克思主义哲学对象的规定的特色在于:哲学的对象被理解为由人的实践、劳动,以及由此产生的理论认识所媒介的领域,把对象的生成作为一个历史过程来把握。一般说,《教科书》关于这个问题的重要理论贡献在于:从人的劳动出发,并以人的劳动为基础来规定马克思主义哲学的对象。

鉴于上述各点,《教科书》对哲学对象的规定,其新颖之处也就不言而喻了。譬如说,苏联的《哲学原理》对于哲学对象的规定,其方法是非常机械的、公式化的。从人的实践、劳动出发来历史地规定马克思主义哲学的对象,这种立场极为薄弱。

以上,作为《教科书》的特征,特别是关于马克思主义哲学的结构和叙述方法,我们探讨了辩证唯物主义和历史唯物主义的"一体性"和对哲学对象的规定这两点。东德的马克思主义哲学把全部哲学问题的合理解决置于社会实践和从概念上把握社会实践之上。我们可以把这样的东德马克思主义哲学称之为"实践的唯物主义"①。但是,在《教科书》的内容上,也存在一些不可忽视的疑点。

三、"两种体系"的对比

A. 柯辛主编的《教科书》提出了一个新的哲学体系,从体系的构成到叙述方法都同传统的苏联型哲学体系有很大不同。日本哲学家对照苏联 1958 年出版的《马克思主义哲学原理》(苏联科学院哲学研究所集体创作),进一步探讨柯辛主编的《教科书》的新特征。两本书的目录对照如下:

---

① 关于把《教科书》的体系称为"实践的唯物主义"的问题,芝田进午先生提出了疑问(芝田进午编译:《现代马克思主义哲学论争》,青木书店出版)。笔者自己也不认为《教科书》的体系与马克思、恩格斯在《德意志意识形态》中所说的"实践唯物主义"的意思相同。这里,就暂且这样称呼吧!

关于《教科书》,《德意志哲学杂志》(1967 年 8 月号)刊登了 K. 克洛切、G. 柯赫、H. 奥皮茨的书评,题为《为建立社会主义建设实践的、创造性的哲学而奋斗》。我想从书评的标题便可推断:把《教科书》的体系称为"实践的哲学",作者大概不会有异议。但是同现在流行的修正主义的"实践的哲学"容易混清。

《原理》

前 言
第一章 哲学的对象
第二章 马克思主义产生以前哲学史上唯物主义和唯心主义的斗争
第三章 马克思主义哲学的产生和发展

第一篇 辩证唯物主义

第四章 物质及其存在形式
第五章 物质和意识
第六章 现实中各种现象的合乎规律的联系
第七章 辩证法的基本规律——量变到质变的转化规律
第八章 对立面的统一和斗争规律
第九章 否定的否定规律
第十章 认识过程的辩证法

第二篇 历史唯物主义

第十一章 历史唯物主义是关于社会发展规律的科学
第十二章 物质生产是社会生活的基础
第十三章 生产力和生产关系的辩证法
第十四章 社会的基础和上层建筑
第十五章 阶级,阶级斗争,国家
第十六章 社会革命是社会经济形态更替的规律
第十七章 社会意识及其在社会生活中的作用
第十八章 人民群众和个人在历史上的作用
第十九章 现代资产阶级哲学和社会学的主要流派
结 论

《教科书》
第一部 现代的哲学

第一章 社会主义的世界观
第二章 马克思主义哲学的产生和发展
第二部 世界的统一性在于物质性

第三章　哲学的基本问题和基本流派
第四章　物质和世界的统一性
　　　　　第三部　世界的合乎规律的体系
第五章　客观实在的体系的性质
第六章　辩证的决定论
第七章　自觉运用规律和社会规律
　　　　　第四部　世界是发展的
第八章　质变的发展规律
第九章　否定之否定的发展规律
第十章　辩证的矛盾是运动及发展的源泉
　　　　　第五部　人对客观世界的认识
第十一章　认识过程的社会基础
第十二章　认识的本质和结构
　　　　　第六部　现代的社会形态和精神生活的变革
第十三章　工人阶级创造新的世界
第十四章　现代的精神生活的变革

　　从以上目录中可以清楚地看出：在传统的马克思主义哲学的体系构成中，辩证唯物主义和历史唯物主义是各自作为独立的哲学部分加以叙述的。苏联的《马克思主义哲学原理》一书就是按照"第一篇　辩证唯物主义"，"第二篇　历史唯物主义"这样一个顺序来构成体系的。而东德的《教科书》，不仅强调了辩证唯物主义与历史唯物主义的不可分割的一体性，并且主张把它们作为一个"结构原理"来加以把握和运用。这一观点成了《教科书》体系叙述的基础，也是贯穿整个教科书的最根本的特征。

　　毫无疑问，这里重要的是两者的"一体性"，特别是两者被作为一个"结构原理"来加以把握。《教科书》的序言中说："下述观点是本书的叙述体系的基础，即不仅强调辩证唯物主义和历史唯物主义不可分割的一体性，而且两者被看成一个结构原理加以运用。同样，这种观点也适用于唯物主义和辩证法的相互渗透。在本书中，马克思列宁主义哲学的各种原理、规律、范畴、概念都在内在的联系上得到了说明，人的社会实践和从概念上把握实践成了体系的出发点。"《教科书》还说："本来，马克思和恩格斯的新世界观、马克思主义的唯物主义是把人类和人类活动、社会生活过程作为出发点和中心点的……因此，辩证唯物主义如果撇开这个内容是根本不可能的。"人类和人类社会实践才是马克思主义哲学的最中心的内容，正因为"这一理由，恩格斯经常把新的世界观称作历史唯物主义"。《教科书》又进一步说："实际上，抛开历史唯物主义是不存在辩证唯物主义的。两者在马克思主义世界观里融合成为一体。"

在这种思想指导下，《教科书》是把历史唯物主义的主要范畴——生产力和生产关系放在第四章"物质和世界的统一性"中叙述的，"基础和上层建筑"也失去了作为历史唯物主义的"结构原理"的地位，在传统的体系叙述上常同阶级斗争联系在一起的国家则被放入第三部"世界的合乎规律的体系"之中叙述，阶级斗争和社会革命是被放在第四部"世界是发展的"当中叙述的。总之，在《教科书》中，辩证唯物主义与历史唯物主义不是作为各自独立的体系来叙述的。《教科书》的基本立场始终是把"人类的社会生活及其历史"放在"客观实在的一个领域"，即放在"世界的物质统一性"中来理解的。人类社会不外乎是自然、物质运动的各种形式中的一种形式，这个观点始终贯穿在《教科书》的体系的叙述中。

这里值得注意的是，《教科书》的这种立场不是否定历史唯物主义，也不是否定历史唯物主义作为关于社会的唯物主义学说能够以独立的形式来展开，而是把马克思主义哲学作为统一的世界观从体系上加以叙述。

关于马克思主义哲学对象的规定，苏联的《哲学原理》和东德的《教科书》之间存在着明显的差异。苏联的《哲学原理》说："马克思主义哲学的对象是研究一切运动和发展的最一般的规律。"在苏联的教科书中，虽不能说轻视人及人的社会实践是马克思主义哲学的对象，但是，人及人的社会实践被认为是唯物主义的对象，从体系的构成方面来说，好容易在"第二篇"中才叙述到。而东德的《教科书》却说，哲学的一切问题，它的合理解决都存在于"社会实践和从概念上把握社会实践"中。这是个基本立场。由此我们可以得出一个结论：从马克思主义立场出发，理解人类的本质是十分重要的。因此，马克思主义哲学的对象，首先必须从这里出发加以规定。《教科书》说："笛卡儿以来的近代哲学主要关心的事情是阐明人的活动的本质，特别是社会实践的本质；阐明人的活动同客观世界的关系。"马克思和恩格斯第一次揭示了"人的劳动和社会实践的本质、任务"，成功地把哲学对象同人的活动联系起来。于是，《教科书》对马克思主义哲学的对象作了如下规定："人对世界的关系是通过人的能动的活动的各种形式来实现的。处于对世界的这种关系中的人才是马克思主义哲学的主要对象。马克思主义哲学最重要的是研究人在革命实践中如何变革自己的周围世界和他们自身"。在这种情况下,所谓人是现实的、社会的人,就是说,他们不是脱离客观现实的、唯心主义哲学所主张的抽象的人,而是通过自己的劳动、革命的实践来变革物质世界,同时又变革自己本身。因此,把人放在哲学的中心地位,同把人的社会实践以及社会实践的对象——客观世界当作哲学的对象是不可分割的。在这种意义上说,马克思主义哲学的对象除了处于对客观世界的关系(特别是实践的关系)之中的人以外,别无其他。

《教科书》又进一步说:"马克思和恩格斯通过具体地、历史地分析现实的人的社会存在,揭开了'人的本质'之谜。在他们看来,理解人的关键是当时历史所规定的人对世界的关系。因为这种关系把人的一切活动方式、人的活动成果,包括人活动的客体在内,都联系在一起,使它们变成一个整体。"

毫无疑问,人对世界的关系是受"当时历史规定的",它的最根本关系是"实践＝对象的关系"。也就是说,这种关系是在劳动(这种劳动是决定、规定人的活动的形式)这一形式中展开的,并由此产生"其他一切活动方式"的、人对世界的"根本关系"。"在意识活动中实现的,人对世界的理论的和认识的关系"只有以这种"实践的、对象的关系为基础才能发生"。"因为人的劳动一开始就把意识的要素包含在其中",所以,这种人对世界的理论的和认识的关系"必然从实践的关系中产生"。这种关系除了科学之外,还包含法律的、道德的、宗教的、"人类从精神上占有世界的各种形式"。

这样,《教科书》又回到了前面所说的公式:同世界发生各种关系的人才是马克思主义哲学的最高对象。现在,"人处于马克思主义哲学思维的中心,只要从人这一关系点出发,就能够正确地理解哲学的一切方面","只有实践的活动才给我们介绍一切科学的各种对象,才给我们介绍哲学的对象"。因此,马克思主义哲学研究的对象,就是"一切领域同人及人的活动的联系,同时,也是研究规定这一切领域特征的各种普遍规律性和本质特征"。

总而言之,《教科书》对于马克思主义哲学对象的规定,其特色在于:从人的劳动出发,并以人的劳动为基础来规定马克思主义哲学的对象。

日本的一些哲学家们把以柯辛为代表的东德哲学家提出的新体

系称为"实践的唯物主义",指出新体系对于传统的苏联型体系所具有的优越性,认为它拥护并发展了马克思主义实践的唯物主义的性质,第一次自觉地把人的实践作为哲学(世界观)的出发点和生成的基础,从理论上恢复了哲学的世界观的本质,并且把处于对世界关系中的人第一次作为马克思主义哲学的中心对象。然而,日本哲学家认为,新体系在理论上仍有许多不足之处,主要有以下几点:

第一,赛迪尔、柯辛都指出,哲学的根本问题本身受社会的、历史的制约而产生,日本哲学家高度评价这一点。日本哲学家认为,哲学是人类历史一定发展阶段上出现的历史现象。因此,阐明马克思主义哲学时,必须从历史上、逻辑上来叙述哲学的发生、发展和扬弃的过程,应该指明哲学和各种科学、大工业和阶级斗争的发展本身正在为扬弃哲学以及为扬弃哲学的根本问题准备条件,否则这个体系便既不是辩证的,也不是唯物主义的。

第二,日本哲学家赞成柯辛的这种观点,即不把马克思主义哲学看成是"辩证唯物主义和历史唯物主义",而规定为"辩证的、历史的唯物主义"。问题在于内容,对于"历史的"理解是否把自然也包括在历史范围之内,也就是说,是否把自然、社会、思维作为自然史的过程,作为辩证地、历史地把握唯物主义来理解?日本哲学家认为,东德的哲学家显然不是这样理解的。赛迪尔的论文中的观点背离了自然史的世界观,陷入了"唯物史观主义"。海尔茨贝尔等人在这点上对他的批判是正确的。然而,海尔茨贝尔等人把自然、物质看成马克思哲学体系的始基、出发点,好像只有社会才有历史,结果陷入了同赛迪尔同样的立场。日本哲学家认为,柯辛是在同物质、意识的自然史的联系上把握实践的,但是,对于把自然、社会、思维作为自然史过程来理解的世界观,没有充分说明根据。也就是说,如果承认天体史——生物史——社会(人类)史是物质发展的几个阶段,如果把具有自我意识的有机体尚不存在的"天体史——生物史"阶段作为研究对象的话,那么,柯辛把"意识"、"实践"的范畴作为根本范畴来理解,就会变得毫无意义。造成这种状况的原因是柯辛的自然史世界观不彻底,并且把三个范畴并列地看成"根本范畴"的缘故。日本哲学家认为,马克思主义哲学应是把自然、社会、思维作为自然史过程来加以把握的自然史的世界观。换句话说,应是把自然、社会、思维看成辩证的、历史的过程的唯物主义。在这种意义上,规定为"辩证的、历史的唯物主义"。构成

"辩证的、历史的唯物主义"的始基是自然、物质，而不是实践。然而，在历史发展的一定阶段，有机的自然通过劳动、实践成为人的自然。作为劳动、实践的一个因素产生了精神、意识。不能排除劳动、实践的范畴来谈论意识，也不能排除劳动、实践的范畴来谈论物质和意识的关系。在这个意义上，实践是马克思主义哲学的中心范畴之一，也只有在这个意义上，"辩证的、历史的唯物主义"可以说是以自然、物质的范畴为始基的"实践的唯物主义"。

第三，日本哲学家认为，反映自然史普遍发展过程中形式转化的规律性是"唯物主义辩证法"或"自然辩证法"；反映人的自然、社会史（自然史的特殊阶段）的形式转化，或者说，反映这个特殊阶段上的劳动、实践的形式转化的规律性是"社会辩证法"，反映作为个别阶段，即作为人的自然的一个阶段的认识过程、思维过程的形式转化的规律性是"思维辩证法"或称认识论、逻辑学。在"辩证的、历史的唯物主义"的体系中，这里所说的自然辩证法、社会辩证法、思维辩证法不是简单的并列关系。三者构成普遍、特殊、个别这一立体的关系。这种体系本身应该反映自然史，并且应该辩证地、历史地、唯物地来展开。

第四，日本哲学家认为，为促进马克思主义哲学的发展，贯彻列宁的"辩证法、认识论、逻辑学三者同一"的观点是不可缺少的。东德哲学家对于辩证法、认识论、逻辑学在体系内应占有的地位，以及它们的相互关系，没有充分阐明。关于逻辑学几乎没有言及。日本哲学家认为，辩证法、认识论、逻辑学三者的关系不仅是逻辑的横的相互关系，而且也是辩证法（古代哲学）→认识论（洛克、康德）→逻辑学（黑格尔）这种纵的哲学史的发展关系。

日本哲学家认为，以下几点不足也存在于《教科书》中：一是没有做到实践的唯物主义和自然史的唯物主义充分的统一，也就是说，《教科书》的实践唯物主义从物质、自然出发，把实践置于体系之前未必是成功的；二是突然从"哲学的根本问题和根本流派"说起，在体系的叙述上，显得逻辑地展开和历史地展开不够统一；三是目的是要阐明实践的唯物主义，但把实践规定在认识论的范围之内，把实践的定义放在第五部认识论中加以阐明，显得不够协调；四是强调必须把握社会辩证法的特殊性，但在第五部认识论中才谈到历史唯物主义固有的"主体—客体"的范畴以及它的辩证关系，看来不能有效地批判卢卡奇所代表的"主体—客体"的哲学理论。

总体框架

第一部 现代的哲学

I 社会主义的世界观
一、马克思主义哲学的对象和课题
　　a) 世界观和哲学
　　b) 马克思主义哲学的对象
　　c) 马克思主义哲学的结构
二、马克思主义哲学是社会主义的理论基础
　　a) 马克思主义哲学的各种职能
　　b) 马克思主义哲学和社会主义的政治
　　c) 马克思主义哲学的党派性

II 马克思主义哲学的产生和发展
一、产生马克思主义哲学的历史条件
二、马克思主义哲学的理论源泉
　　a) 自然科学的各种前提
　　b) 德国古典资产阶级哲学
　　c) 法国唯物主义和空想社会主义、共产主义
　　d) 古典资产阶级经济学
三、马克思、恩格斯创立和发展了马克思主义哲学
四、列宁对马克思主义哲学的发展
五、马克思列宁主义哲学在德意志民主共和国的发展

第二部 世界统一于物质性

III 哲学的根本问题和根本流派
一、哲学的最高问题
　　a) 实践和哲学的根本问题
　　b) 一元论和二元论
　　c) 哲学根本问题的各个方面
二、哲学思想上的根本流派
　　a) 唯物主义和唯心主义的对立
　　b) 唯物主义的历史

c) 唯心主义的认识论根源和社会根源
　二、哲学的基本的思想方法

Ⅳ　物质和世界的统一性
　一、马克思主义哲学的物质理论
　　　a) 物质概念的定义
　　　b) 哲学的物质概念和现代自然科学
　　　c) 运动是物质的存在方式
　　　d) 空间和时间是物质的存在形式
　二、人类的物质的社会生活过程
　　　a) 社会生活的自然条件
　　　b) 社会的劳动——人和自然之间的"物质代谢"
　　　c) 人类产生的历史
　三、生产力及其在人类社会生活中的职能
　　　a) 劳动过程的各种简单的要素
　　　b) 何谓生产力？
　　　c) 生产力的物质的性质
　四、生产关系及其在人类社会生活中的职能
　　　a) 生产关系的体系
　　　b) 生产关系的职能和意义
　　　c) 生产关系的物质的性质
　五、物质世界的统一性和多样性

第三部　世界的合乎规律的秩序

Ⅴ　客观实在的体系的性质
　一、现象的普遍联系和一般的受制约性
　二、各种物质系
　　　a) 体系概念的意义
　　　b) 体系和要素、结构和职能
　　　c) 物质系的结构形态
　三、社会的各种结构形态
　　　a) 社会的经济形态
　　　b) 阶级和阶级结构
　　　c) 国家是社会的政治结构形态
　　　d) 民族、国民是社会的结构形态

Ⅵ 辩证的决定论
　一、机械的决定论和辩证的决定论
　二、相互作用
　三、必然和偶然
　四、原因、结果。因果性
　五、可能性和现实性
　六、必然和自由

Ⅶ 规律及社会规律的有意识的利用
　一、规律的各种标志
　　a) 必然性、规律和条件
　　b) 普遍、特殊、个别
　　c) 本质和现象
　　d) 反复的可能性
　二、社会规律的各种特殊性
　　a) 处于我们时代的世界观斗争之中的社会的合乎规律性的问题
　　b) 主体的人类活动和社会规律的客观性
　三、在社会主义条件下，社会规律的有意识的利用
　　a) 在历史过程中的自发性和意识性
　　b) 社会规律和对社会有意识的指导

第四部　世界是发展的

Ⅷ 作为质变的发展
　一、两种发展观及其世界观的意义
　二、变化和发展
　三、质、量、限度
　　a) 性质、质、本质
　　b) 量
　　c) 限度
　四、量变向质变转化的规律
　五、社会革命
　　a) 社会革命是质的转化的特殊形态
　　b) 各种革命的类型
　　c) 社会主义革命的必然性和历史的经过

d) 辩证的飞跃的种类

IX 作为否定之否定的发展
一、逻辑的否定和辩证的否定
二、否定之否定
三、否定之否定的规律

X 辩证的矛盾是运动及发展的源泉
一、辩证的矛盾是运动、发展的源泉，发现辩证的矛盾的历史意义
二、辩证的矛盾的概念
　a) 同一性、区别、对立、矛盾
　b) 逻辑的矛盾和辩证的矛盾
三、社会生活中的矛盾是历史过程的推动力
　a) 生产力和生产关系是处于辩证的相互关系中的矛盾
　b) 在国家垄断资本主义时期，现代生产力和生产关系之间的冲突
　c) 阶级斗争是社会前进的动力
　d) 社会主义条件下对立物的统一和"斗争"的规律
　e) 敌对矛盾和非敌对矛盾
四、辩证的矛盾的类型
　a) 结构矛盾和过程矛盾
　b) 内在的矛盾和外在的矛盾
　c) 本质的矛盾和非本质的矛盾

第五部　人对客观世界的认识

XI 认识过程的社会基础
一、马克思主义认识论的新质
　a) 认识论中的两条路线
　b) 马克思以前的认识论的成果
　c) 认识论在马克思主义哲学中的地位
二、人对世界的理论的、认识的关系
　a) 从精神上占有世界
　b) 意识的产生
　c) 意识在社会生活过程中的职能
　d) 人的认识能力和认识世界的可能性
三、实践和认识的关系

a) 获得认识和认识
   b) 实践的概念及结构
   c) 实践是认识的基础和动力
   d) 认识对实践的相对独立性
  四、主体和客体的关系
   a) 主体—客体关系的性质
   b) 认识中的主体和客体

XII 认识的本质和结构
  一、认识和信息
   a) 认识过程、神经生理学、控制论
   b) 反映和信息
   c) 人类的感觉器官接受第一信号系统
   d) 在人类神经系统中，信息的处理和贮存
  二、作为复写过程的认识
   a) 辩证唯物主义的复写的概念
   b) 感性的复写及其在认识中的作用
   c) 内容的复写。记号和复写
   d) 语言和认识
   e) 经验的认识和理论的认识
  三、真理和认识
   a) 客观的真理
   b) 真理的标准
  四、认识的方法
   a) 理论和方法的关系
   b) 马克思主义哲学的一般的认识方法
   c) 分析和综合
   d) 演绎法和还原法
   e) 模式法
   f) 实验法
  五、认识过程的辩证法
   a) 人类认识的辩证的途程
   b) 相对真理和绝对真理
  六、科学是认识的实践性的力量
   a) 何谓科学？

b）各科学的统一

第六部　现代的社会形态及精神生活的改造

XIII　工人阶级创造新的世界
一、历史上各个阶级对现代的自我理解
二、现代的性质
　a）我们的时代的基本矛盾
　b）社会主义的世界体制
　c）现代民族解放运动
　d）现代资本主义和社会主义的并存
　e）现代和两个德国
三、社会主义的新世界
　a）社会主义的社会制度
　b）技术革命对社会主义发展的意义
　c）社会主义条件下，各种国民关系的改造

XIV　现代精神生活的变革
一、社会意识的本质和职能
　a）社会意识是社会存在的反映
　b）社会意识的相对独立性
二、资产阶级意识形态和社会主义意识形态
　a）意识形态的阶级性质
　b）科学的意识形态和非科学的意识形态
三、在精神生活的发展中的新特征
　a）马克思主义哲学影响的增强
　b）资产阶级哲学的危机
四、关于德意志民主共和国社会主义意识的发展

辩证唯物主义与历史唯物主义

[德] 弗朗克·菲德勒　郑伊倩等 译

求实出版社 1985 年出版

总　论：马克思主义哲学的实质和对象[*]

一、马克思主义哲学的对象：自然界、社会和思维运动和发展的一般规律

任何科学的任务都是要揭示客观规律性，准确地加以表述，并研究其实际运用的可能性。辩证唯物主义和历史唯物主义的对象是自然界、社会和思维运动和发展的一般规律。其中有对立面统一和"斗争"的规律，质量互变规律，否定之否定规律，可能性和现实、

---

[*]　本章内容选自《辩证唯物主义与历史唯物主义》第二编第一章第二节和第六章第一节。文中标题由编者所加。

原因和结果、必然性和偶然性之间的合乎规律的关系等。

辩证唯物主义和历史唯物主义通过从哲学上概括各种部门科学知识,现实的全部认识史及其结果,人类的全部历史实践,特别是工人阶级及其马克思列宁主义政党的革命斗争的经验,来研究这些规律。辩证唯物主义和历史唯物主义首先从工人阶级历史使命的理论根据方面来研究这些规律。它分析这些规律在工人阶级斗争的不同发展阶段中的作用,并且根据对这些规律的理解,提出和论证进行革命认识和革命实践活动的原则。

上述关于马克思列宁主义哲学对象的简明定义把握住了它的本质的东西,但还需要加以说明和具体化。这一对象包括哪些内容?哲学从什么角度对它进行研究?哲学的内容又是如何形成的?

马克思列宁主义哲学对象的这一规定表明,马克思列宁主义哲学是彻底的唯物主义,而且只有当唯物主义的基本思想和辩证法相结合时,彻底的唯物主义才有可能。

关于自然界、社会和思维运动和发展的一般规律的科学的哲学理论的出发点是这样一个问题,是物质世界的规律决定思维规律,还是相反,思维规律决定存在规律,一般说来,这也是究竟物质是本原还是意识是本原的问题。因而,马克思列宁主义哲学对象的主要方面是物质世界和意识的关系。马克思列宁主义哲学既辩证又唯物地回答在物质和意识的关系中何者是本原的问题,以及人的意识能否认识世界的问题。从而它为工人阶级的世界观,为工人阶级理解整个世界和人在世界上的地位奠定了基础。总之,哲学上提出问题的特点在于,哲学从物质和观念之间的关系的角度出发,按照上述两个方面来分析在它的对象范围内的一切问题。另一方面,社会的实践生活和精神生活的一切问题,生产、政治、科学或艺术活动中所遇到的一切问题,只是在把它们同哲学基本问题即物质观念的关系问题联系起来加以理解和思考时,才得到哲学上的规定。

马克思列宁主义的哲学把对基本问题的辩证唯物主义的回答作为理论出发点,并由此出发来研究物质世界和反映物质世界的思维的运动和发展的一般规律。哲学认识规律的特点当然不仅仅在于它所研究的规律是在世界的各个领域中都起作用的一般规律,而其他科学研究的则是特殊领域的规律。许多部门科学都以世界的某些特殊领域为自己的研究对象,如物理、化学或生物的过程,国家和法或艺术的发展,并且根据自己研究的结果阐述在各有关领域中起作用的科学规律。然而，在部门科学中也研究并阐述一些作用范围很广泛的规律（如守恒定律）。数学和控制论研究那些在现实的一切领域中都可得到证明的结构。因此，对哲学上的一般，不仅应该从量上来把握（尽管这种因素是必不可少的），而且还必须从质上来确定。哲学概括的特点在于，它是辩证唯物主义地回答基本问题和运用唯物主义解决哲学所研究的一切问题的结果和组成部分。同时，哲学概括还力求把握物质世界自我运动和自我发展的一般客观过程及其在意识中的反映。因此，马克思列宁主义哲学不单是关于一般规律的科学，而且是关于自然界、社会和思维的运动和发展的一般规律的科学。认识这些规律的世界观意义在于，在此基础上就可以从世界本身、从其固有的联系来解释世界，就可以得出一种关于自然界、社会和思维的完整的、科学的唯物辩证的观点，从而在哲学理论上为反对资本主义、建立共产主义社会形态而斗争的工人阶级世界观奠定基础。

马克思列宁主义哲学是由理论上得到阐述的规律和范畴组成的一个体系，这些规律和范畴是对一般的、客观的，运动和发展的规律的如实的反映。马克思列宁主义哲学是一个完整的、统一的整体。"在这个由一整块钢铁铸成的马克思主义哲学中，决不可去掉任何一个基本前提、任何一个重要部分，不然就会离开客观真理，就会落入资产阶级反动谬论的怀抱。"[①] 马克思列宁主义哲学的这种内在的完整性主要表现在，在这门哲学中，唯物主义和辩证法、辩证唯物主义和历史唯物主义构成一个有机的、不可分割的统一体。

二、辩证唯物主义与历史唯物主义的关系：一般与特殊的关系

虽然在资产阶级唯物主义中（如斯宾诺莎和笛卡儿），也有辩证思想的萌芽，但在资产阶级哲学中，唯物主义和辩证法归根到底是互相割裂地发展的。资产阶级的唯物主义本质上是形而上学的，而辩证法则在唯心主义哲学体系范围内得到阐述。在马克思列宁主义哲学中，唯物主义和辩证法第一次得以互相渗透，在其中，唯物主义通过辩证法而得到充实，这种辩证法是"最完整深刻而无片面性弊病的关于发展的学说，这种学说认为反映永恒发展的物质的人类

---

① 《列宁选集》，2版，第2卷，332~333页，北京，人民出版社，1972。

认识是相对的"①。在马克思列宁主义哲学中，唯物主义是辩证的，辩证法是唯物的。"辩证唯物主义"这个名称准确地表达了这种哲学的本质，同时还概括了它同所有马克思主义以前的哲学和现代资产阶级哲学的根本区别。没有辩证法就没有彻底的唯物主义。从根本上说，唯物主义意味着，对于现实世界——自然界和社会，人们是按照其本来面貌来理解，并从它自身来说明的。

但这只有在世界的运动和发展是自我运动和自我发展这一点得到证实的时候才有可能。唯物辩证法要解决的正是这个任务。因而，彻底的唯物主义立场要求辩证地对待物质世界及其在意识中的反映。唯物辩证法贯穿于整个马克思主义哲学的始终。如果说彻底的唯物主义的本身包括辩证法，那么，与此相反，彻底贯彻辩证的世界观则以唯物主义地解决哲学基本问题为前提。在唯心主义哲学体系中，对辩证法的阐述必然是不彻底的；发展的思想会遇到唯心主义基本观点造成的种种障碍。黑格尔的哲学就是一个例子，虽然他一方面肯定运动和发展是普遍的、永恒的，但另一方面他却断言，一切发展都在普鲁士君主国和他的哲学体系中结束了。关于运动是普遍的、永恒的这种正确的观点，只有当运动被理解为物质的存在方式时才是可能的。在马克思列宁主义哲学中，唯物主义和辩证法统一的客观基础，就是物质和运动的不可分割的统一。

马克思列宁主义哲学和部门科学有着密切的相互关系。它们的客观基础是作为各部门科学的研究对象的规律，与作为马克思列宁主义哲学对象的、适用于一切运动和发展过程的一般的、普遍的规律之间的联系。运动和发展的一般规律不能离开其他规律而发生作用，在其他规律的活动领域之外，没有什么特殊的活动领域。

马克思列宁主义哲学在部门科学方面的任务是，把研究现实的那些科学所取得的全部认识史的成果，同世界实际变化的结果结合在一起进行概括，阐明物质世界和思维的运动和发展的普遍规律。

这种相互关系的另一方面在于，辩证唯物主义和历史唯物主义是自然科学、技术科学和社会科学的哲学世界观、认识论和方法论的基础。科学的进一步发展过程的特点是，一方面知识领域不断分化，同时这些领域又越来越趋向一体化。在这个过程中，辩证唯物主义和历史唯物主义承担了一体化的主要职能，这也正因为，它表

---

① 《列宁选集》，2版，第2卷，442页，北京，人民出版社，1972。

述了关于世界整体的哲学认识,并且证明,世界的统一性在于它的物质性,以及它研究自然界、社会和思维的运动和发展的一般规律等。

马克思列宁主义哲学奠定并保证了部门科学的基本前提和基本概念,这些前提和基本概念是任何部门科学都不能单独确立的。辩证唯物主义和历史唯物主义以它对哲学基本问题的正确回答,为部门科学指明世界观的基本方向。一些主要的资产阶级自然科学家,特别是物理学家对新实证主义的不满,主要是因为:新实证主义尽管把自己装扮成"科学的哲学",但实际上却由于自己的主观唯心主义哲学而把科学引入了世界观的死胡同。马克思列宁主义哲学就其唯物主义本质来说,与其他科学是完全一致的;真正的科学,其本质都是唯物主义的。被研究的客体是不以人的意识为转移并且在人的意识之外而独立存在的,它是可以被认识的,对于这一点,自然科学家经过自己的研究实际上都能接受。因此,自然科学家至少是自发的唯物主义者。

与唯心主义和形而上学相反,马克思列宁主义哲学通过对自然界、社会和思维的运动和发展的一般规律的研究,达到了对自然界和社会的事物、现象和过程的真正的、最终的物质原因的认识,论证了这种科学认识的客观性及其作为实际改造自然界和社会准绳的可靠性。

马克思列宁主义哲学为部门科学指明方向,这就是对于物质现实及其在人的意识中的反映要从它们的变化、发展和矛盾性中进行研究。部门科学对于多种联系和过程的辩证性质理解得愈深刻,对于现实愈是从经验观察上升到理论认识,就愈需要运用唯物辩证法这一思维方法。正确的理论思维从来都是辩证思维。恩格斯写道:"恰好辩证法对今天的自然科学来说是最重要的思维形式,因为只有它才能为自然界中所发生的发展过程,为自然界中的普遍联系,为从一个研究领域到另一个研究领域的过渡提供类比,并从而提供说明方法。"[①]

在马克思列宁主义哲学中,无论在理论上还是在方法上,唯物主义和辩证法都是统一的。那种把唯物主义只当作哲学理论而不当作方法,把辩证法只当作哲学方法而不当作理论来理解的做法,是

[①] 《马克思恩格斯选集》,1版,第3卷,466页,北京,人民出版社,1972。

错误的。理论按照对象、联系和过程的本来面貌来解释对象、联系和过程，揭示它们的本质及其运动和发展所遵循的规律。哲学理论研究物质和意识之间的关系，从辩证唯物主义地回答哲学的基本问题出发，并使这些回答具体化来考察物质世界和思维的运动和发展的一般规律。方法是由一些规律和原则组成的系统，这些规律和原则确定人的行为和行动，从现有的状况出发导致一种特定的目的，即认识现实及改变现实。方法必须这样来指导认识活动和实际行动，就是使它们与物质世界和思维的规律相符合。因此，方法必须以对规律的认识，也就是说，以相应的理论为基础。理论的规律和范畴在方法中被改造为认识活动和实际行动的规律和原则。因此，作为方法的基础的理论越准确地反映现实，方法的价值就越高。马克思列宁主义哲学的一项重要任务是，作为马克思列宁主义政党制定工人阶级革命政策的理论和方法基础。

辩证唯物主义和历史唯物主义是一个内在的、不可分割的统一体。"辩证唯物主义"这个名称表明，马克思列宁主义哲学作为在自然界和社会中普遍起作用的唯物主义，是同辩证法这门关于自然界、社会和思维发展的最深刻而广泛的学说结合在一起的唯物主义。"历史唯物主义"这个名称所涉及的是唯物史观即对社会及其历史的辩证唯物主义的哲学分析。就这个意义而言，辩证唯物主义和历史唯物主义的关系，有如一般与特殊的关系。其中，辩证唯物主义本身同时就包含了历史唯物主义的基础。历史唯物主义关于社会存在对于社会意识说来是本原的，关于社会意识的反映性质，关于物质生产是全部社会生活过程的基础，关于社会发展客观规律的存在等等的基本认识，都包括在辩证唯物主义对哲学基本问题和其他基本问题的解答之中。没有历史唯物主义，就没有辩证唯物主义。作为历史唯物主义的特殊对象领域的社会，同整个物质世界是联系在一起的，而历史过程的物质性，则是世界的物质性的要素。因此，在社会中起作用的运动规律和发展规律，就是适用于整个物质世界和反映物质世界的思维的那些规律。由此可以得出结论，没有辩证唯物主义也就不会有历史唯物主义。

如果说历史唯物主义贯穿于整个马克思主义哲学之中，那么，它同时也还有自己相对独立的、特殊的对象。历史唯物主义首先研究社会存在和社会意识之间的关系，并且从社会生活方面对哲学的基本问题作出辩证唯物主义的回答。从这种观点出发，历史唯物主义研究社会发展的一般规律,这些规律表明了作为物质最高运动形式的社会的特征。历史唯物主义揭示历史过程的辩证法,论证在社会历史中低级的社会经济形态合乎规律地由高级的社会经济形态所代替的这种认识,从而得出以下观点,资本主义的崩溃和社会主义与共产主义发展,是历史的必然,也就是说,从理论上论证了工人阶级的历史使命。

三、历史唯物主义:一门相对独立的哲学社会学学科

马克思和恩格斯对历史观进行的革命变革在于:第一,证实了物质生产是社会中全部社会的、政治的和精神的生活过程的基础;第二,同时揭示了人民群众是历史的创造者;第三,认识了社会的历史是一个各种经济社会形态合乎客观规律的、自然历史的发展过程。

列宁写道:"马克思的历史唯物主义是科学思想中的最大成果。人们过去对于历史和政治所持的极其混乱和武断的见解,为一种极其完整严密的科学理论所代替,这种科学理论说明,由于生产力的发展,从一种社会生活结构中会发展出另一种更高级的结构,例如从农奴制度中生长出资本主义。"①

唯物史观在其形成时期即 19 世纪 40 年代还是一种科学的假说。为使这一假说转变成为一种科学理论,需要进行细致的理论工作。马克思和恩格斯通过主要研究一种社会形态,特别是通过研究资本主义的政治经济学,完成了这一项工作。论证唯物史观与对资本主义进行的充满着无产阶级党性的科学的批判性分析之间的联系决不是偶然的。历史唯物主义是用来论证消灭一种特定的社会形态即资本主义社会形态的必要性以及论证工人阶级和其他劳动者建立共产主义社会形态的必要性的哲学工具。它作为工人阶级利益的科学表现,有着一个具体的历史目标:实现工人阶级世界历史的使命。

马克思对资本主义社会形态进行的哲学分析和经济学分析同时也为科学地理解以往的全部历史过程提供了钥匙,之所以如此,是因为资本主义社会是社会主义之前人类发展中"历史上最发达的和最复杂的生产组织",因此"对于它的结构的理解"同时还可使人认识到,"一切已经覆灭的社会形式的结构和生产关系。资产阶级社会

---

① 《列宁选集》,2 版,第 2 卷,443 页,北京,人民出版社,1972。

借这些社会形式的残片和因素建立起来,其中一部分是还未克服的遗物,继续在这里存留着,一部分原来只是征兆的东西,发展到具有充分意义,等等。"①

历史唯物主义作为一门相对独立的哲学社会学科,其必要性产生于社会生活过程与自然过程相比所固有的那种特性之中。社会是物质世界的一个组成部分,并且服从于辩证唯物主义所研究的自然社会和思维的普遍运动规律和发展规律。但同时,社会生活也是物质的最高运动形式,并具有质的特性,这些特性使这一运动形式不仅能区别于这样的或那样的其他运动形式,而且能区别于整个自然界。这些特性根源于下述事实:在历史的发展过程中,本身起源于自然界的社会以物质财富的生产为其存在和发展的基础,社会还作为主体使自然界、使物质的其他运动形式逐步成为它活动的对象,成为它的客体。社会发展区别于自然界的最主要的特点在于,社会发展是人类活动的过程和产物。在自然界中发生作用的只是那些"无意识"的力量,而在历史中进行活动的人全是具有意识和意志的人,他们有预期的目标,追求某种目的和意图。② 社会生活过程作为物质的最高运动形式所具有的质的特性反映在历史唯物主义的范畴和规律当中。与辩证唯物主义紧密联系在一起的历史唯物主义是一门哲学学科,它辩证地唯物地解决了有关社会及其历史方面的哲学基本问题。只有指出社会存在对于社会意识来说是第一性的,才有可能彻底唯物主义地解答哲学的基本问题,而且从理论方面来说,辩证唯物主义和历史唯物主义相互统一的深厚基础也正在于此。

历史唯物主义的对象就是整个社会运动和发展的普遍规律。对于这些规律的普遍性可以理解为:首先,这些规律是整个社会生活过程的所有方面和范围之间的基本联系。它以此区别于在社会生活的一个领域或其他专门领域发生作用的、由各门社会科学学科进行研究的那些规律。其次,这些规律是整个历史过程的规律,这表现在两个方面:一方面它不是个别国家和地区的发展规律,而是具有世界意义的规律,是历史作为各种经济社会形态形成、发展和交替过程的规律;另一方面它是在社会的全部发展过程中或在一系列社会形态中,例如在对抗性的阶级社会中作用着的规律。同时,历史唯物主义还注意到:这些普遍规律始终在一个处于一定发展阶段的、

---

① 《马克思恩格斯全集》,中文1版,第46卷上,43页,北京,人民出版社,1979。
② 参阅《马克思恩格斯全集》,中文1版,第21卷,341页,北京,人民出版社,1965。

具体的、历史的社会中起作用，并且还在从低级向高级发展阶段过渡的具体的、历史的过程中起作用。结果是这些普遍规律的表现形式和作用力本身发生变化。除此之外，在历史过程的普遍规律与各个社会形态的特殊规律之间还存在着多种多样的相互关系。

这些规律的普遍性不仅是由量而且首先是由质决定的。确定历史唯物主义所探讨的普遍性的决定性标准就在于它所研究的问题与哲学基本问题的联系之中。正是这一研究方向即从社会存在与社会意识的关系这一哲学基本问题的角度来分析全部社会和全部历史的联系和发展过程，表明了历史唯物主义作为哲学学科的特性。

历史唯物主义对于各门社会科学学科的意义在于，它是社会的哲学理论，同时也是认识社会的哲学方法。在这里，之所以历史唯物主义与政治经济学和科学共产主义的关系具有特殊的性质，是因为：虽然历史唯物主义作为哲学学科有别于它们，但是这两门科学都与马克思列宁主义哲学一起，成为工人阶级世界观的组成部分。在马克思列宁主义各个组成部分的统一体中，正是历史唯物主义将马克思列宁主义哲学一般的唯物主义和辩证法的基本立场同政治经济学和科学共产主义联系起来，而且通过它在这门科学中所起的作用，哲学将大大地有助于论证工人阶级的历史使命。

历史唯物主义作为关于社会和历史总联系的理论、作为从物质和观念之间的关系角度研究社会的普遍运动规律和发展规律的理论，也就是作为哲学学科，是各门社会科学学科的世界观的、理论的和方法的基础。它指导它们从真实的联系中，而不是从幻想和臆断的联系中、"不附加以任何外来的成分"地去把握社会的生活过程，并且从这一唯物的同时也是辩证的基本立场出发，着手研究各门社会科学学科的专门的对象领域，不论是涉及必须正确地纳入社会总联系的社会生活的专门方面或领域（例如：经济学，关于国家和法的理论、文学理论等等），还是涉及从具体历史的纷繁事件中分析历史过程以及作为其基础的规律性（史学）。它指导它们去说明，社会的现象、事件、过程是通过各种媒介的作用从它们的物质原因和物质条件中产生出来的。同时，它还指导它们把一切社会的事件和联系纳入到整个历史进程中去，并且了解这些事件和联系的历史的产生和变化。历史唯物主义论证和促进人们用历史的眼光去思考问题，即历史地具体地对待社会生活的所有问题。列宁在谈到有关国家问题时写道："为了解决社会科学问题，为了真正获得正确处理这个问题的本领而不被一大堆细节或各种争执意见所迷惑,为了用科学眼光观察这个问题,最可靠、最必需、最重要的就是不要忘记基本的历史联系,考察每个问题都要看某种现象在历史上怎样产生,在发展中经过了哪些主要阶段,并根据它的这种发展去考察这一事物现在是怎样的。"①

历史唯物主义作为关于整个社会及其发展的哲学理论,与形形色色的分科越来越细的社会科学学科相比,具有一个重要的、总结归纳的任务。它研究社会生活所有领域之间内在的总联系,从而为确定各门社会科学学科之间的联系和联结点提供了哲学基础。特别是在综合研究新的发展问题方面,历史唯物主义的哲学理论和方法具有根本的意义,这些新的发展问题在建立发达的社会主义社会和为向共产主义逐步过渡创造基本条件之时,是社会科学家、自然科学家以及科学技术人员紧密合作进行研究的中心点,其中首要的问题是加速科学技术的进步的问题即科学技术革命的成就与社会主义的优越性相结合的问题,与之密切相关的还有社会主义个性的发展问题。

历史唯物主义对于自然科学和技术科学来说,也具有重大的意义。为了能够正确地确定这些学科的发展前景和积极地推动它们的进步,今天必须从社会现象的总联系中来理解这些学科的地位,必须正确地确定它们和实践的关系以及它们在建立发达社会主义社会过程中和反帝阶级斗争中的任务。这些只有在历史唯物主义认识的基础上才有可能做到。

在历史唯物主义和各门社会科学学科之间存在着相互关系。各门社会科学学科的成果是历史唯物主义进行研究的一个重要基础。这些成果用社会实践的经验,特别是用工人阶级革命斗争的经验,为历史唯物主义从哲学上进行概括及同时检验它自身认识的正确性提供了具体的材料。

---

① 《列宁选集》,2版,第4卷,43页,北京,人民出版社,1972。

总体框架

第一编 马克思列宁主义——工人阶级的科学世界观

第一章 工人阶级和世界观
第二章 马克思列宁主义的产生和发展及其来源和组成部分
　　第一节　马克思主义的产生；它的历史前提和理论来源
　　第二节　马克思列宁主义的组成部分及其统一性
　　第三节　列宁主义——当代的马克思主义
第三章 马克思列宁主义世界观的本质特征

第二编 辩证唯物主义和历史唯物主义

第一章 哲学的基本问题和基本派别。马克思列宁主义哲学的对象及其在社会生活中的作用
　　第一节　哲学的基本问题和基本派别
　　第二节　马克思列宁主义哲学的实质和对象
第二章 物质和物质的基本存在形式。意识的本质和起源
　　第一节　辩证唯物主义的物质概念
　　第二节　物质和运动
　　第三节　意识，意识的起源和本质
　　第四节　世界的统一性——唯物主义的一元论
第三章 唯物辩证法——关于普遍联系和发展的学说
　　第一节　唯物辩证法的本质
　　第二节　普遍联系
　　第三节　发展的客观规律性
　　第四节　作为方法的唯物辩证法
第四章 唯物辩证法的基本规律
　　第一节　对立面的统一和"斗争"规律
　　第二节　从量变转化为质变以及从质变转化为量变的规律
　　第三节　否定之否定规律
第五章 认识是反映。认识过程的辩证法
　　第一节　人的认识的实质

第二节　认识是感性和理性的统一
第三节　真理和真理的标准
第四节　科学认识的方法

第六章　历史唯物主义是哲学科学
第一节　唯物史观的实质
第二节　历史唯物主义论社会合乎规律的发展

第七章　物质生产——社会发展的基础
第一节　社会与自然界之间的相互关系
第二节　物质财富的生产方式
第三节　生产力与生产关系的相互关系

第八章　社会经济形态。基础与上层建筑
第一节　社会经济形态的本质以及基础与上层建筑的相互关系
第二节　各种社会经济形态是社会进步的各个阶段

第九章　阶级和阶级斗争。人民群众和个人在历史上的作用
第一节　阶级的产生和阶级的实质
第二节　阶级斗争——对抗性社会形态的发展动力
第三节　社会主义的阶级和阶级关系
第四节　人民群众——社会发展的决定性力量
第五节　个人在历史上的作用。杰出人物的作用

第十章　国家与革命
第一节　国家——阶级统治工具
第二节　资产阶级国家
第三节　社会主义国家
第四节　社会革命——从一种社会经济形态向更高级社会经济形态合乎规律的过渡
第五节　社会主义革命——社会革命的最高形式

第十一章　人类共同体的历史形式。民族——社会生活的发展形式
第一节　资本主义之前的人类共同体形式
第二节　资本主义民族和资本主义社会的民族关系
第三节　社会主义民族和社会主义民族关系

第十二章　社会意识，它的阶级性和形式

第一节　社会存在与社会意识之间的相互关系
第二节　意识形态的实质。资产阶级意识形态与社会主义意识形态之间的对立
第三节　政治意识和法律意识
第四节　道德和道德意识
第五节　艺　术
第六节　宗　教

第十三章　科学与社会
第一节　作为社会现象的科学
第二节　科学发展的规律性
第三节　科学和社会主义

第十四章　个性和社会
第一节　个性发展的社会基础
第二节　个性和社会相互关系的发展
第三节　社会主义社会的个性

第三编　现代资产阶级哲学的主要特征和主要流派

第一章　资本主义总危机的尖锐化和现代资产阶级哲学的职能
第二章　现代资产阶级哲学的主要特征
第三章　现代资产阶级哲学的主要流派
第一节　宗教神学哲学和教会哲学
第二节　主观非理性主义哲学
第三节　主观唯科学主义哲学
第四节　假马克思主义哲学

第四章　当代帝国主义的社会学说
第五章　工人阶级同现代资产阶级哲学进行思想斗争的原则